Reliability Assessment of Performance Deterioration and Whole-life Design Method for Concrete Bridge Structures

混凝土桥梁结构性能退化可靠性评估及全寿命设计方法

彭建新　邵旭东　编著

张建仁　主审

人民交通出版社股份有限公司
China Communications Press Co.,Ltd.

内 容 提 要

本书主要介绍大气环境下混凝土桥梁的退化规律、可靠度评估、维修加固优化以及在全寿命设计等方面所取得的研究成果，建立了混凝土桥梁时变性能可靠度评估方法，提出了桥梁结构多目标组合维修方法，构建了混凝土桥梁全寿命设计框架和具体流程，对开展混凝土桥梁服役性能概率评估和全寿命设计有重要的指导意义。

本书可供从事桥梁管理及科研的技术人员使用，也可作为桥梁工程方向研究生的教材使用。

图书在版编目(CIP)数据

混凝土桥梁结构性能退化可靠性评估及全寿命设计方法/彭建新，邵旭东编著. —北京：人民交通出版社股份有限公司，2014.10

ISBN 978-7-114-11771-8

Ⅰ.①混… Ⅱ.①彭…②邵… Ⅲ.①钢筋混凝土桥-桥梁结构-可靠性-评估②钢筋混凝土桥-桥梁结构-结构设计 Ⅳ.U448.33

中国版本图书馆CIP数据核字(2014)第232400号

书　　名：混凝土桥梁结构性能退化可靠性评估及全寿命设计方法
著 作 者：彭建新　邵旭东
责任编辑：王文华(125976580@qq.com)
出版发行：人民交通出版社股份有限公司
地　　址：(100011)北京市朝阳区安定门外外馆斜街3号
网　　址：http://www.ccpress.com.cn
销售电话：(010)59757973
总 经 销：人民交通出版社股份有限公司发行部
经　　销：各地新华书店
印　　刷：北京市密东印刷有限公司
开　　本：787×1092　1/16
印　　张：11.25
字　　数：256千
版　　次：2014年10月　第1版
印　　次：2014年10月　第1次印刷
书　　号：ISBN 978-7-114-11771-8
定　　价：38.00元

前　言

我国经济进入第十一个五年规划期之后，在发展经济的同时，节约资源、保护环境已成为全社会的共识，桥梁建设也不例外。交通运输部提出要建设节约型行业，必须坚持交通发展与自然和谐统一，在公路建设中体现“以人为本”的原则，就是要改变“建设就是发展”的传统观念，坚持把“用户需求置于公路工作的核心”作为交通工作的最终目的。我国现在正处于交通建设大发展的时代，如何以新的理念建设桥梁，达到既节省投资，又能获得业主、用户、环境和谐共赢的局面，是一个重大的课题。

经过20多年的快速发展，中国桥梁的数量已十分庞大。成绩喜人也忧人，喜人的是我国的桥梁建设取得了巨大的成就且后劲十足，忧人的是长期存在着只注重初期投入，不考虑今后维护的成本，只考虑业主成本，不考虑桥梁使用过程中的社会成本的现象。这一现象的长期存在导致或加剧了桥梁使用寿命短，耐久性差，维护成本高、难度大，交通经常受扰等问题。由于外界环境的作用，桥梁性能劣化虽然是必然的，但是如何在设计阶段就预测并避免今后维护可能带来过高的业主成本和社会成本是一个值得深入研究的课题。

土木工程中寿命周期成本分析的总目标是提供一个成本—效益分析的工程方法，能够用经济学的方法分配不同的成本，包括设计、营运、检测、养护、维护、改造和整个设计基准期的劣化与失效。这种将优化技术和概率方法结合在一起的分析方法能够为决策者提供一个有效的经济评估工具，在收支平衡的基础上判断维护方案和设计方案的优劣。

全书共6章：第1章介绍寿命周期成本分析方法和桥梁全寿命设计方法的现状，论述碳化腐蚀下桥梁结构性能退化和可靠性评估的发展动态。第2章开展了大气环境下受碳化腐蚀的桥梁结构锈胀损伤和承载能力时变可靠性评估。第3章推导维护活动和桥梁结构性能指标的关系，并计算在单一和组合维护下结构的性能指标值以及年度和累计的寿命周期成本值；使用粒子群优化算法，基于多目标的优化技术，得到最优的维护组合策略。第4章推导桥梁在维护过程中的直接维护成本和间接维护成本的概率计算模型；建立基于寿命周期成本的全寿命优化设计模型，提出了全寿命设计理论体系框架，编制全寿命设计决策分析程序。第5章结合湖南省衡炎高速公路的窑背大桥工程设计实践，对桥梁全寿命优化设计理念进行实践，验证了本文提出的桥梁全寿命优化设计方法的合理性和可操作性。第6章以一座桥梁车道数（宽度）的决策为研究对象，结合桥面铺装的时变劣化—维护策略规律，对桥梁设计方案的决策进行了新的尝试，进一步证明了全寿命设计方法的有效性和合理性。

全书由长沙理工大学彭建新副教授和湖南大学邵旭东教授编写，长沙理工大学张建仁教授主审。在本书编写的过程中,研究生李炬、夏伟和蔡明文等协助完成了相关章节的编排和文字编辑工作,在此表示感谢。

感谢国家重点基础研究发展计划(2015CB057700)、国家自然科学基金项目(51008037)、交通运输部应用基础主干学科项目(2014319825160)和湖南省交通运输厅创新项目(200614)等对本研究工作的资助,感谢长沙理工大学学术著作基金的资助。

由于作者水平有限,书中难免存在不妥之处,恳请广大读者批评指正。

彭建新

2014 年 5 月

目　　录

第 1 章　概　　述

传统设计方法只考虑初期建设成本，而未考虑今后维护改造等措施造成的各种直接或间接成本，这往往造成桥梁后期维护成本过高、维修资源的分配不合理和服役期性能缺乏预见性，因而存在一定的缺陷。针对传统设计方法存在的不足，本书提出了基于寿命周期成本的桥梁全寿命优化设计方法，即在满足桥梁服务水平前提条件下，在寿命周期成本期望值总和最小的原则下决策最优的桥梁设计方案。也称桥梁“性价比”设计方法，或称基于性能的桥梁设计方法和全寿命优化设计方法。桥梁全寿命设计方法的创新，将是 21 世纪桥梁可持续发展和技术进步的一个重要标志。

1.1　提出问题

随着国民经济的快速发展，我国桥梁建设进入了一个极为辉煌的时期。截至 2013 年，在我国通车公路中，桥梁数量已达 73 万余座，已建成一大批结构新颖、技术复杂、设计和施工难度大、现代化品位和科技含量高的桥梁。在桥梁技术发展的同时，节约资源、保护环境已成为全社会的共识，桥梁建设也不例外。虽然我国桥梁数量、类型、跨径已经跃居世界前列，但桥梁管养、周边环境保护和交通智能化等还与发达国家有一定差距。跨越式发展也遗留了不少问题，如重建设、轻管养，重投资效益、轻环境保护等。我国桥梁数量众多、总体技术状况不容乐观，是目前我国桥梁的主要特点。因此，需要提出新的设计理念，以满足既能节省投资，又能达到业主、用户、环境和赢的局面。

自从改革开放以来，我国桥梁建设取得了巨大成就，而且在今后一段时间还要建设一大批桥梁。但是目前我国从事桥梁行业的人员长期以来只关心桥梁建设，注重初始成本投入，而忽视了运营期桥梁维修管理成本；另外，更多只关注业主成本，不考虑在使用期由于客观存在的维修改造而引发的社会成本。这种现象的长期存在导致我国桥梁使用寿命缩短，后期维修费用增长，突发事故概率提高等问题。桥梁在外界环境和车辆荷载作用下的退化是客观存在的，有必要在设计阶段就考虑桥梁后期性能并初步预测其维修成本和社会成本。

桥梁长期的服务水平、维护成本和寿命周期管理问题已引起全世界的关注。美国土木工程师协会（ASCE）在 1998 年 4 月的报道中指出：“ASCE 给美国的国家土木设施一个平均的等级为 D（状态较差），估计需要花费 13 000 亿美元才能够挽救这种长期忽略的问题”。

基于以上现状，湖南大学桥梁工程研究所[1-2]提出基于寿命周期成本的桥梁全寿命优化设计方法的基本框架，研究基于寿命周期成本的全寿命优化设计方法的设计过程、桥梁劣化模型、成本计算模型和维护模型。该方法为基于全寿命性能的桥梁设计方法，也称桥梁“性价比”设计方法和基于成本效益的桥梁设计方法。

1.2 研究现状

1.2.1 桥梁寿命周期成本分析方法

寿命周期成本分析(life cycle cost analysis,缩写为LCCA)及全寿命经济观点首先由美国军方于20世纪60年代提出。经过几十年的不断努力发展完善,近年来,美国等国家对桥梁全寿命问题展开了系统研究,这对于在役桥梁的维护管理策略优化和待建桥梁的经济性评估有重要的指导意义。

寿命周期成本分析方法就是在设计施工阶段,确定桥梁从建成到寿命终结时的总成本。在进行设计方案比选时,不仅要考虑初始建造成本,还要考虑服役期间桥梁检查、养护、维护等发生的各种成本,将“未来的成本”折现为“今天的钱”(即为净现值,net present value,NPV),才可以用于对设计方案评估。从本质上说,不论事先采取基于时间的养护措施还是以后基于性能的改造方案[3],都要在设计阶段做出经济规划、预算和比较,得出最优的方案,建设单位要对基础设施项目的“全寿命”负责,这样,可避免“短期行为”给国家带来巨大的经济损失。

采用LCCA方法对工程项目评估的原则是保证结构正常服役的前提下[$BSI > BSI_{\min}$,BSI(bridge service index)为桥梁服务水平指标,$BSI_{\min}$为桥梁最低可接受服务水平],整个寿命周期内总成本的净现值最小。这样,可以实现技术可靠和经济合理相协调。

寿命周期成本主要由业主成本、用户成本和社会成本组成。业主成本包括初始建造成本、检查和检测成本、维护和加固成本、常规养护成本等;用户成本包括汽车营运成本、由于维护或改造导致交通耽搁所造成的成本损失和其他(汽车运行不舒适)等;社会成本包括事故成本、环境影响成本以及其他(图1.1)。

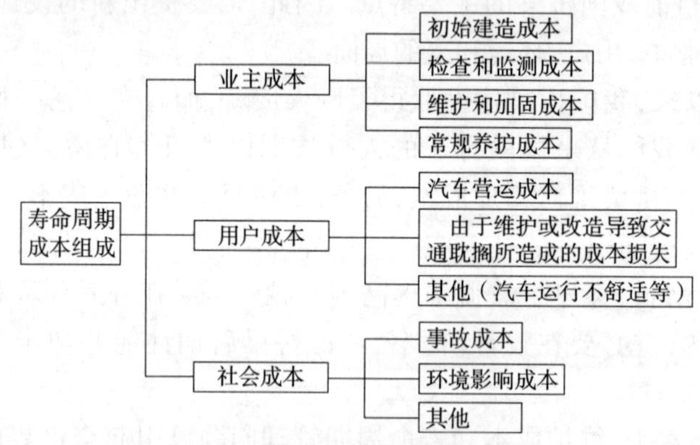

图1.1 桥梁全寿命周期成本组成图

寿命周期成本计算模型可用式(1.1)表示[4]:

$$NPV = \sum_{t=0}^{T} \frac{\sum_{k \in K} \sum_{j \in J} Cost(k,j,t)}{(1+r_{t})^{t}} \cdot p_{c}(k,j,t) \tag{1.1}$$

式中:NPV——一个工程寿命周期成本总和的净现值;

k——成本种类,包括业主成本、用户成本和社会成本;

j——每一个成本种类的项目，比如业主成本包括材料、人工、设计和荷载试验等成本；

t——成本发生的时间；

T——分析周期；

r_t——该年的基准贴现率(%)；

$p_c(k,j,t)$——对应每一种成本发生的概率；

$Cost(k,j,t)$——时间 t 发生的某一具体成本。

业主成本中，初始成本、设计成本和荷载试验成本比较容易确定，而养护成本、将来维护或改造成本比较难确定，目前已成为国内外学者研究的热点，且取得较多的成果。养护成本与桥梁寿命可靠度、将来采用的维护方案有关。

用户成本与桥梁结构所处的路线、桥梁位置、交通状况、桥梁结构的性能状态以及环境等因素相关，比较复杂。本研究通过使用美国交通仿真软件(TSIS)，可以较好地模拟桥梁维护时车辆的运行情况、交通延误情况和燃油消耗等参数，可以进行用户成本评估。

目前对社会成本的计算缺乏成熟模型，通过仿真软件模拟，可以计算出由于维护造成交通堵塞所产生的尾气排放指标。

寿命周期成本、维护方案和桥梁服务水平的关系非常复杂，相互影响，可用图 1.2 来描述。

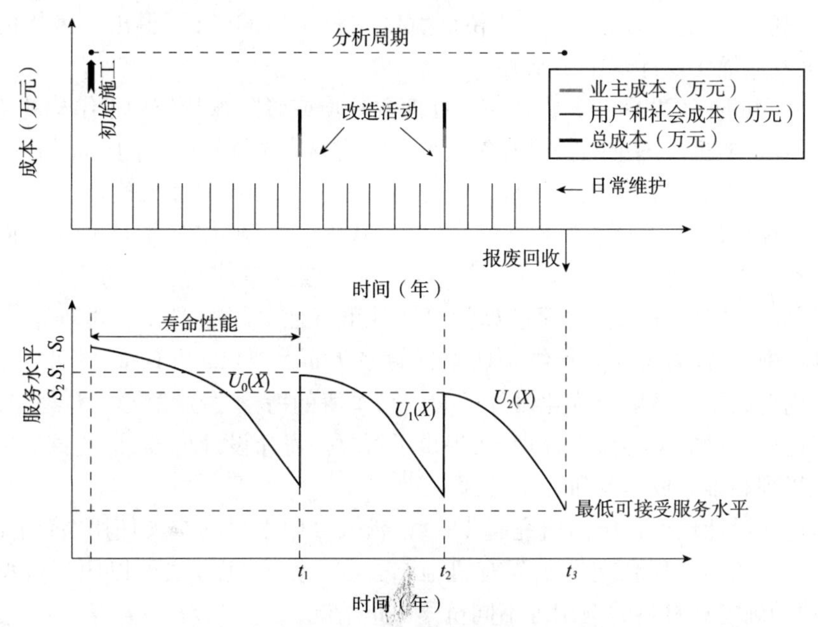

图 1.2　桥梁维护—成本—服务水平的综合关系

在近 20 年里，基于寿命周期成本的公路桥梁设计和分析取得了明显的进步，Frangopol(1999 年)[5]提出了结合寿命可靠度和寿命周期成本方法的成本—效益桥梁管理方法。接着 Frangopol 等(2001 年)[6]综述了桥梁管理系统取得的成绩和强调了在寿命周期桥梁管理中运用寿命可靠度和寿命周期成本的重要性。Hassanain 和 Loov(2003 年)[7]讨论了钢筋混凝土桥梁构件和桥梁体系的成本优化，并综述了钢筋混凝土构件的寿命周期成本分析方法和发展过程。由Hawk(2003年)[8]主持的"寿命周期成本分析"工程报告(NCHRP)为交通管理单位提供了进行桥梁寿命周期成本分析的指南。Lee和Chang(2003年)[9]在土木结构寿命期间通过寿命周期总成本最小为目标选择最优维护方案,考虑维护时间和维护方法,得出了一个方便使用且行之有效的方法评估土木结构性能和决策最优维护方案,并指出管理系统中数据的准确性是非常关键的。

Frangopol教授课题组[10-11]用改进的事件树分析方法,通过实桥算例说明基于寿命周期成本期望值最小的最优桥梁维护方案的决策过程。Kong和Frangopol(2003年)[12]评估劣化公路桥梁的维护概率和寿命周期维护成本。而且,他们重点讨论了把桥梁寿命性能评估和寿命周期成本分析在融合在一起得到一个成本—效益平衡的维护方案的重要性。Kong和Frangopol(2004年)[13]认为,进行退化结构的寿命周期成本分析时,不仅要考虑影响时变可靠度的结构抗力和作用,而且要考虑维护活动的效益,研究了维护活动成本和结构体系可靠度的综合关系。邵旭东和彭建新等(2006年)[14]综述了目前使用全寿命成本优化的维护策略和设计方案比选以及所涉及的不确定性参数和方法研究所取得的成果。

1.2.2 桥梁全寿命设计方法

邵旭东和彭建新等(2008年)[15]研究了基于多约束的桥梁桥面铺装的维护优化,得出了桥面铺装的最优维护策略,他们[16-19]提出了桥梁桥面铺装的全寿命优化设计理念,基于全寿命成本现值最小的原理,对桥梁的桥面宽度进行了新的尝试,得出了最优的桥梁车道数,为桥梁全寿命优化设计奠定了基础。

Stewart和Mullard(2007年)[20]研究了在海水环境或者除冰盐作用下结构的空间分布变异性,预测了基于随机场理论的桥梁开裂概率和结构第一次维护的时间分布概率。

目前,有不少学者对桥梁优化设计方法进行研究。禹智涛和韩大建[21]介绍了基于可靠度的桥梁结构优化设计方法的基本思想,讨论了其优化模型,综述了该研究方向的发展动态。屈文俊和张誉[22]、屈文俊和车惠民[23]、Frangopol教授等[24]提出了劣化结构的优化设计思想,讨论了成本的计算模型,并通过算例验证其可行性。邵旭东和彭建新等[25]提出了桥梁全寿命设计框架,没有考虑直接维护成本,Lee和Cho[26]、Ang和Leon[27]研究了结构优化设计的寿命周期成本模型以及优化设计框架。马军海的博士学位论文[28]从桥梁结构、造型等多方面阐述了桥梁的全寿命设计理念,提出了桥梁全寿命设计框架,但是该研究对桥梁结构腐蚀劣化机理和维修成本的研究不够深入。

全寿命优化设计理论在国内研究起步较晚,涉及多门学科的交叉使用,将力学、概率论、统计学、经济学、桥梁工程和交通工程有机地结合在一起。此方法可以用于桥型方案的比选、设计参数的确定和材料的选用等不同桥梁决策情况。

1.2.3 碳化环境下桥梁结构腐蚀

众所周知,钢筋的腐蚀是混凝土结构(含预应力混凝土结构)性能的主要威胁。一般来说,由于钢筋腐蚀引起的结构损伤是难以精确估计的,但又需要耗费大量的人力和财力进行维护以保持结构的正常功能。目前由于钢筋腐蚀会引发结构倒塌而备受关注[29]。Uhlig和Revie(1985年)[30]和Fontana(1986年)[31]通过研究,定义钢筋腐蚀为"在周围环境作用下钢筋的劣化,是一个电化学过程。”尽管混凝土对钢筋提供了保护(例如混凝土保护层),但是在碳化影响下,腐蚀仍然可能发生。

据 Saetta 和 Vitaliani(2005 年)[29],在意大利有一简支预应力混凝土梁在碳化腐蚀下发生了倒塌,该梁是“Y”形梁,高度 90cm,主跨为 16m,悬臂长为 5m。该梁位于意大利 Verona 省的一个企业厂房里面,处于高湿度和高温度状态下。该梁建于 1980 年,在 1997 年忽然倒塌,在服役 17 年后发生事故。现场照片如图 1.3 所示。

a)倒塌的预应力混凝土梁

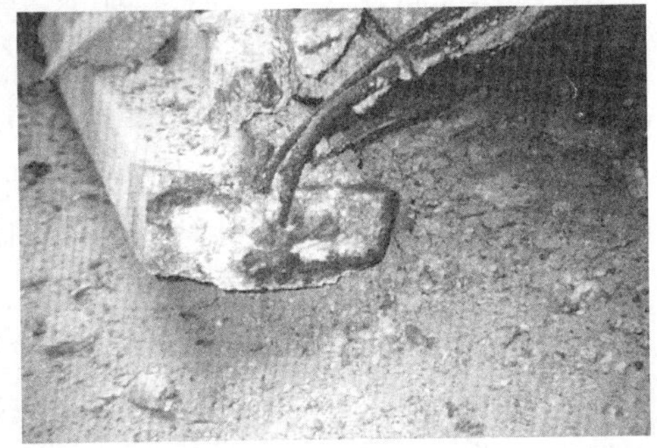

b)关键截面

图 1.3 预应力混凝土梁的倒塌失效

Saetta 和 Vitaliani(2005 年)[29]使用试验和数值方法研究该梁的关键截面倒塌原因,得出关键截面的混凝土缺陷和高水平的碳化是梁倒塌的主要原因。

Moreno 等(2006 年)[32]通过现场调查研究认为,在热带非海洋环境下,碳化腐蚀是钢筋混凝土结构的主要腐蚀方式。通过目测法,研究建筑物在碳化腐蚀环境下的混凝土的破坏形式主要为开裂和剥落,如图 1.4 所示。根据报道,对于耐久性差的混凝土,碳化前端到达钢筋表面的时间为 18 ~25 年。

很难获得由于碳化导致预应力混凝土梁倒塌事故的准确数字,有些倒塌事故没有报道。而且由于预应力混凝土结构的使用时间并不长,少于 50 年历史,很多的问题还没有暴露。然而,据调查,例如:Szilard(1969 年)[33]调查了 57 000 座桥梁,有 0.4% 的桥梁记录有腐蚀

图1.4 某建筑物的典型损伤[32]

损伤，有0.02%的桥梁记载发生了倒塌事故，包括由腐蚀引起的。另外，Moore等(1970年)[34]实施组织一个桥梁病害现场调查，对12 000座预应力混凝土桥梁进行目测，发现大约0.007%的桥梁有腐蚀损伤。此外，Schupack(1978年)[35]报道，在西方国家到1977年为止大约有3千万根应力松弛筋用于混凝土桥梁，其中有0.000 7%现在正遭遇腐蚀问题。Dunker和Rabbat(1990年)[36]对美国所有桥梁实施了大规模的状态调查，发现有24%的桥梁有结构性的缺陷，有缺陷的桥梁比例还在增长。Nürnberger(1980年)[37]通过现场调查和分析评估了242个预应力混凝土结构的腐蚀倒塌事故，这些事故发生在1951~1979年。从调查可以看出，预应力混凝土结构具有很好的工作性能。Darmawan(2003年)[38]调查认为预应力混凝土结构中实际的倒塌事故是很少的，而且小于4%。1994年，Miller(1995年)[39]对美国和加拿大所有采用节段施工工法的后张拉预应力桥梁进行状态调查，发现98%以上的桥梁处于满意状态，几乎没有发现腐蚀问题。Moreton(2001年)[40]对欧洲许多国家采用节段施工工法和后张拉预应力混凝土桥梁进行状态调查，发现只有2%的结构暴露了腐蚀问题。

以上调查表明，预应力混凝土桥梁结构在腐蚀环境下的性能普遍良好。

FIP[41-43]和Allam等(1994年)[44]均认为，基于目前的知识要准确定量地分析预应力钢筋的腐蚀机理和行为是不可能的，但定性分析是可行的。桥梁工程师们正采取措施改进预应力结构。例如：不使用对腐蚀敏感的钢筋；同时正在发展新的预应力系统，以提高预应力的使用效率和减少服役过程中的预应力损失，以邵旭东教授为首的湖南大学桥梁工程研究所提出的新型锚具和二次张拉低回缩预应力技术[45]正试图解决这个问题。

尽管有诸多改进，但是，Lopes和Simǒes(1999年)[46]调查发现预应力结构还是由于腐蚀的存在发生了一些事故，而且趋势正在增长，其主要原因如下。

(1)Szilard(1969年)[33]、FIP(1986年)[47]和Podolny(1992年)[48]研究认为预应力混凝土结构本身的老化，自从1950年预应力技术第一次使用以来，事故一直在发生。而且，根据Moreton(2001年)[40]的调查，结构服役时间越长，腐蚀程度越重。

(2)Lopes和Simões(1999年)[46]认为更多的混凝土结构建在腐蚀环境下，例如人口密度大的城市，CO_2的浓度相对高。

(3)自从工业革命后，世界经济飞速发展，全球温室效应更加显著。由于全球经济的迅速发展和全球气候不断变化，政府间气候变化专门委员会(Intergovernmental Panel on Climate Change，IPCC)[49]预测，在2100年大气中CO_2浓度将超过1.88g/m^3。因此，碳化将会成为在城市环境影响下的混凝土结构劣化的主要因素之一。

(4)FIP(1996年)[50]高强预应力筋的大量使用和大跨桥梁的不断增多，桥梁的安全问题也就愈加重要。

(5)早期很多预应力结构基于最小重量或最小造价设计,由于混凝土质量差和混凝土保护层厚度薄,导致目前很多预应力结构存在腐蚀问题。

预应力混凝土结构在腐蚀下的倒塌失效是没有预兆的,后果是灾难性的,对于预应力混凝土,目测法基本上是无效的,所以,发展准确的预测模型预测预应力混凝土结构在碳化腐蚀下的行为是非常需要的。到目前为止,还比较缺乏预应力混凝土结构在碳化腐蚀下的预测模型,而且预应力混凝土结构在均匀腐蚀下的结构时变可靠度理论使用的相关报道也是很少的。

1.2.4　碳化环境下桥梁结构性能退化模型

在一般情况下,钢筋混凝土在浇筑养护之后,混凝土孔隙中充满着水泥水解时产生的 $Ca(OH)_2$ 过饱和溶液,形成很强的碱性环境,pH 值一般在 12 以上。在这种强碱性的环境下,钢筋表面会生成一层致密的氧化膜,使钢筋处于钝化状态,此时钢筋是不会腐蚀的。

但是钢筋混凝土结构在使用过程中,钢筋表面的钝化膜会由于外界酸性物质侵入并与 $Ca(OH)_2$ 发生化学作用,使混凝土碱性环境下降,当下降至 pH 值为 9.5 以下时,钢筋的钝化膜会受到破坏,从而失去对钢筋的保护作用,造成钢筋钝化状态的丧失,在适当环境条件下引发钢筋的腐蚀,这一过程称为钢筋的脱钝。脱钝一旦发生,则认为开始腐蚀。

预应力混凝土碳化腐蚀一般分为两个阶段。腐蚀开始阶段:CO_2 渗入混凝土,碳化前端到达预应力筋表面;腐蚀扩展阶段:腐蚀发生后,引发混凝土开裂,甚至引起结构抗力降低。

Saetta(2005 年)[51]综述了现有很多模型模拟 CO_2 渗入混凝土,部分为基于物理过程的分析模型,可以描述 CO_2 的扩散和吸收等。Montemor 等(2002 年)[52]提出了基于试验的经验模型。Yoon 等(2007 年)[53]、Alexander 等(2007 年)[54]、Moreno 等(2006 年)[32]和 Stewart 等(2002 年)[55]根据实测数据得出经验模型,不同的模型强调的重点不一样,但是,真实的碳化过程非常复杂。

1)CO_2 浓度模型

在预测混凝土碳化损伤过程中评估将来的气候变化是非常重要的。在工业革命前,CO_2 浓度大约在 0.498 ~0.545g/m^3[56]。自从第二次工业革命后,全球经济快速发展,人口迅速增长,相应的 CO_2 浓度也保持稳定增长,如图 1.5 所示。自从 1950 年这种趋势越来越明显,大气中 CO_2 浓度以每年 0.5% 的比例增长。Keeling 和 Whorf(2000 年)[57]研究发现,在南极其他无污染的地方平均 CO_2 浓度从 1971 年的 0.62g/m^3 增长到 2000 年的 0.696g/m^3。长期的 CO_2 浓度数据是非常缺乏的。据 Stewart 等(2002 年)[55]报道,1999 年捷克的布尔诺科技大学对环境和 CO_2 浓度采用红外线探测法进行跟踪测试,每一个小时测试一组数据,根据测试数据,最小的 CO_2 浓度为 0.658g/m^3,最大的 CO_2 浓度为 1.081g/m^3。到 2000 年全球大气中 CO_2 浓度大约在 0.686g/m^3[49]。文献[51 -55]发现,CO_2 浓度是随时间和空间变化的。

预测混凝土结构碳化率时需要计算 CO_2 浓度和在计算中反应温度的影响。使用理想气体状态和 Boyle - Charles'原理,用式(1.2)将 CO_2 浓度转化为物质的量浓度:

$$C_{CO_2} = \frac{V_{CO_2} p}{RT} \tag{1.2}$$

式中：C_{CO_2}——是物质的量浓度(mol/m³)；

V_{CO_2}——CO_2 的体积分数；

p——大气压力(atm)❶；

T——温度(K)；

R——气体常数($=82.06\times10^{-6}\,m^3\cdot atm\cdot mol^{-1}\cdot K^{-1}$)。

使用式(1.2)，再结合 CO_2 的摩尔质量可以将物质的量浓度转化为气体质量浓度。

Yoon 等(2007 年)[53]使用(www. me. go. kr)公布的数据得到了 21 世纪在温度为 12.2°C 时 CO_2 浓度的变化规律，如图 1.5 所示，并拟合了一个回归方程：

$$C_{CO_2}(t)=12.61\ln t-95.172,\quad 2\,000<t<2\,100 \tag{1.3}$$

式中：C_{CO_2}——大气中 CO_2 的浓度($10^{-3}kg/m^3$)；

t——时间。

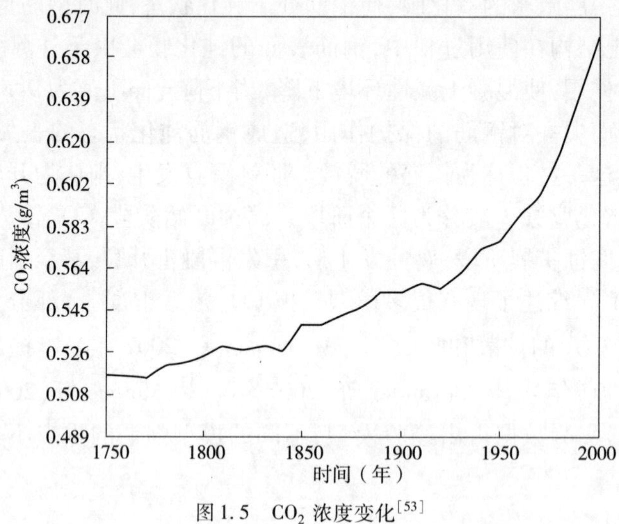

图 1.5　CO_2 浓度变化[53]

2007 年，政府间气候变化专门委员会(IPCC)报告了将来在各种经济发展模式下 CO_2 浓度的变化规律，本书使用其提供的 CO_2 浓度数据，得到在未来 100 年 CO_2 浓度的变化规律和浓度变化的上界和下界，第 2 章将详细描述。

2)腐蚀开始时间模型

CEB[58]提出了 CO_2 的扩散模型，并利用 Fick 第一定律预测碳化深度。研究表明，碳化深度是时间的开方根函数。Kersner[59]等综述了目前许多已有的碳化预测模型，同时文献[53,60]提出了一些碳化深度预测模型。Yoon 等(2007 年)[53]提出的碳化模型可以考虑许多影响参数，更为重要的是，能够体现 CO_2 浓度的时间变异性。该数学模型假设碳化前端等于碳化深度，以及碳化前端的 CO_2 浓度等于 0。该模型能够体现 CO_2 的聚集、渗透和扩散。

大多数碳化模型使用 CO_2 扩散模型，该模型由 CEB[58]提出，用 Fick 第一定律预测碳化深度，如式(1.4)所示。

❶ 1atm = 101.325kPa。

$$x^2 = \frac{2D}{a}(C_1 - C_2)t \tag{1.4}$$

该模型假设碳化前端等于碳化深度，而且在碳化前端 CO_2 浓度假设为零。

由 Papadakis 等(1992 年)[60]提出了碳化模型 CO_2 浓度的变化，该数学模型涵盖不同的 CO_2 浓度、$Ca(OH)_2$、CSH 和未发生化合作用的硅化物，能够考虑这些物质的扩散和消耗，其表达式为：

$$x_c = \sqrt{\frac{2C_{[CO_2]0}D_{e,CO_2}}{[CH]+3[CSH]}t} \quad (cm) \tag{1.5}$$

$$C_{[CO_2]0} = 42y_{CO_2}10^{-6} \tag{1.6}$$

$$D_{e,CO_2} = 51.8\varepsilon_p^{1.8}[1-(RH/100)]^{2.2} \tag{1.7}$$

$$\varepsilon_p = \frac{\rho_c}{\rho_w}\frac{(w/c)-0.3}{1+(\rho_c/\rho_w)(w/c)} \tag{1.8}$$

$$[CH]+3[CSH] = \frac{33\ 000}{1+(\rho_c/\rho_w)(w/c)+(\rho_c/\rho_a)(a/c)} \tag{1.9}$$

式中： $C_{[CO_2]0}$——大气 CO_2 物质的量浓度(mol/m^3)；

D_{e,CO_2}——CO_2 在混凝土中的扩散系数；

[CH] +3[CSH]——混凝土碳化物质的物质的量浓度(mol/m^3)；

t——服役年限；

y_{CO_2}——大气中 CO_2 的浓度(kg/m^3)；

RH——相对湿度(%)；

ε_p——完全化合作用和完全碳化下的混凝土的空隙系数；

ρ_c、ρ_w、ρ_a——水泥、水和集料的密度(kg/m^3)；

c、w、a——水泥、水和集料的含量(kg)。

很显然，在上式中相对湿度和大气 CO_2 浓度都用平均值，是不变常数。

Papadakis 等(1992 年)[60]同时提出了一个简化的碳化深度预测模型，可表示为：

$$x_c = 350\left(\frac{\rho_c}{\rho_w}\right)\frac{(w/c)-0.3}{1+(\rho_c/\rho_w)(w/c)}f(RH)\sqrt{1+\left(\frac{\rho_c}{\rho_w}\right)(w/c)+\left(\frac{\rho_c}{\rho_a}\right)\left(\frac{a}{c}\right)(y_{CO_2}10^{-6})t} \tag{1.10}$$

式中：$f(RH)$——相对湿度函数，等于 $1-(RH/100)$。

然而，Novk 等(1996 年)[61]根据 Bohemia 的制冷塔的现场数据，提出了 $f(RH)$ 和野外测试数据的线性关系。

另一个碳化深度模型是由 Yoon 等(2007 年)[53]提出的。该模型根据化合作用程度、水灰比和温度提出，考虑诸多影响参数，其表达式为：

$$x_c = \sqrt{\frac{2D_{CO_2}(t)}{a}C_{CO_2}t} \quad (cm) \tag{1.11}$$

$$a = 0.75 \times C_e \times W_{CaO} \times \alpha_H \times \frac{M_{CO_2}}{M_{CaO}} \quad (kg/m^3)$$

$$D_{CO_2}(t) = D_1 t^{-n_d}$$

式中：C_{CO_2}——时变的 CO_2 浓度（$10^{-3}kg/m^3$）；

$D_{CO_2}(t)$——根据 Yoon 等（2007 年）[53]的研究，其为 CO_2 在混凝土中的扩散系数；

D_1——CO_2 在 1 年后的扩散系数，当 w/c 等于 0.45、0.5 和 0.55 时，分别取值为 0.65、1.24 和 2.23；

n_d——龄期系数，用于描述 CO_2 扩散，当 w/c 等于 0.45、0.5 和 0.55 时，分别取值为 0.218、0.235 和 0.240；

C_e——水泥含量，当 w/c 等于 0.45、0.5 和 0.55 时，分别取值为 390、350 和 320；

W_{CaO}——CaO 在水泥中的质量含量比例，本书取 0.60；

α_H——光合度系数，当 w/c 等于 0.45、0.5 和 0.55 时，分别取值为 0.71、0.72 和 0.73；

M_{CaO}——CaO 的摩尔质量，等于 56g/mol；

M_{CO_2}——CO_2 的摩尔质量，等于 44g/mol。

Walton 等（1990 年）[62]提出如下碳化深度模型：

$$x(t)=\left(\frac{2D_i C_{gw} t}{C_s}\right)^{0.5} \tag{1.12}$$

式中：$x(t)$——碳化深度；

D_i——混凝土内部钙离子扩散系数；

C_{gw}——无机碳化物的浓度；

t——结构服役时间；

C_s——混凝土中钙氢化合物的浓度。

钱稼茹课题组[63]给出混凝土碳化系数公式为：

$$k=a_1\cdot a_2\cdot a_3\cdot(60/f_{cu,k}-1) \tag{1.13}$$

式中：$f_{cu,k}$——混凝土抗压强度（MPa）；

a_1——混凝土养护条件修正系数；

a_2——水泥品种修正系数；

a_3——环境条件修正系数，其值均按文献[63]的附表查用。

本研究在 Yoon 等（2007 年）[53]的基础上进行了改进，考虑了模型预测的不确定性和 CO_2 浓度的内在变异性和随机性以及碳化效应的累积效应，将在第 2 章进行详细描述。

3）腐蚀扩展模型

（1）碳化电化学腐蚀过程

在碳化深度到达钢筋表面后，钢筋的钝化膜被破坏，腐蚀过程开始了。根据机理的不同，金属腐蚀可以分为化学腐蚀和电化学腐蚀两大类。单纯由化学作用引起的腐蚀称为化学腐蚀，一般在高温或者非电解质环境中的腐蚀为化学腐蚀。由电化学反应引起的腐蚀称为电化学腐蚀。在通常情况下，电化学腐蚀比化学腐蚀快得多，也更为普遍，因此危害性也大得多。混凝土中钢筋的腐蚀主要是铁与电解质溶液之间的相互作用，属于电化学腐蚀，具有一般电化学腐蚀的特征，一个是金属阳极溶解反应，金属被氧化，化学方程式为：

$$Fe\rightarrow Fe^{2+}+2e^{-} \tag{1.14}$$

在阳极附近，Fe^{2+} 和 OH^- 形成难溶的 $Fe(OH)_2$，并在富氧条件下进一步氧化为 $Fe(OH)_3$，该化学反应方程式为：

$$\left.\begin{aligned}Fe^{2+}+2OH^-\rightarrow Fe(OH)_2\\4Fe(OH)_2+O_2+2H_2O\rightarrow 4Fe(OH)_3\end{aligned}\right\}\tag{1.15}$$

$Fe(OH)_3$ 脱水后，变成红锈 Fe_2O_3。但在少氧的情况下，$Fe(OH)_2$ 氧化不完全，部分形成黑锈 Fe_3O_4。

在阴极区，大气中的氧扩散至钢筋表面并溶解于钢筋表面的水膜，发生还原反应，化学方程式为：

$$O_2+2H_2O+4e^-\rightarrow 4OH^-\tag{1.16}$$

阴极产生的 OH^- 通过混凝土孔隙中的液相被送往阳极，这就形成了一个腐蚀电流的闭合回路(图1.6)。

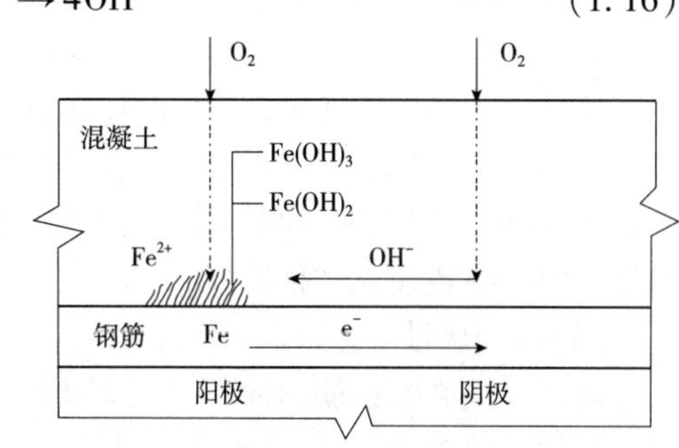

图1.6　混凝土中钢筋腐蚀的电化学模型

从上述过程可见，根据电化学腐蚀原理，腐蚀发生必须具备三个条件：第一，钢筋表面形成电位差，构成腐蚀电池；第二，钢筋表面钝化膜破坏，处于活化状态；第三，钢筋表面有腐蚀反应所需的水和溶解氧。同时钢筋混凝土结构中的钢筋腐蚀受到许多因素的影响，其中内部因素包括钢筋位置、钢筋直径、水泥品种、混凝土密实度、保护层厚度及完好性、混凝土的液相组成(值及含量)等；外部因素有温度、湿度、周围介质的腐蚀性、周期性的冷热交替作用等。

(2)钢筋腐蚀的发展过程

混凝土中钢筋的钝化膜会受到破坏，即脱钝发生，从而失去对钢筋的保护作用，造成钢筋钝化状态的丧失，在适当环境条件下便会引发钢筋的腐蚀。钢筋的腐蚀状态和腐蚀速度随时间的发展变化较大，对于混凝土中钢筋腐蚀的整个过程，Tuutti 在 1979 年提出了两阶段模型[64]，如图1.7所示。

第一阶段：混凝土浇筑养护后，混凝土碳化，钢筋的钝化膜会受到破坏，即脱钝发生，从而失去对钢筋的保护作用，造成钢筋钝化状态的丧失，钢筋开始锈蚀。

第二阶段：从混凝土表面因钢筋腐蚀膨胀开始破坏发展到混凝土普遍显示严重胀裂、剥落破坏，即已达到不可接受的程度，必须全面大修时为止。

后来经过其他学者的进一步发展，将钢筋的腐蚀过程分为四个时期(图1.8)。

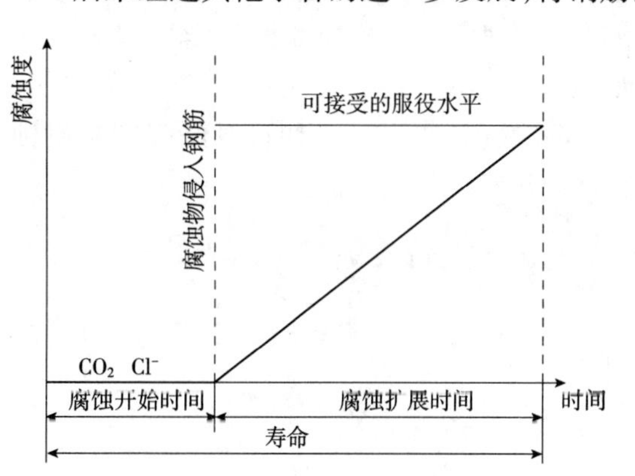

图1.7　Tuutti 的两阶段模型[64]

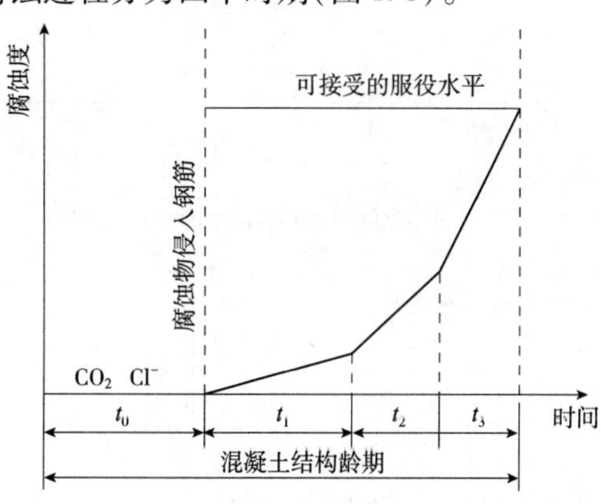

图1.8　钢筋腐蚀的发展过程[65]

前期:从浇筑混凝土时到混凝土碳化区域达到钢筋表面,或者氯离子侵入,在钢筋表面积聚达到界限值,使钢筋脱钝,即钢筋开始腐蚀时止。这段时间以 t_0(腐蚀开始时间)表示。

中期:从钢筋开始腐蚀发展到混凝土表面因钢筋腐蚀膨胀而显示破坏现象(如顺筋胀裂、层裂或剥落)。这段时间以 t_1 表示。

后期:从混凝土表面因钢筋腐蚀膨胀开始破坏发展到混凝土普遍显示严重胀裂、剥落破坏,即已达到不可容忍的程度,必须全面大修时为止。这段时间以 t_2 表示。

晚期:钢筋腐蚀已发展到结构区域性破坏,致使结构不能安全使用。这段时间以 t_3 表示。

要掌握钢筋腐蚀的全过程,必须对钢筋开始腐蚀时间、钢筋腐蚀速度(中期、后期和晚期)以及钢筋腐蚀对结构性能的影响等关键性问题有一个深入细致的了解。从发展过程可以看出:钢筋开始腐蚀时间和腐蚀速度为两个重要参数,在钢筋混凝土耐久性的评估过程中根据这两个参数建立劣化模型。

(3)均匀腐蚀

均匀腐蚀影响钢筋的面积,导致钢筋面积均匀减少,同时引起混凝土保护层开裂和剥落。通过裂缝观测,在一定程度上可以判断结构的状态。

目前,有不少学者研究腐蚀效应,例如,Val 和 Melchers(1997 年)[66]、Enright 和 Frangopol(1998 年)[67]、Vu 和 Stewart(2000 年)[68]、Li 等(2004 年)[69]、Stewart(2004 年)[70]和 Val(2007 年)[71]等,少有研究预应力混凝土梁的碳化腐蚀开裂。目前,部分学者,例如 Darmawan 和 Sewtart(2007 年)[72]、Agkül 和 Frangopol(2004 年)[73],研究在点蚀下预应力混凝土梁的时变可靠度评估。

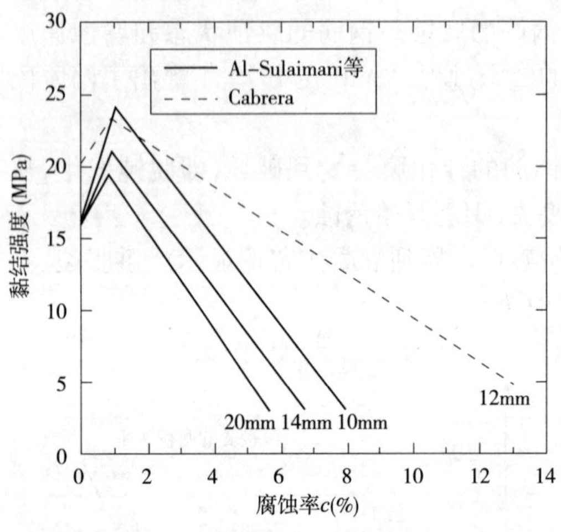

图 1.9　黏结强度和腐蚀率的关系[75-76]

Val 等(1998 年)[74]通过研究认为,均匀腐蚀同样影响钢筋与混凝土之间的黏结性能,并分析了其效应。腐蚀产物体积增大,占有更大的空间,这会引起混凝土开裂和剥落,同时削弱钢筋和混凝土之间的黏结,将导致结构的性能下降。

Al - Sulaimani 等(1990 年)[75]和 Cabrera(1996 年)[76]通过理论研究发现,黏结强度和腐蚀率的典型关系为折线关系,见图 1.9 所示。

Val 等(1998 年)[74]假设黏结强度和腐蚀率的关系为:

$$\tau_{bu}(t)=\begin{cases}\tau_{bu,0} & ,c(t)\leqslant c_1\\ \tau_{bu,0}\left[1-(1-\beta_t)\dfrac{c(t)-c_1}{c_2-c_1}\right] & ,c_1<c(t)\leqslant c_2\\ \beta_t\tau_{bu,0} & ,c(t)>c_2\end{cases} \tag{1.17}$$

式中:$\tau_{bu,0}$——初始黏结强度;

$\tau_{bu}(t)$——时刻 t 的黏结强度；

β_t——修正系数；

c_1、c_2——腐蚀率的界限值，具体取值参见参考文献[74]。

本书的研究工作中不考虑腐蚀导致黏结强度的降低对结构时变可靠度评估的影响。

4）碳化条件下桥梁结构锈胀开裂

（1）锈胀开裂过程

在腐蚀过程中，铁离子根据钢筋表面的氧气浓度和湿度含量会转化为不同的氧化物。钢筋腐蚀的结果是钢筋截面积随时间减小，钢筋与混凝土的黏结减弱和混凝土保护层开裂甚至剥落。腐蚀产物膨胀，其尺寸是原来钢筋尺寸的4～10倍，这也是腐蚀导致保护层开裂甚至剥落的原因。

混凝土腐蚀开裂是在沿着纵向钢筋的方向上产生平行裂缝，这种裂缝通常称为"纵向裂缝"。腐蚀开裂同时也产生其他形式的裂缝，例如横向裂缝，即混凝土剥落，这种裂缝平行于混凝土表面，从一根钢筋到另一根钢筋。然而，在碳化腐蚀下，通常工程师非常关心纵向开裂，因为纵向是 CO_2、氧气和湿度容易进入的方向，因而加速了纵向钢筋的腐蚀，纵向开裂分为两个阶段：

①开始开裂阶段：出现第一条可视裂缝（裂缝宽度小于或等于0.05mm）。

②裂缝扩展阶段：随后裂缝随时间发展，裂缝宽度开展到极限裂缝宽度。

普遍认为开始开裂时间是腐蚀产物产生的膨胀拉力开始超过混凝土的抗拉强度的时候。腐蚀产物的增长取决于钢筋周围的氧气含量和湿度状态。Rosenberg等（1989年）[77]研究认为，腐蚀产物的相对成分[FeO，Fe_3O_4，Fe_2O，$Fe(OH)_2$，$Fe(OH)_3$，$Fe(OH)_3 \cdot 3H_2O$]如图1.10所示。腐蚀产物逐渐产生，压力随着腐蚀产物体积的增大而不断增大。这种压力最终导致钢筋周围的混凝土开裂。第一次出现裂缝的时间为开始开裂时间，随后，裂缝随时间扩展。

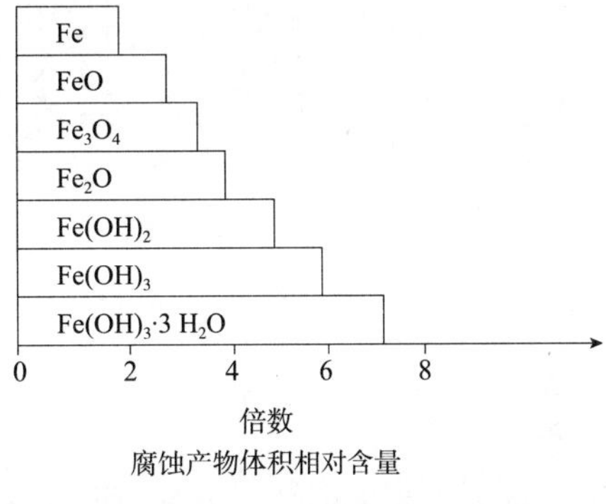

图1.10 腐蚀产物的相对含量示意图[77]

通常，混凝土保护层开裂是在试验室通过加速腐蚀试验在短时间内出现裂缝的情况下观察到的，而实际状态下要花很长时间才开裂，而且不容易观察到。

（2）现有的有效的开裂预测模型

假设混凝土是弹性材料，厚板理论用于推导解析公式进行预测腐蚀产物的数量。通常失效标准定义为腐蚀产物产生的膨胀应力超过混凝土的抗拉强度。因此，该方法通常用于求解开始开裂时间。

然而，Williamson和Clark（2000年）[78]通过试验研究表明：混凝土抗拉强度和腐蚀膨胀应力没有必然联系。在这种情况下，Allan和Cherrie（1992年）[79]使用断裂能量标准（例如硬度）比屈服标准（强度），认为该指标更适合预测开裂开始时间。Hansen和Saouma（1999年）[80]通过研究认为，断裂能原理和边界元方法能够一起用于预测开裂扩展。然而，该方法需要确定未知的开裂路径和开裂扩展时刻更新。

有限单元法经常被用于解决开裂扩展问题。然而,有限单元法通常将结构离散为几千个节点,这需要很高的"计算成本"。Hansen 和 Saouma(1999 年)[80]在分析过程中出现多种不真实的开裂模式。下面综述可行的分析模型。

现有的关于混凝土保护层腐蚀开裂的预测模型主要集中在以下两个方面:

①预测引起开裂的腐蚀产物体积含量;

②混凝土结构的开裂时间。

(3)引起锈胀开裂的腐蚀产物体积含量预测

①Maruyama 等(1989 年)的研究

利用混凝土试件的加速腐蚀试验,通过对裂缝模式的观察(图 1.11),提出了基于腐蚀机理的腐蚀产物模型。构件的尺寸为 300mm × 300mm × 270mm,保护层厚度为 25mm、50mm、70mm 和 100mm。在每一个构件里面仅放置一根光圆钢筋。为了建立开裂宽度和钢筋直径的关系,假设混凝土表面裂缝宽度随腐蚀产物线性增长。

假设开裂混凝土、开裂角度和长度之间是刚体运动和它们之间没有相对运动。通过腐蚀测试得到一个开裂扩展模型,见图 1.12 所示。

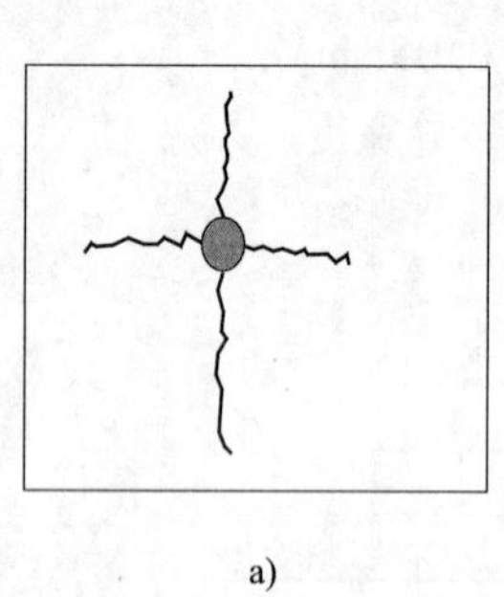

a)

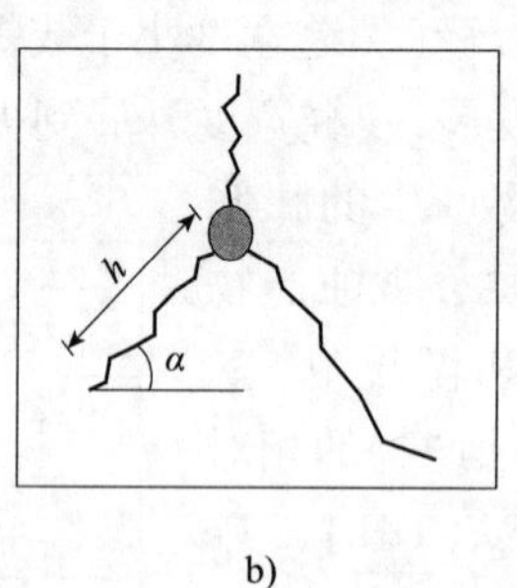

b)

图 1.11 截面裂缝发展模式[81]

图 1.12 开裂模型[81]

混凝土表面的开裂宽度用钢筋直径的腐蚀膨胀量描述得到:

$$w = 2d_{\exp}\left[\cos\beta + \frac{\alpha_{\mathrm{ang}}(\cos\alpha_{\mathrm{ang}} + \cos\beta_{\mathrm{ang}})}{h + d_{\exp}(\sin\alpha_{\mathrm{ang}} - \sin\beta_{\mathrm{ang}})}\right] \quad (\mathrm{mm}) \tag{1.18}$$

式中:w——混凝土表面裂缝宽度(mm);

$d_{\exp}$——钢筋的腐蚀膨胀(mm);

α_{ang}——开裂夹角(°),取决于混凝土保护层厚度;

β_{ang}——$\beta_{\mathrm{ang}} = 45° - 0.5\alpha_{\mathrm{ang}}$(°);

h——开裂长度(mm)。

Maruyama 等(1989 年)[81]建立的开裂模型与他的试验数据符合很好。然而,对于不同的钢筋来说,其开裂夹角和开裂长度是不一样的。因此,由于实际结构的开裂尺寸是多样化的,所以该模型用于工程实际很不合适,只是适合与腐蚀测试相同的腐蚀状态。

②Aligizaki(1999 年)的研究

Aligizaki(1999 年)[82]通过混凝土构件腐蚀加速试验得到开裂预测模型,试验腐蚀率为

$50\mu A/cm^2$,水灰比分别为0.4、0.45、0.5和0.55,混凝土保护层厚度为20mm、30mm、40mm和50mm以及不同的钢筋直径。观察到的开裂宽度从0.05mm变化到0.3mm。Aligizaki(1999年)[82]通过对试验结果的回归分析,得到引起开裂的质量损失公式为:

$$m_{st} = 17.9 + 0.18\frac{d}{1+\frac{w}{c}} - 0.5f_c \tag{1.19}$$

式中:m_{st}——钢筋损失的质量(g);

c——混凝土保护层厚度(mm);

d——钢筋直径(mm);

f_c——混凝土抗压强度(MPa);

w——混凝土表面的开裂宽度(mm)。

当混凝土抗压强度超过40MPa时,用该模型公式计算的腐蚀量为负值。

(4)腐蚀开裂时间预测

①腐蚀产物率

为了预测腐蚀开裂时间,通常是将腐蚀产物量除以腐蚀产物率或腐蚀率。因此,在预测混凝土开裂时间时,腐蚀产物率是一个非常重要的参数。Bazant(1979a)[83]和Andrade等(1993年)[84]通常假设腐蚀产物率是常数,不随时间变化。

然而,Bradforth(1993年)[85]通过试验研究表明,腐蚀产物率随时间而降低。有学者,例如Fontana(1986年)[31]与Toribio、Kharin(2001年)[86]通过试验证明了这种现象,见图1.13。1993年Wagner首次证明了纯金属的理想扩散过程是满足近似的氧化率规律。随着氧化物增厚,扩散的距离增加,因此产生的氧化物逐渐减少,由于扩散率和氧化厚度是成反比例关系,氧化物随时间减少的过程可表示为:

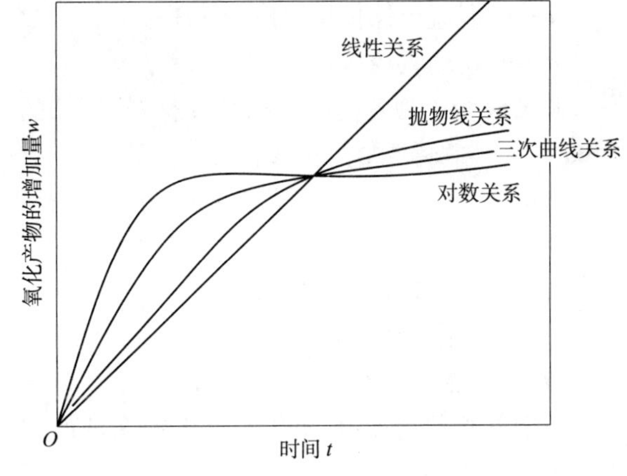

图1.13 氧化产物增长[31]

$$\frac{dx}{dt} = \frac{k_p}{x} \tag{1.20}$$

通过积分得:

$$x^2 = 2k_p t \tag{1.21}$$

式中:x——腐蚀产物厚度的增加或者腐蚀产物质量随时间t的增加;

k_p——腐蚀产物增量常数。

②Bazant(1979b)的研究

Bazant(1979b)[87]根据钢筋半径膨胀引起开裂的现象,建议了一个开裂时间计算模型。如图1.14所示,假设腐蚀产物对钢筋周围混凝土产生均匀的压应力,同时假设混凝土变形随着腐蚀产物的增加和钢筋直径的增加而增加。

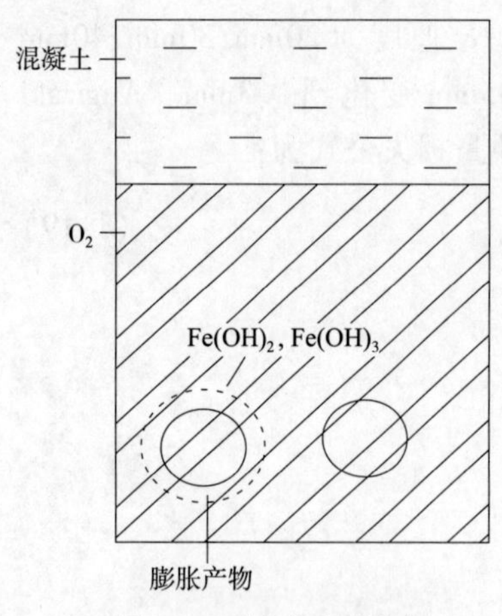

图 1.14　均匀径向压应力

根据混凝土表面的压力,可以得到钢筋膨胀后的直径 d_{exp},假设有两种失效模式。

第一种失效模式为斜裂缝,这种裂缝是钢筋的间距大于 6 倍钢筋直径时才出现。对于这种失效模式,假设裂缝的发展角度为 45°,向钢筋的反方向点发展,根据应力平衡状态,可以得到:

$$d_{exp} = 2f'_t \frac{c}{d}\delta_{pp}, s > 6d \tag{1.22}$$

第二种失效模式为垂直于钢筋的横向裂缝,这是典型的剥落开裂。根据应力平衡状态,得到如下关系式:

$$d_{exp} = f'_t\left(\frac{s}{d} - 1\right)\delta_{pp}, c > (s - d)/2 \tag{1.23}$$

式中:s——钢筋间距(cm);

d_{exp}——钢筋膨胀后的直径(mm);

f'_t——混凝土抗拉强度(MPa);

δ_{pp}——钢筋的空隙系数(mm);

c——混凝土保护层厚度(mm);

d——钢筋直径(mm)。

假设混凝土为各向同性的弹性材料,钢筋的空隙系数 δ_{pp} 根据厚板理论求得。外部直径为 $9d + 2c$,空隙系数的表达式为:

$$\delta_{pp} = \frac{d(1 + \varphi_{cr})}{E_c}\left\{(1 + v_c) + d^2\left[\frac{2}{s^2} + \frac{1}{4c(c + d)}\right]\right\} \tag{1.24}$$

式中:φ_{cr}——混凝土徐变系数;

v_c——混凝土泊松比;

E_c——混凝土弹性模量(MPa)。

当钢筋直径增加时,单位长度上的腐蚀产物也增加,导致钢筋的腐蚀膨胀量增加。混凝土开裂时间为:

$$t_{cr-gen} = \rho_{cor}\frac{d \times d_{exp}}{s \times j_r} \tag{1.25}$$

式中:j_r——腐蚀产物率(kg/m^2 · s);

ρ_{cor}——钢筋的质量密度和腐蚀产物密度的函数,可表示为

$$\rho_{cor} = \frac{\pi}{2\left(\frac{1}{\rho_r} - \frac{0.523}{\rho_{st}}\right)} \tag{1.26}$$

ρ_{st}——钢筋的密度;

ρ_r——腐蚀产物的密度,$\rho_r = \rho_{st}/4$。

Bazant(1979b)[87] 提出了模型,认为在计算开裂时间时取决于腐蚀产物的密度和类型、腐蚀率、钢筋直径和混凝土的材料属性(φ_{cr}, v_c, E_c)。然而,假设腐蚀产物积累产生拉应力不是很真实,因为腐蚀可能渗透到混凝土空隙里面,这样导致释放混凝土的累计压应力。而

且,假设腐蚀产物率为常数会低估混凝土初始开裂时间。

③Liang 等(2002 年)的研究

Liang 等(2002 年)[88]改进了 Bazant(1979b)[87]提出的模型,将该模型用到台北中山桥的开裂腐蚀计算,并纠正了 Bazant(1979b)[87]模型的错误,该错误是指 Bazant(1979b)[87]文中失效状态是在平衡状态下建立的方程,不合理。这个错误被纠正,得到了改进的 Bazant 模型,并假设钢筋间距总是大于斜裂缝的宽度。

修改后的模型考虑单根钢筋腐蚀产生的锈胀产物为:

$$d_{\mathrm{exp}} = f'_{\mathrm{t}}\left[2\left(\frac{c}{d}\right)+1\right]\delta_{\mathrm{pp}} \tag{1.27}$$

式中:d_{exp}——钢筋膨胀后的直径(cm)。

本书进行一个比较分析,发现 Liang 等(2002 年)[88]修改后的模型与 Bazant(1979b)[87]的模型相比,钢筋膨胀后的直径 d_{exp} 提高了 11% ~38%。这个结果取决于混凝土水灰比和保护层厚度。

(5)现有开裂模型的对比分析

为了更好地理解混凝土开裂模型,本书对现有的开裂模型进行对比分析。计算参数如下:混凝土保护层厚度为 50mm,水灰比 $w/c = 0.5$,抗压强度 $f_{\mathrm{c}} = 43\mathrm{MPa}$,抗拉强度 $f_{\mathrm{t}} = 4.16\mathrm{MPa}$,钢筋直径 d 为 16mm,腐蚀电流密度 $i_{\mathrm{corr}} = 100\mu\mathrm{A/cm}^2$,计算结果如表 1.1 所示。由表 1.1 知:腐蚀产物量一般在 1.48 ~6.46g/m 变化。该结果取决于假设的腐蚀产物类型。然而,开裂时间变化很大,计算结果非常离散,要用于工程实际难度很大。很明显,现有的腐蚀开裂模型取决于模型假设,不同的腐蚀产物假设,得出不同的开始时间模型。El Maaddawy 和 Soudki(2007 年)[89]基于弹性力学原理推导了腐蚀开裂模型,本书用该模型计算腐蚀开裂开始时间。

现有开裂模型的比较分析　　表 1.1

文　献	裂缝宽度 w (mm)	腐蚀产物		开裂时间 (h)
		腐蚀产物量(倍)	钢筋直径变化(mm)	
Bazant(1979b)[87]	NS	1.48	0.026	466.8
Bazant(1979b)[87]	NS	3.10	0.026 0	978.9
El Maaddawy and Soudki(2007 年)[89]	NS			17 280
Liang 等(2002 年)[88]	NS	3.6	0.03	
Andrade 等(1996 年)[92]	0.2 ~0.3		3.2	24 160
Maruyama 等(1989 年)[81]	0.2,0.5		0.065,0.165	
Rodriguez 等(1996 年)[93]	0.05,0.3		0.026,0.051	
Tuutti(1982 年)[94]	<0.25		0.11 ~0.48	

注:NS 表示没有测到数据。

Liu 和 Weyers(1998 年)[90]的模型在预测混凝土开裂时间方面用得非常多,非常普遍。Chernin 和 Val(2008 年)[91]证明了 Liu 和 Weyers(1998 年)[90]的模型是无效的,因为 Liu 和

Weyers(1998 年)[90]模型的一个关键参数(k_p)的推导和求解是不正确的,所以,现在 Liu 和 Weyers(1998 年)[90]的模型不能用于计算腐蚀开裂开始时间。本书研究中将使用 El Maaddawy 和 Soudki(2007 年)[89]计算腐蚀开裂开始时间。将在第 2 章详细描述。

从以上可以看出,众多的开裂模型没有明确定义混凝土开裂的程度。很多模型没有一致的观点。混凝土开裂时间取决于钢筋的直径、混凝土的品质和混凝土保护层的厚度。

1.2.5 碳化腐蚀下预应力混凝土结构的概率时变可靠度模型

1)极限状态方程

在美国,正在修建大量的预应力混凝土桥梁代替老桥,预应力混凝土桥使用高强钢和高强混凝土,与传统钢筋混凝土桥和钢桥相比,可以节约成本和提高质量。根据美国 National Bridge Inventory 数据库,预应力混凝土桥梁是近几十年来最流行的桥型,国内的趋势也是如此。

许多参数影响预应力混凝土梁的强度和正常使用性能,而且这些参数具有不确定性和变异性。这些参数主要包括混凝土和钢材材料属性、混凝土密实性、结构尺寸、环境状态、结构预测模型和腐蚀率模型或者劣化过程。而且,桥梁设计和评估是根据不确定和不完整的信息进行的。在这种状况下,确定性的决策分析方法不是很有效,可能会作出相应的保守决策。例如,CO_2 浓度是随时间变化的,在概率分析过程中含有大量的不确定性。因此,一个时变可靠度分析可以考虑碳化腐蚀过程中这些潜在的不确定性,同时合理地描述预应力混凝土结构的性能。

目前,有许多文献,例如,文献[95-96],描述结构可靠度分析的概率方法,而且广泛用于工程结构的各种问题分析。在一般情况下,可靠度分析用极限状态函数 g 描述,相应的抗力为 R,作用为 S,其关系表达式为:

$$g(R,S)=R-S \tag{1.28}$$

当 $g\leqslant 0$ 时,结构失效发生。由于抗力 R 和作用 S 含有不确定性参数,因此需要用概率描述。相应的失效概率为:

$$P_{\mathrm{f}}=P_{\mathrm{r}}(R<S)=P_{\mathrm{r}}(R-S<0)=P_{\mathrm{r}}[g(R,S)<0] \tag{1.29}$$

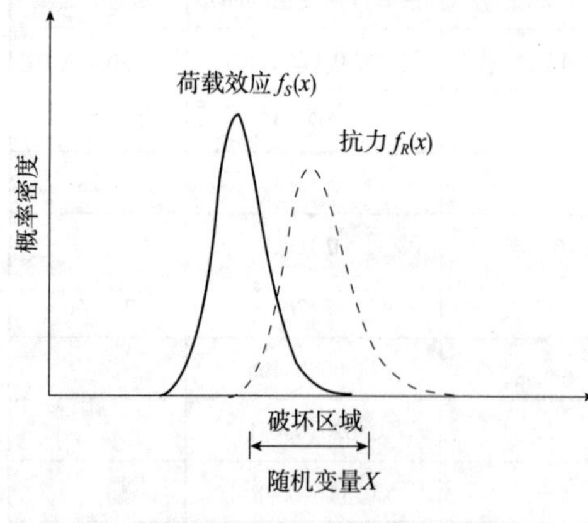

图 1.15 $R-S$ 问题

修改抗力 R 和作用 S 用概率密度函数 f_R 和 f_S 描述,见图 1.15,并认为是统计独立的变量,则一个简单构件的失效概率为:

$$P_{\mathrm{f}}=P(R-S\leqslant 0)=\int_{-\infty}^{\infty}F_{\mathrm{R}}(x)f_{\mathrm{S}}(x)\mathrm{d}x \tag{1.30}$$

式中:$F_R(x)$——抗力 R 的累积分布函数。

假如抗力 R 和作用 S 是不独立的,则至少需要两个随机变量来描述极限状态函数 $g(x)$,结构的失效概率为:

$$P_{\mathrm{f}}=P(R-S\leqslant 0)=\int\cdots\cdots\int_{g(x)\leqslant 0}f_x(x)\mathrm{d}x \tag{1.31}$$

式(1.31)可以用 Melchers(1999 年)[96]提出的方法求解,主要方法如下。

(1)直接进行积分,这种方法只适合少数场合;

(2)通过变化,将积分差分成多个正态分布概率函数;

(3)Monte - Carlo 模拟。

Monte - Carlo 模拟适合任意形式的极限状态函数(没有明确的极限状态方程);对随机变量的分布形式没有要求(可以正态分布,也可以非正态分布),并可以组合构件(结构体系和上部结构)的可靠性。

2)腐蚀条件下现有预应力混凝土结构概率分析模型

钢筋混凝土桥梁在腐蚀下的可靠性评估备受关注。相比之下,在大气腐蚀环境下的预应力混凝土结构的腐蚀概率模型研究非常有限,主要由于与钢筋混凝土结构相比,预应力混凝土结构的使用历史相对较短,很多问题没有暴露[98]。当然,目前也有不少学者研究在氯离子环境下预应力混凝土梁的强度和正常使用性能[72,99]。王建秀、秦权[100]研究了在 CO_2 定值作用下的碳化腐蚀。但是预应力混凝土梁在碳化腐蚀环境下的性能评估研究非常有限。Darmawan 和 Stewart(2007 年)[72]通过试验研究确定点蚀的分布规律,分析了先张拉预应力混凝土梁的时变可靠性能。预应力筋的劣化模型比钢筋的劣化模型复杂。

文献调查表明对预应力混凝土结构的概率模型研究比较少。Naaman 和 Siriaksorn(1982 年)[101]分析在施工过程中没有腐蚀下的时变可靠度,而且只限于正常使用极限状态,使用一次二阶矩法,只考虑抗力和荷载的均值和方差。Tabsh(1992 年)[102]和 Nowak 等(2001 年)[103]对没有腐蚀状态下的预应力混凝土桥梁的可靠度进行了评估。

Akgül 和 Frangopol(2004 年)[73]使用 Fick 第二定律计算腐蚀开始时间,用均匀腐蚀模拟腐蚀扩展进行结构时变可靠度评估。极限状态为弯曲强度和混凝土允许拉应力。该分析有三个特点:①只考虑关键截面的极限状态;②使用简单的劣化模型;③使用解析的求解法。这样的分析降低了分析精度。

总之,目前大多数研究主要集中在钢筋混凝土结构在腐蚀环境下的空间时变可靠度评估,而且 Darmawan 和 Stewart(2007 年)[72]研究了在氯离子环境下的空间时变可靠度。但是,在碳化腐蚀环境下预应力混凝土梁的时变可靠度的研究非常有限。

Stewart 和 Rosowsky[104]认为 CO_2 浓度在定值 $0.714g/m^3$ 下的腐蚀影响是可以忽略的。然而,由于全球经济的迅速发展和全球气候不断变化,气候变化和温室效应研究组织[49]预测,在 2100 年大气中 CO_2 浓度将超过 $1.88g/cm^3$。因此,碳化将会成为在城市环境影响下的混凝土结构劣化的主要因素之一。

为了更准确预测碳化腐蚀下预应力混凝土梁的强度和时变可靠度,在第 2 章建立了一个均匀腐蚀概率模型和时变可靠度预测模型。

1.3 研究意义

针对传统设计方法存在的不足,本文提出了基于寿命周期成本的桥梁全寿命优化设计方法,即满足桥梁服务水平的前提条件下,寿命周期成本期望值总和最小的原则下决策最优的桥梁设计方案。

该研究涵盖多学科内容,包括桥梁工程学、力学、经济学、优化分析理论以及可靠度概念。目前工程师对基础设施系统的分析、设计、维护、管理和寿命周期性能预测的知识逐渐积累,但由于存在诸多的不确定性因素,LCCA 方法在桥梁工程中的使用尚属于起步阶段,需要使用系统的方法来理解技术、环境、经济、社会、政治对基础设施工程的综合影响。为了实现这一点,必须建立模型分析结构,评价和比较不同设计方案的风险和效益。根据现有的知识在安全、经济、可持续发展需求找到平衡点来最大化满足社会需求。

将“全寿命性能设计”的概念引入桥梁设计、施工和维护的工程实践中,将会使桥梁寿命期的服务水平和长期投资控制得到更有力和更全面的保证,符合桥梁建设以人为本、节约资源的科学发展要求,因而有长远的理论和工程价值。全寿命桥梁设计方法的创新将是 21 世纪桥梁可持续发展和技术进步的一个重要标志。所以,本书内容具有非常重要的理论意义和工程价值。

1.4 小结

传统桥梁设计方法只考虑初期建设成本,而未考虑今后维护改造等各种直接或间接维护成本,这往往造成桥梁后期维护成本过高、维修资源的分配不合理和服役期性能缺乏预见性,因而存在一定的缺陷。针对目前桥梁设计方法的不足,本书发展了基于寿命周期成本的桥梁全寿命优化设计方法,亦称基于性能的桥梁设计方法,并对该优化设计方法所涉及知识领域的研究现状进行了简要的回顾和综述。

本章参考文献

[1] 邵旭东,彭建新. 基于寿命周期成本(LCC)的桥梁设计方法研究//全国桥梁学术会议论文集. 北京:人民交通出版社,2005:840-845.

[2] Peng J,Shao X. Research framework of lifetime performance based bridge design method//Proc of the 2nd Int Conf of Structural Health Monitoring of Intelligent Infrastructure. Shenzhen, 2005:1431-1434.

[3] Kong J S,Frangopol D M. Prediction of reliability and cost profiles of deteriorating bridges under time-and performance-controlled maintenance. Journal of Structural Engineering, 2004, 130(12): 1865-1874.

[4] Jawad M. Life cycle cost optimization for infrastructure facilities. New Jersey: State Univ. of New Jersey,2003:45-89.

[5] Frangopol D M. Life-cycle cost analysis for bridge. Bridge Safety and Reliability, ASCE Reston: VA,1999:210-236.

[6] Frangopol D M,Kong J S,Gharaibeh E S. Reliability-based life-cycle management of highway bridges. Journal of Computing in Civil Engineering,2001,15(1): 397-410.

[7] Hassanain M A,Loov R E. Cost optimization of concrete bridge infrastructure. Canadian Journal of Civil Engineering,2003,30:841-849.

[8] National Cooperative Highway Research Program. Bridge life-cycle cost analysis. Washington D C: Transportation Research Board,2003:23-29.

[9] Lee Y J, Chang L M. Rehabilitation decision analysis and life-cycle costing of the infrastructure system. Construction Research, 2003, 82: 1-6.

[10] Frangopol D M, Gharaibeh E S, Kong J S, et al. Optimal network-level bridge management planning based on minimum expected cost. Journal of Transportation Board, 2000:2(1696): 26-33.

[11] Frangopol D M, Kong J S, Gharaibeh E S. Bridge management based on lifetime reliability and whole life costing-The next generation. London: Thomas Telford, 2000, 392-399.

[12] Kong J S, Frangopol D M. Evaluation of expected life-cycle maintenance cost of deteriorating structures. Journal of Structural Engineering, 2003, 129(5): 682-691.

[13] Kong J S, Frangopol D M. Cost-reliability interaction in life-cycle cost optimization of deteriorating structures. Journal of Structural Engineering, 2004, 130(11), 1704-1712.

[14] 邵旭东,彭建新,晏班夫. 基于桥梁全寿命总成本优化的设计研究综述//第十七届全国桥梁学术会议论文集. 北京:人民交通出版社,2006:456-451.

[15] 邵旭东,彭建新,晏班夫. 基于结构可靠度的桥梁维护策略优化研究. 工程力学,2008,25(9):149-155.

[16] 邵旭东,彭建新,晏班夫,等. 基于全寿命成本优化的桥梁车道数决策研究. 土木工程学报,2008,41(10): 46-52.

[17] Peng J, Shao X, Stewart M G. Design planning decision for deteriorating wearing surfaces based on whole-life design considering life-cycle cost//Proc of 4th Int Conf on Bridge Maintenance, Safety and Management. Seoul, 2008:2163-2170.

[18] Peng J, Shao X. Bridge material decision for deteriorating structures based on whole-life optimum design considering life-cycle cost//Proc of the 2nd Int Conf on Structural Condition Assessment, Monitoring and Improvement. Changsha, 2007:1-8.

[19] 邵旭东,彭建新,晏班夫,等. 混凝土桥梁全寿命成本优化设计//第十八届全国桥梁学术会议论文集. 北京:人民交通出版社,2008:1-8.

[20] Stewart M G, Mullard J A. Spatial time-dependent reliability analysis of corrosion damage and the timing of first repair for RC structures. Engineering Structure, 2007, 29(7): 1457-1464.

[21] 禹智涛,韩大建. 基于可靠度的桥梁结构优化设计. 广东工业大学学报,2002,19(3): 50-55.

[22] 屈文俊,张誉. 混凝土桥梁结构的耐久性优化设计. 中国公路学报,1999,12(1): 62-70.

[23] 屈文俊,车惠民. 混凝土桥梁的优化等耐久性设计. 土木工程学报,1998,31(4): 23-30.

[24] Frangopol D M, Lin K Y, Estes A C. Life-cycle cost design of deteriorating structures. Journal of Structural Engineering, 1997, 123(10): 1390-1401.

[25] 邵旭东,彭建新,晏班夫. 桥梁全寿命设计方法框架性研究. 公路,2006,26(1): 44-49.

[26] Lee K M, Cho H N. Life-cycle cost-effective optimum design of steel bridges. Journal of Constructional Steel Research, 2004(60): 1585-1613.

[27] Ang A H S, Leon D. Determination of optimal target reliabilities for design and upgrading of structures. Structural Safety, 1998, 19(1): 91-103.

[28] 马军海. 桥梁全寿命设计过程及其在混凝土连续梁桥中的应用. 上海:同济大学, 2008:5-8.

[29] Saetta A V, Vitaliani R V. Experimental investigation and numerical modeling of carbonation process in reinforced concrete structures Part II-Practical applications. Cement and Concrete Research, 2005, 35(5): 958-967.

[30] Uhlig H H, Revie R W. corrosion and corrosion control. New York: John Wiley and Sons, 1985:10-15.

[31] Fontana M. Corrosion engineering. New York: McGraw-Hill, 1986:1-98.

[32] Moreno E I, Soll s-carcaňo R G, Lŏpez-salazar l R. Carbonation-induced corrosion in urban concrete structures. Material Performance, 2006, 45(5): 56-60.

[33] Szilard R. Survey on durability of prestressed concrete structures in the United States, Canada, and Pacific and Far Eastern Countries. Prestressed Concrete Institute Journal, 1969, 14: 62-73.

[34] Moore D G, KLodt D T, Hensen R J. Protection of steel in prestressed concrete bridges. Report 90: National Co-operative Highway Research Program, 1970:23-78.

[35] Schupack M. A survey of durability performance of post-tensioning tendons. ACI Structural Journal, 1978, 75(10): 501-510.

[36] Dunker K F, Rabbat B G. Highway bridge type and performance patterns. Journal of Performance of Constructed Facilities, 1990, 4(3): 161-173.

[37] Nürnberger U. Corrosion induced failure mechanism of prestressing steel. Materials and Corrosion, 2002, 53: 591-601.

[38] Darmawan. Spatial time-dependent reliability of pretension prestressed concrete bridge[PhD dissertation]. Newcastle: The University of Newcastle, 2003:15-125.

[39] Miller M D. Durability survey of segmental concrete bridges. PCI Journal, 1995, 40(3): 110-123.

[40] Moreton A. Performance of segmental and posttensioned bridges in Europe. Journal of Bridge Engineering, 2001, 6(6): 543-555.

[41] FIP. Guide to good practice: inspection and maintenance of reinforced and prestressed concrete structures. London: Thomas Telford, 1986*a*: 25-65.

[42] FIP. Guide to good practice: grouting of tendons in prestressed concrete. London: Thomas Telford, 1989:21-89.

[43] FIP. Recommendations for acceptance of post-tensioning systems. London: Thomas Telford, 1991:5-78.

[44] Allam I M, Maslehuddin M, Saricimen H, *et al*. Influence of atmospheric corrosion on the me-

chanicalproperties of reinforced steel. Construction and Building Materials, 1994, 8(1): 35-41.

[45] 邵旭东,李立峰,张伟. 二次预应力组合结构试验研究. 中国公路学报,2006,19(1): 75-79.

[46] Lopes S M R, Simões L M L P. Influence of corrosion on prestress strands. Canadian Journal Civil Engineering, 1999, 26: 782-788.

[47] FIP. Recommendations for the corrosion protection of unbonded tendons. London: Thomas Telford, 1986b: 78-98.

[48] Podolny W Jr. Corrosion of prestressing steel and its mitigation. PCI Journal, 1992, 37(5): 34-55.

[49] Meehl G A, Stocker T F, Collins W D, et al. Global climate projections. In: climate change 2007: The physical science basis. Cambridge: Cambridge University Press, 2007: 789-812.

[50] FIP. Corrosion protection of prestressing steel-FIP recommendations. London: Thomas Telford, 1996: 15-49.

[51] Saetta A V. Deterioration of reinforced concrete structures due to chemical-physical phenomena: model-based simulation. Journal of Material in Civil Engineering, 2005, 17(3): 313-319.

[52] Montemor M F, Cunha M G, Ferreira M P, et al. Corrosion behavior of rebars in fly ash mortar exposed to carbon dioxide and chlorides. Cement & Concrete Composites, 2002, 24(1): 45-53.

[53] Yoon I S, Çopuroğlu O, Park K B. Effect of global climatic change on carbonation progress of concrete. Atmospheric Environment, 2007(41): 7274-7285.

[54] Alexander M G, Mackechnie J R, Yam W. Carbonation of concrete bridge structures in three South African localities. Cement & Concrete Composites, 2007, 29: 750-759.

[55] Stewart M G, Teply B, Krolv H. The effect of temporal and spatial variability of ambient carbon dioxide concentration on carbonation of RC structures//Proc of 9th Int Conf on Durability of Building Materials and Computers. Brisbane and Convention & Exhibition Centre, 2002: 17-21.

[56] Engelfried R. Preventive prevention by low permeability coatings//Proc of the Concrete Society Conf on Permeability of Concrete and its Control. London, 1985: 107-117.

[57] Keeling C D, Whorf T P. Atmospheric CO_2 records from sites in the SIO air sampling network. Tenn.: Carbon Dioxide Information Analysis Centre-oak Ridge National Laboratory-U. S. Department of Energy Oak ridge, 2000, 9.

[58] CEB. New approach to durability design-an example for carbonation induced corrosion. Lausanne: Bulletin 238, 1997: 89-95.

[59] Kersner Z, Teply B, Novk D. Uncertainty in service life prediction based on carbonation of concrete//Proc of the 7th Int Conf on Durability of Building Materials and Components. London, 1996: 13-30.

[60] Papadakis V G, Fardis M N, Vayenas G G. Effect of composition, environmental factors and cement-lime coating on concrete carbonation. Material and Structures, 1992(25): 293-304.

[61] Novk D, kersner Z, Teply B. Prediction of structure deterioration based on the Bayesian updating//Proc of the 4th Int Symposium on Natural-Draught Cooling Towers. Kaiserslautern, 1996:417-421.

[62] Walton J C, Plansky L E, Smith R W. Models for estimation of service life of concrete barriers in low-level radioactive waste disposal. Washington D C: National Bureau of standards-U. S. Nuclear Regulatory Commission, 1990:1-23.

[63] 钱稼茹．耐久性的可靠度设计方法．混凝土结构设计规范第五批科研课题综合报告汇编．北京:中国建筑科学研究院混凝土结构设计规范国家标准管理组,1996:10-15.

[64] Tuutti K. Service life of structures with regard to corrosion of embedded steel. Sweden: Quality Control of Concrete Structures, 1979:293-301.

[65] 宋晓冰．钢筋混凝土结构中的钢筋腐蚀．北京:清华大学,1999:20-23.

[66] Val D V, Melchers R E. Reliability of deteriorating RC slab bridges. Journal of Structural Engineering, 1997, 123(12): 1638-1644.

[67] Enright M E, Frangopol D M. Probabilistic analysis of resistance degradation of reinforced concrete bridge beams under corrosion. Engineering Structures, 1998, 20(11): 960-971.

[68] Vu K A T, Stewart M G. Structural reliability of concrete bridges including improved chloride-induced corrosion models. Structural Safety, 2000, 22(4): 313-333.

[69] Li Y, Vrouwenvelder T, Wijnants G H, et al. Spatial variability of concrete deterioration and repair strategies. Structural Concrete, 2004, 5(3): 121-130.

[70] Stewart M G. Spatial variability of pitting corrosion and its influence on structural fragility and reliability of RC beams in flexure. Structural Safety, 2004, 26(4): 453-470.

[71] Val D V. Deterioration of strength of RC beams due to corrosion and its influence on beam reliability. Journal of Structural Engineering, 2007, 133(9): 1297-1306.

[72] Darmawan M S, Stewart M G. Spatial time-dependent reliability analysis of corroding pretensioned prestressed concrete bridge girders. Structural Safety, 2007, 29(1): 16-31.

[73] Akgül F, Frangopol D M. Lifetime performance analysis of existing prestressed concrete bridge superstructures. Journal of Structural Engineering, 2004, 130(12): 1889-1903.

[74] Val D V, Stewart M G, Melchers R E. Effect of reinforcement corrosion on reliability of highway bridges. Engineering Structures, 1998, 20(11): 1010-1019.

[75] Al-Sulaimani G J, Kaleemullah M, Basunbul I A, et al. Influence of corrosion and cracking on bond behavior and strength of reinforced concrete members. ACI Structural Journal, 1990, 87(2): 220-231.

[76] Cabrera J G. Deterioration of concrete due to reinforcement steel corrosion. Cement and Concrete Composition, 1996, 18(1): 47-59.

[77] Rosenberg C, Hansson C, Andrade C. Mechanism of corrosion of steel in concrete. Westerville: The American Ceramic Society, 2001:85-313.

[78] Williamson S J, Clark L A. Pressure required to cause cover cracking of concrete due to reinforcement corrosion. Magazine of Concrete Research, 2000, 25(6): 455-467.

[79] Allan M L, Cherry B W. Factors controlling the amount of corrosion for cracking in reinforced concrete. Corrosion, 1992, 48(5): 426-430.

[80] Hansen E J, Saouma V E. Numerical simulation of reinforced concrete deterioration: Part 2-steel corrosion and concrete cracking. ACI materials Journal, 1999, 96(41): 331-337.

[81] Maruyama K, Takaoka Y, Shimiza K. Cracking behavior of concrete due to corrosion of reinforcing bars. Transactions of Japan Concrete Institute, 1989, 11: 163-170.

[82] Aligizaki K K. Modelling of concrete cracking due to corrosion of embedded reinforcement: [PhD dissertation]. Pennsylvania: The Pennsylvania State University. 1999:56-89.

[83] Bazant Z P. Physical model for steel corrosion in sea structures-theory. Journal of the Structural Division, 1979a, 105(6): 1137-1153.

[84] Andrade C, Alonso C, Molina F J. Cover cracking as a function of rebar corrosion: Part 1-Experimental test. Material and Structures, 1993, 26: 453-464.

[85] Bradforth S A. Corrosion Control. London: Chapman and Hall, 1993:56-98.

[86] Toribio J, Kharin A V. Factors affecting the intrinsic character of the crack growth kinetics curve in stress corrosion cracking: A review. Corrosion Reviews, 2001, 19(3-4): 207-251.

[87] Bazant Z P. Physical model for steel corrosion in sea structures-application. Journal of the Structural Division, 1979b, 105(6): 1155-1166.

[88] Liang M T, Lin L H, Liang C H. Service life prediction of existing reinforced concrete bridges exposed to chloride environment. Journal of Infrastructure Systems, 2002, 8(3): 76-85.

[89] El Maaddawy T, Soudki K. A model for prediction of time from corrosion initiation to corrosion cracking. Cement & Concrete Composite, 2007, 29: 168-175.

[90] Liu Y, Weyers R E. Modeling the time-to-corrosion cracking in chloride contaminated reinforced concrete structures. ACI Materials Journal, 1998, 95(6): 675-680.

[91] Chernin L, Val D V. Prediction of cover cracking in reinforced concrete structures due to corrosion//Proc of 1st Int Conf on Construction Heritage in Coastal and Marine Environments. Lisbon, 2008:1-8.

[92] Andrade C, Alonso C. Durability design based on models for corrosion rates-The modelling of microstructure and its potential for studying transport properties and durability. Kluwer: Academic Publishers, 1996:473-492.

[93] Rodriguez J, Ortega L M, Casal J, et al. Corrosion of reinforcement and service life of concrete structures//Proc of the 7th Int Conf on Durability of Building Materials and Components. Stockhom, 1996:117-126.

[94] Tuutti K. Corrosion of steel in concrete. Estocolmo: Swedish Cement and Concrete Institute, 1982:4-82.

[95] Ditlevsen O, Madsen H O. Structural reliability methods, John Wiley & Sons, Chichester, 1996:2-56.

[96] Melchers R E. Structural reliability analysis and prediction. New York: John Wiley & Sons, 1999:1-158.

[97] Stewart M G. Interaction between serviceability and strength reliabilities and expected failure costs for a reinforced concrete stochastic deterioration process. First ASRANet: International Colloquium, 2002:5-125.

[98] Kaminker A J. Comments on corrosion of prestressing steel and its mitigation by W. Podolny Jr. PCI Journal, 1993, 38(4): 102-103.

[99] Maes M A, Wei X, Dilger W H. Fatigue reliability of deteriorating prestressed concrete bridges due to stress corrosion cracking. Canadian Journal of Civil Engineering, 2001, 28: 673-683.

[100] 王建秀,秦权. 考虑氯离子侵蚀与混凝土碳化的公路桥梁时变可靠度分析. 工程力学,2007,24(7):86-93.

[101] Naaman A E, Siriaksorn A. Reliability of partially prestressed beams at serviceability limit states. PCI Journal, 1982, 27(6): 66-85.

[102] Tabsh S W. Reliability based parametric study of pretensioned AASHTO bridge girders. PCI Journal, 1992:56-65.

[103] Nowak A S, Park C, Casas J R. Reliability analysis of prestressed concrete bridge girders: comparison of Eurocode, Spanish Norma IAP and AASHTO LRFD. Structural Safety, 2001, 23: 331-344.

[104] Stewart M G, Rosowsky D V. Time-dependent reliability of deteriorating reinforced concrete bridge decks. Structural Safety, 1998, 20: 91-109.

第2章　气候变化、受碳化腐蚀混凝土梁桥腐蚀损伤和安全时变可靠度评估

混凝土碳化是混凝土结构腐蚀和性能下降的一个重要起因。本章利用国际最新的气候研究报告,即 CO_2 浓度研究报告,改进了现有的碳化深度预测模型,建立恒载和活载概率随机模型,结合开裂时间计算模型,发展了碳化腐蚀下的预应力混凝土梁的时变可靠度模型,考虑混凝土抗压强度、混凝土保护层厚度、钢筋的位置、CO_2 浓度和扩散、腐蚀电流密度和梁高等参数的随机性和变异性,用以计算预应力混凝土结构的开始腐蚀概率、结构失效概率和混凝土结构的平均开裂比例,并且比较原设计和修改设计的时变状态性能指标,为随后基于指标的桥梁劣化模型、维护成本优化和全寿命优化设计研究打下基础。

2.1　概述

众所周知,混凝土中钢筋的腐蚀是混凝土结构性能劣化的一个主要因素。一般来说,由于钢筋腐蚀引起的结构损伤是难以精确估计的,但又需要耗费大量的人力和财力进行维护,以保持结构的正常功能。目前由于钢筋腐蚀会引发结构倒塌而备受关注[1]。而且,混凝土中钢筋的腐蚀已经被确认为混凝土结构性能劣化的主要因素之一,影响结构的安全性能和正常使用。

混凝土的耐久性受周围环境影响。一个普通而又严重的影响因素是大气中的 CO_2,CO_2 能够渗透混凝土引起预应力筋脱钝,这种现象通常称为混凝土的碳化。CO_2 始终存在大气中,而且其浓度在工业发达和人口密集地区有所增高。混凝土碳化腐蚀的表现形式有:混凝土开裂,钢筋截面损失以及钢筋和混凝土之间的黏结性能降低[2]。

早期,许多混凝土结构按照最小重量或最小造价的原则进行设计。例如,国内许多混凝土结构的保护层厚度大约只有20mm[3]。再加上差的混凝土质量和施工管理,许多桥梁面临需要维修的问题。美国联邦公路管理局发展桥梁管理系统进行维护资源优化,试图逐步减小钢筋腐蚀的危害[4-5]。

国内外诸多学者研究氯盐和碳化环境下 RC 桥梁结构的锈胀开裂和承载力性能退化规律[6-8],但是腐蚀环境下预应力混凝土桥梁的力学性能概率评估报道较少,这主要是由于预应力混凝土桥梁结构从20世纪70~80年代开始修建,服役时间较短,在腐蚀环境下的退化现象没有显示出来。目前,有研究开始探讨氯盐或者碳化环境下预应力混凝土结构的正常使用性能和承载能力性能退化规律[7-8]。比如,王建秀、秦权[9]等讨论了在一定二氧化碳浓度条件下结构的退化规律。澳大利亚学者 Stewart 教授等研究认为当二氧化碳浓度在 $0.7144g/m^3$ 以下时不考虑对结构的腐蚀影响[10],但是,全球经济迅猛发展,排放不断增加,气候不断变化,政府间气候变化专门委员会(IPCC)[11]预测在2100年后大气中二氧化碳的浓度将超过 $1.88g/m^3$,这表明,混凝土碳化是城市混凝土建筑结构性能退化的主要原因

之一。

在大气环境作用下,混凝土结构劣化的主要原因是钢筋腐蚀和耐久性差。腐蚀产物体积增大,导致混凝土保护层纵向开裂。碳化腐蚀导致钢筋截面损失引起结构弯曲抗力降低。环境因素是混凝土耐久性降低的主要原因。一个常见的环境影响因素之一是 CO_2,当 CO_2 渗透混凝土,到达钢筋表面,引起钢筋脱钝。而且在城市建筑群和人口密集地区,CO_2 的浓度普遍升高。在本书研究中,“腐蚀损伤”是指保护层厚度的腐蚀开裂宽度超过 0.30mm。

目前已有足够的试验和野外测试结果证明劣化结构的腐蚀劣化过程从本质上说是空间的和时变的。目前,国内外很多学者和研究人员,例如:Mori 和 Ellingwood(1993 年)[12]、Vu 和 Stewart(2000 年)[13]、Estes 和 Frangopol(2001 年)[14],研究劣化结构的时变可靠度评估。近来,已有学者开始探讨钢筋混凝土结构和预应力混凝土结构的劣化过程的空间变异性,比如,Frier 和 Sorensen(2007 年)[15]讨论了钢筋腐蚀其对腐蚀开始时间的影响;Stewart 和 Rosowsky(1998 年)[16]、Li 等(2004 年)[17]、Vu 和 Stewart(2005 年)[18]、Stewart 和 Mullard(2007 年)[19]、Sudret 等(2007 年)[20]研究了混凝土保护层的开裂;另外,Stewart(2004 年)[21]、Darmawan 和 Stewart(2007 年)[7]、Val(2007 年)[22]、Stewart 和 Al - Harthy(2008 年)[23]、Stewart(2008 年)[24]、Marsh 和 Frangopol(2008 年)[25]深入探讨了由于点蚀导致强度劣化预测。Sudret 等(2007 年)[20]提出了使用空间可靠度模型预测在 CO_2 定值下结构的碳化损伤,没有考虑 CO_2 的时变效应。王建秀和秦权[9]研究了在 CO_2 定值作用下的碳化腐蚀,同样没有考虑 CO_2 的时间变异性。Peng 和 Stewart(2008 年)[26]使用最新的气候变化研究成果,考虑了气候变化温室效应引起 CO_2 的时变性,预测碳化腐蚀对预应力结构的安全和开始腐蚀时间的影响。但是,目前,对碳化腐蚀引起混凝土开裂的研究相对较少。

基于国际最新的气候研究报告,本研究改进了时变可靠度模型预测在将来 100 年内由于混凝土碳化引起的结构损伤,考虑了三种 CO_2 排放策略对结构的碳化损伤影响。该预测模型包括基于行为的碳化深度预测模型、开始腐蚀概率预测模型、腐蚀扩展模型和概率损伤倒塌模型。时变概率分析能够涵盖 CO_2 扩散过程、CO_2 浓度、腐蚀电流密度、预应力筋的布置、环境状态和荷载、混凝土材料和结构尺寸的离散性和变异性。假设腐蚀导致预应力筋截面损失,因此降低结构的抗弯性能。本文发展的时变可靠度模型用于预测混凝土结构开始腐蚀概率和结构倒塌概率。改进开裂时变可靠度模型计算混凝土结构在多种 CO_2 排放策略作用下将来 100 年内的平均腐蚀损伤比例。

2.2 气候变化和时变 CO_2 浓度

在预测混凝土碳化损伤过程中评估将来的气候变化是非常重要的。在工业革命前,CO_2 浓度大约在 0.498 ~ 0.545g/m^3[27]。自从第二次工业革命后,全球经济快速发展,人口迅速增长,相应的 CO_2 浓度也保持稳定增长。到 2000 年全球大气中 CO_2 浓度大约在 0.686g/m^3[11]。

2007 年,政府间气候变化专门委员会(IPCC)报告了将来在各种经济发展模式下 CO_2 浓度的变化规律。本文考虑以下两种 CO_2 排放策略:

(1)A1FI——该策略描述如下:全球经济快速增长,出现大量有效的新技术,发展模式是基于能源消耗同时排放集度高。这是最高 CO_2 排放策略。

(2)B1——该策略描述如下：和 A1FI 排放策略一样，全球经济快速发展，但是经济发展的模式和结构发生了变化，主要朝服务型和信息型方向发展，产生了大量低消耗、清洁和对能源有效利用的新技术。这是最低 CO_2 排放策略。

以上两种排放策略都没有采取任何措施降低大气中 CO_2 浓度。自从 2000 年以来大气中 CO_2 浓度一直以每年 0.003 57g/m^3 的速度迅速增长[11]。因此，最好的情况是通过采取一定的措施，减少和稳定大气中 CO_2 浓度，在 2010 年后大气中 CO_2 浓度一直保持在 2010 年的浓度水平(0.726g/m^3)。这种策略本书称为"最好排放策略"(best mitigation)。本书使用 IPCC 在 2007 年第四次报告中预测将来 CO_2 浓度的数据。该报告提供了 CO_2 浓度的均值和变化的上界和下界，这个变化边界能够考虑 CO_2 浓度预测的不确定性和气候变化本身内在的变异性。A1FI、B1 和最好排放策略的 CO_2 浓度均值和上、下界见图 2.1。如图 2.1 所示，大气 CO_2 浓度标准差随时间推移而升高，且在均值上下波动。对于浓度越高的排放策略，其变异性越大；对于浓度越低的排放策略，其变异性越小。

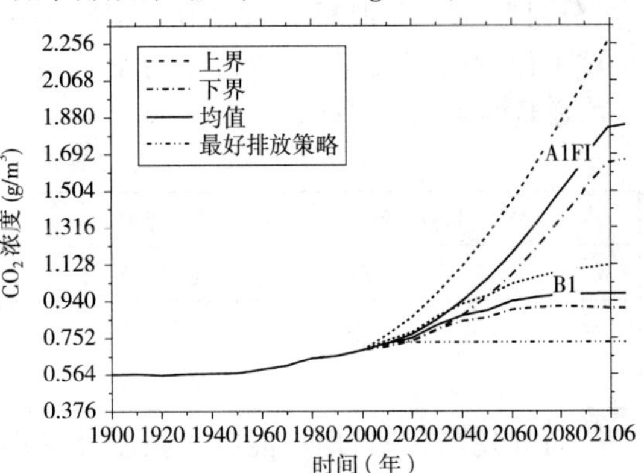

图 2.1　大气 CO_2 浓度的时变变化

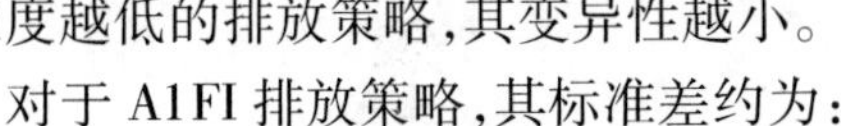

对于 A1FI 排放策略，其标准差约为：

$$\left.\begin{aligned}\sigma_{upper}(t) &= 2.34(t-2\,000)\\ \sigma_{lower}(t) &= 0.96(t-2\,000),2\,006 \leqslant t \leqslant 2\,105\end{aligned}\right\} \tag{2.1}$$

式中：$\sigma_{upper}(t)$——上界标准差；

$\sigma_{lower}(t)$——下界标准差；

t——时间，从 2006 年到 2105 年。

对于 B1 排放策略，其标准差为：

$$\sigma_{upper}(t) = 0.78(t-2\,000),\sigma_{lower}(t) = 0.39(t-2\,000) \tag{2.2}$$

2.3　材料模型

2.3.1　混凝土材料模型

众所周知，结构混凝土的抗压强度具有强的离散性和变异性，导致这种现象的因素有如下几个：

(1)混凝土养护和放置；

(2)混凝土的搅拌和运输；

(3)混凝土的实际配比；

(4)混凝土抗压强度的测试方法；

(5)现场条件。

Stewart(1995 年)[28]发展了现浇混凝土的抗压强度概率模型，该模型可以考虑混凝土养

护和搅拌的影响。根据 Stewart(1995 年)[28]模型,一个混凝土圆柱体构件的抗压强度为:

$$f'_{spec}=k_{cp}k_{cr}f'_{cy1}=k_w f'_{cy1} \tag{2.3}$$

式中:f'_{spec}——混凝土圆柱体试件在养护 28d 的抗压强度(MPa);

f'_{cy1}——混凝土圆柱体试件的标准测试抗压强度(标准构件)(MPa);

k_{cp}——搅拌系数;

k_{cr}——养护系数;

k_w——工作系数,为 k_{cp}和 k_{cr}的乘积。

Stewart(1995 年)[28]经过对 k_{cr}和 k_{cp}的统计,提出了工作系数 k_w 在三种情况下的统计规律,分别为:差质量混凝土、中等质量混凝土和好质量混凝土,见表 2.1。对于预应力混凝土的施工,混凝土的质量控制明显好于野外现场浇筑的混凝土,因此,预应力混凝土经常认为为好质量混凝土($k_w=1$)。

工作系数 k_w 的统计属性 表 2.1

混凝土品质	分布规律	均值	变异系数
差	正态分布	0.53	0.078
中等	正态分布	0.87	0.06
好	正态分布	1.0	0.0

野外现场表明,现场混凝土强度经常小于圆柱体混凝土强度。因此,现场混凝土强度为:

$$f'_c=k_i f'_{spec}=f'_{spec}\frac{f'_c}{f'_{spec}} \tag{2.4}$$

式中:k_i——现场强度系数。

Petersens(1968 年)[29]通过研究认为,该系数可以使用 f'_{spec} 表示:

$$\text{mean}(k_i)=1.2-0.00816\times\text{mean}(f'_{spec}) \tag{2.5}$$

式中:f'_{spec}——其单位为 MPa。

根据 Davis(1976 年)[30]和 Mirza 等(1979 年)[31]的研究成果;k_i 服从正态分布,其变异系数为 0.1。

混凝土抗拉强度和混凝土弹性模量可以根据混凝土抗压强度得到。根据文献[31],其关系为:

$$E_c(t)=4\,600\sqrt{f'_c(t)} \tag{2.6}$$

$$f_t(t)=0.53\sqrt{f'_c(t)} \tag{2.7}$$

式中:$E_c(t)$、$f'_c(t)$、$f_t(t)$——分别为在时刻 t 混凝土弹性模量、混凝土抗压强度和混凝土抗拉强度。

$E_c(t)$和 $f_t(t)$是混凝土抗压强度的时变变量。根据文献[31]的研究成果,式(2.6)和(2.7)的模型不确定性系数为 ME,其变异性均为:均值为 1,变异系数(COV)为 0.12 的正态分布。

2.3.2 钢筋材料模型

根据 Nowak 等(2005 年)[32]的研究,钢筋混凝土的屈服强度服从正态分布,均值按规范取设计值，变异系数为 0.03。

根据 Mirza 等（1979 年）[31] 的研究成果，预应力钢筋的极限强度服从正态分布，其均值为 $1.04f_{pk}$，f_{pk} 为预应力筋抗拉强度，按规范取值计算，变异系数（COV）为 0.025。

2.4　腐蚀模型

2.4.1　劣化过程

混凝土碳化是一个化学过程，空气中的 CO_2 和混凝土里面的钙化物进行反应，由于水的存在，生成碳钙化物，对于渗透性比较强的混凝土（例如：水灰比高、混凝土养护不充分和混凝土密实性不够）或者暴露在湿度为 50% ~ 70% 的大气中时，这种化合反应发生非常快。

在碳化腐蚀下预应力混凝土梁的劣化分为两个阶段：

（1）腐蚀开始，即 CO_2 浸入混凝土，扩散和渗透混凝土保护层，达到钢筋表面，钢筋表面脱钝，则腐蚀开始；

（2）腐蚀扩展—钢筋的钝化膜破坏后，腐蚀发展，产生大量的锈胀物，引起结构混凝土开裂，甚至发生倒塌失效。劣化过程见图 2.2。

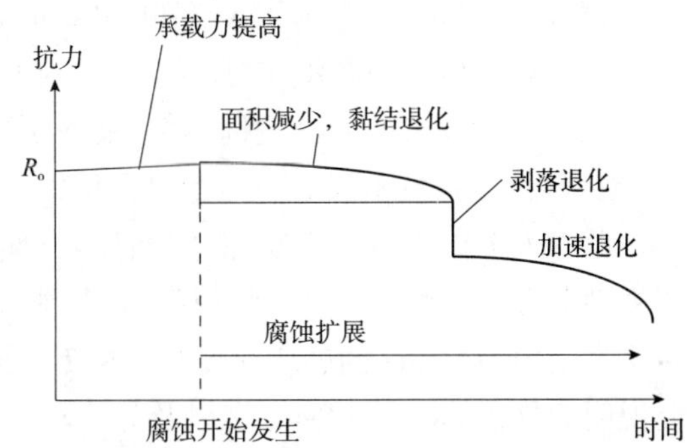

图 2.2　预应力混凝土梁的一般劣化过程

2.4.2　腐蚀开始时间

CEB[33] 提出了 CO_2 的扩散模型并利用 Fick 第一定律预测碳化深度，研究表明碳化深度是时间的开方根函数。Kersner 等（1996 年）[34] 综述了目前许多已有的碳化预测模型，同时 Papadakis 等（1992 年）[35] 和 Yoon 等（2007 年）[36] 提出了一些碳化深度预测模型。然而，Yoon 等（2007 年）[36] 提出的碳化模型可以考虑许多影响参数，更为重要的是，能够体现 CO_2 浓度的时间变异性。该数学模型假设碳化前端等于碳化深度以及在碳化前端的 CO_2 浓度等于 0，能够体现二氧化碳的聚集、渗透和扩散。本书改进了 Yoon 等（2007 年）[36] 的碳化模型，使之可以涵盖预测模型的不确定性。该改进的碳化深度预测模型为：

$$\left.\begin{aligned} x_c(t) &= ME_c \times \sqrt{\frac{2D_{CO_2}(t)}{a} ME_{CO_2}(t) C_{CO_2}(t) t} \\ D_{CO_2}(t) &= D_1 t^{-n_d} \\ a &= 0.75 C_e W_{CaO} \alpha_H \frac{M_{CO_2}}{M_{CaO}} \end{aligned}\right\} \tag{2.8}$$

式中：ME_c——碳化深度的模型不确定性系数；

$ME_{CO_2}(t)$——时变 CO_2 浓度的模型不确定性系数，其均值为 1，标准差从式（2.1）和（2.2）中得到；

$C_{CO_2}(t)$——时变的 CO_2 浓度($10^{-3}kg/m^3$)；

$D_{CO_2}(t)$——CO_2 在混凝土中的扩散系数；

D_1——CO_2 在 1 年后的扩散系数，w/c 等于 0.45、0.5 和 0.55 时，分别取值为 0.65、1.24 和 2.23；

n_d——龄期系数，用于描述 CO_2 扩散，w/c 等于 0.45、0.5 和 0.55 时，分别取值为 0.218、0.235 和 0.240；

C_e——水泥的质量含量，w/c 等于 0.45、0.5 和 0.55 时，分别取值为 390、350 和 320；

W_{CaO}——CaO 在水泥中的质量含量比例，本书取 0.60；

α_H——光合度系数，w/c 等于 0.45、0.5 和 0.55 时，分别取值为 0.71、0.72 和 0.73；

M_{CaO}——CaO 的摩尔质量，等于 56g/mol；

M_{CO_2}——CO_2 的摩尔质量，等于 44。由于碳化深度预测模型的变异性比较大，目前可参考的实测数据不多，根据 Yoon(2007 年)等[36]的研究，本文假设模型不确定系数 ME_c 的变异系数为 0.2。

混凝土碳化受大气温度、湿度、混凝土性质等因素影响，Yoon(2007 年)等[36]提出的预测模型考虑了这些因素，但是其模型仍只能计算时不变的 CO_2 浓度，Stewart 和 Peng[37]、彭建新等[38]改进了 Yoon 的碳化深度预测模型，使之可以考虑碳化腐蚀参数的不确定性，但是需要说明的是，Stewart 和 Peng[37]以及彭建新等[38]改进的碳化模型是时点模型，无法考虑由于气候变化导致的 CO_2 浓度和温度的时变效应[39]。试验研究表明，碳化后的混凝土空隙减小，对后继碳化有一定的抵抗能力，这在一定程度减弱碳化效应，但是现有碳化模型很难反映这一规律，因此，本研究将基于增量过程，考虑碳化累计效应和温度效应，改进碳化深度预测模型如下。

对于 $t=1,2,3,4,\cdots,100$ 年：

$$x_c(t)=ME_c\times\left[\sum_{j=1}^{t}\sqrt{\frac{2f_T(t)D_{CO_2}(t-j+1)}{a}}\times k_{urban}\sqrt{ME_{CO_2}(t-j+1)\left[C_{CO_2}(j)-C_{CO_2}(j-1)\right](t-j+1)}\right] \tag{2.9}$$

式中：

$$D_{CO_2}(t)=D_1t^{-n_d},a=0.75C_eC_{CaO}\alpha_H\frac{M_{CO_2}}{M_{C_aO}}$$

$$f_T(t)\approx e^{\frac{E}{R}\left[\frac{1}{293}-\frac{1}{273+T_{av}(t)}\right]};T_{av}(t)=\frac{\sum_{i=0}^{t}\Delta T(t)}{t}$$

式中：$ME_{CO_2}(t)$——时变 CO_2 浓度的模型不确定性系数，其均值为 1，标准差从图 2.1 中得到；

D_1、n_d——均为服从正态分布的随机变量；D_1 标准差为 0.15，n_d 的变异系数为 0.12；

$\Delta T(t)$——气候变化引起的温室效应对混凝土碳化的影响，其参数从图 2.3 获得；

$C_{CO_2}(t)$——时变 CO_2 浓度(10^{-3} kg/m^3)，通过使用转换系数 $1\times10^{-6}=0.0019\times10^{-3}kg/m^3$，本研究采用的 CO_2 浓度从图 2.1 中获取。

式(2.9)中其他参数的物理意义参见文献[38-39]。由于碳化深度预测模型的变异性比较大，根据 Hassanain 和 Loov(2003 年)[40]的研究成果，模型不确定性系数 ME_c 的均值为 0.98，变异系数为 0.5，为对数正态分布。根据 Meehl 等的研究报告[11]，$C_{CO2}(0)=0.686g/m^3$。k_{urban} 描述了 CO_2 浓度在城乡的差异，根据 Stewart(2002)等[41]的观测，城市的 CO_2 浓度比农村高 8% ~12%。本文将该参数处理为随机变量，均值为 1.1，变异系数为 0.2。

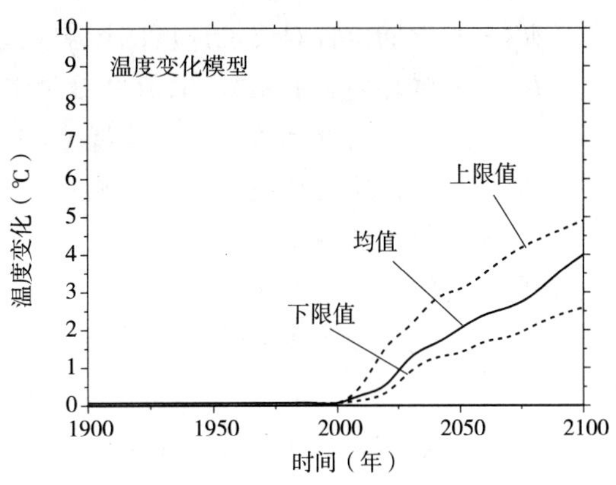

图 2.3　时变温度模型

Yoon 等(2007 年)[36]通过试验观察到碳化前端到达距离钢筋 5mm 时，腐蚀就已经发生了。但是，本研究假设只有当碳化前端到达钢筋表面时，才认为腐蚀开始。

利用本书改进的碳化深度预测模型，对位于湖南地区的某座钢筋混凝土简支梁桥的碳化深度值进行预测，将本研究改进碳化深度预测模型的预测数据与实测数据对比，实测数据是通过酚酞试验获取，并测试了桥址处的湿度、温度以及 CO_2 浓度数据。同时与 Yoon 等[36]和彭建新等[38]的预测数据对比，结果见表 2.2。彭建新等[38]考虑了 CO_2 时变性的时点模型，Yoon 等[36]使用常值模型。

碳化深度预测对比(单位:mm)　　表 2.2

时　间	$t=10$ 年	$t=20$ 年	$t=30$ 年	$t=40$ 年
本研究改进模型	4.0	5.8	7.9	8.8
Yoon 等[36]	5.0	6.72	8.56	10.1
彭建新等[38]	4.8	6.5	8.4	9.89
实测数据	4.02	5.71	7.01	8.26

从表 2.2 可以看出，本研究改进碳化深度模型的预测结果小于 Yoon 等[36]和彭建新等[38]的预测结果，但更接近实测值，改进后的模型预测值与实测数据相比，误差均在 2%，这说明基于增量过程考虑碳化累积效应以及温湿效应是必要的。

2.4.3　钢筋腐蚀速率模型

Al – Khaja(1997 年)[42]提出了如下的腐蚀率模型：

$$\delta_e=\lambda_0\cdot(t_e-t_i)$$

$$\lambda_0=A\cdot K_{cl}\cdot K_{ce}\cdot e^{0.04T}\cdot(RH-0.45)^{2/3}\cdot f_{cu}^{-1.83}\cdot c^{-1.36} \tag{2.10}$$

式中：δ_e——钢筋在目标使用年限内的最大腐蚀深度(mm)；

λ_0——保护层开裂前钢筋的腐蚀速度(mm/年)；

t_e——目标使用年限(年)；

A——常数，未定；

K_{cl}——钢筋位置对腐蚀速度的影响系数,角区钢筋取1.6,其他取1.0;

K_{ce}——微环境影响系数,取值见参照文献[43];

T——构件所处环境的年平均温度(℃);

RH——构件所处环境的年平均相对湿度;

c——保护层厚度(mm);

f_{cu}——混凝土立方体强度(MPa);

t_i——钢筋开始腐蚀时间(年),可按下式计算,

$$t_i = (C - x_0)^2 / a^2 \tag{2.11}$$

x_0——碳化参量,用酚酞测量的碳化前沿与钢筋表面的距离(mm),用下式计算,

$$x_0 = (1.2 - 0.35k^{0.5}) \cdot C - 3.0k^{0.25}, C \leqslant 40\text{mm} \tag{2.12}$$

a——碳化系数(mm/$\sqrt{年}$),a 的计算公式为:$a = x_c / \sqrt{t_u}$;

x_c——实测碳化深度(mm);

t_u——结构使用至测试的时间(年)。

在一系列延续10年的试验基础上,Daly[44]提出了由碳化入侵引起的钢筋腐蚀构件的寿命预测模型。给出的钢筋腐蚀速率是:

$$q = 21.84 - 1.35T - 35.43RH + 234.76c_{O_2} + 2.33T \cdot RH + 4.42T \cdot c_{O_2} + 250.55RH \cdot c_{O_2} \tag{2.13}$$

式中:q——碳化引起的钢筋腐蚀速度[10^{-4}g/(cm^2·年)];

T——环境温度(℃);

RH——相对湿度(%);

c_{O_2}——氧气浓度(%)。

由碳化引起的腐蚀,其腐蚀电流密度是变化的,并且和环境高度密切相关的。本书在查阅大量国外文献的基础上,研究碳化腐蚀电流密度的变化规律和取值。Parameswaran 等(2008年)[45]发现湿度在90%~98%时平均腐蚀电流密度为0.43~0.86μA/cm^2 和湿度低于85%时为0.17μA/cm^2。Bolzoni 等(2007年)[46]通过试验研究认为,湿度在65%时,腐蚀电流密度为0.68μA/cm^2。根据欧盟的研究,BE 95-1347[47]推荐在掩蔽处腐蚀电流密度为0.087μA/cm^2,变异系数为1.57,而非掩蔽处腐蚀电流密度为0.32μA/cm^2,变异系数为1.47。Heiyantuduwa 等(2006年)[48]测试腐蚀电流密度在0.012~0.25μA/cm^2 范围变化,变异系数为0.5。Xu 等(2004年)[49]通过试验已经碳化的混凝土在湿度高于90%时,其腐蚀电流密度几乎达到了0.9μA/cm^2。

从上面可以看出,碳化腐蚀电流密度的变异性非常高,这表明碳化腐蚀电流密度的测试和预测的离散性很大。Parameswaran 等(2008年)[45]研究认为腐蚀电流密度和电阻抗力的相关关系。碳化腐蚀电流密度在湿度低的时候主要受混凝土的电阻抗力影响,在湿度高的时候主要受混凝土中氧气的浓度影响。

Coronelli 和 Gambarova(2004年)[50]研究认为混凝土碳化导致预应力筋和钢筋的均匀腐蚀,这导致预应力混凝土桥梁的性能降低。本研究不考虑由于碳化引起的混凝土和钢筋或预应力筋的黏结降低。对于大多数国家来说,例如欧盟、美国、澳大利亚和亚洲,平均湿度大

约为 70%[13]。因此，本文假设碳化腐蚀电流密度假设为服从对数正态分布，均值为 0.25μA/cm^2，变异系数为 1.0，将此作为碳化腐蚀的中等腐蚀状态。同时考虑到混凝土碳化腐蚀电流密度的离散性，将分析高腐蚀电流密度（0.50μA/cm^2）状态下和低腐蚀电流密度（0.10μA/cm^2）状态下对结构可靠度性能的影响。

2.4.4　腐蚀扩展模型

一根腐蚀的预应力丝在均匀腐蚀下在时刻 t 的半径减少量为：

$$\Delta r(t)=0.0116 i_{corr}(t-t_i) \tag{2.14}$$

式中：t_i——开始腐蚀时间；

i_{corr}——腐蚀电流密度；

$\Delta r(t)$——预应力筋的半径减少量。

如图 2.4 所示，一根预应力筋由 7 根预应力丝（半径 4.3mm）组成。假设所有的预应力丝的腐蚀电流密度是相同的，而且只有暴露混凝土中的预应力丝才会腐蚀损失。则一根预应力筋在腐蚀 t 年后的剩余面积为：

$$A_{st}(t)=\begin{cases}7\pi r^2 & ,0\leqslant t<t_i\\ 3\pi r^2+4\pi[r-\Delta r(t)]^2 & ,t_i\leqslant t<r/0.0116 i_{corr}\end{cases} \tag{2.15}$$

式中：$A_{st}(t)$——预应力筋在时刻 t 的剩余面积。

同理，一根腐蚀的钢筋在均匀腐蚀下在时刻 t 的剩余直径 $D(t)$，用腐蚀率可以表示为：

$$D(t)=D_0-0.0232 i_{corr}(t-t_i),t\geqslant t_i \tag{2.16}$$

式中：D_0——钢筋的初始直径；

t_i——开始腐蚀时间；

$D(t)$——腐蚀钢筋在时刻 t 的剩余直径。

如图 2.5 所示，一个钢筋混凝土截面由 n 根初始直径为 D_0 的钢筋组成。假设所有的钢筋的腐蚀率是相同的，则 n 根钢筋在腐蚀 t 年后的钢筋剩余面积为：

$$A_{st}(t)=\begin{cases}\dfrac{n\pi D_0^2}{4} & ,0\leqslant t<t_i\\ \dfrac{n\pi[D_0-D(t)]^2}{4} & ,t\geqslant t_i\end{cases} \tag{2.17}$$

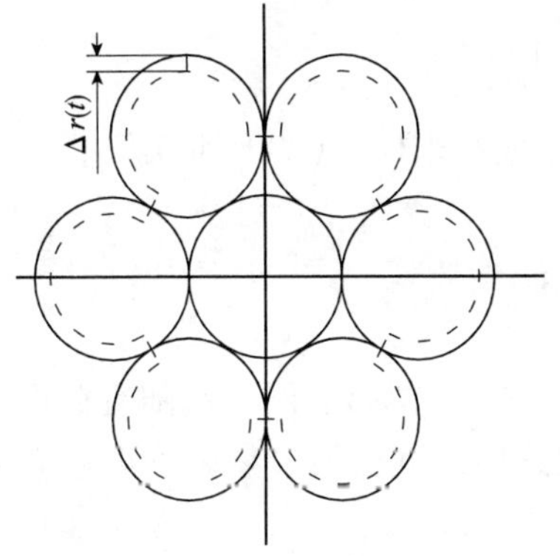

图 2.4　预应力筋的均匀损失模型

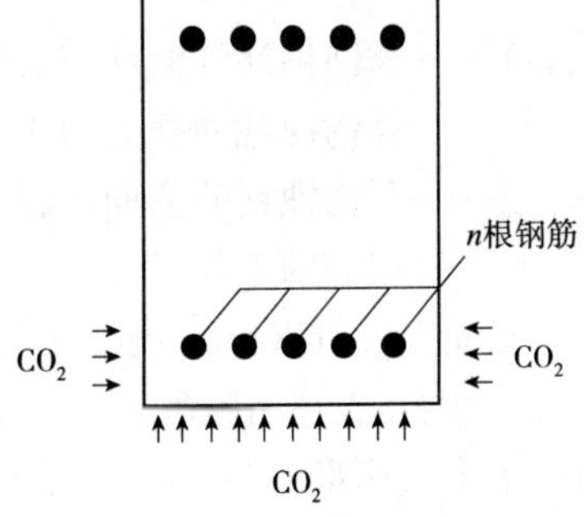

图 2.5　钢筋在均匀损失下模型

本研究假设钢筋腐蚀为均匀腐蚀，不影响钢筋的力学和材料属性。n 根不腐蚀的钢筋面积为：

$$A_{\mathrm{stnom}} = n\pi \frac{D_0^2}{4} \tag{2.18}$$

2.4.5 时变抗力模型

1）锈蚀钢筋的屈服强度

目前有足够的证据证明钢筋的屈服强度降低和腐蚀损失量成近似线性关系[50-52]，可以写成如下表达式：

$$f_{\mathrm{y}}(t) = f_{\mathrm{y0}}\left(1 - a_{\mathrm{y}} \frac{\Delta A_{\mathrm{st}}(t)}{A_{\mathrm{stnom}}} \times 100\right) \tag{2.19}$$

式中：f_{y0}——不腐蚀钢筋的屈服强度（MPa）；

a_{y}——试验系数；

$\Delta A_{\mathrm{st}}(t)$——钢筋锈蚀引起的截面损失量，根据王立成和宋桂亭（2006 年）[53]提出的模型计算；

A_{stnom}——不锈蚀钢筋的截面面积。

这里值得一提的是试验常数 a_{y} 的选取，Du 等（2005 年）[52]总结了目前国内外的研究成果，a_{y} 的平均值取为 0.017，但是 Stewart（2009 年）[24]和 Coronelli 和 Gambarova（2004 年）[50]等对 a_{y} 的取值为 0.005，本研究利用加速腐蚀试验，测试了锈蚀钢筋的屈服强度，统计发现，对于光圆钢筋和螺纹钢筋来说，a_{y} 的平均取值为 0.003 5。

2）锈蚀钢筋的失效模式

众所周知，不锈蚀钢筋的失效行为为延性。早期，有研究人员认为腐蚀后的钢筋的失效行为为延性[54-55]。但是，随着对腐蚀科学认识的不断深入，试验研究和现场测试发现，锈蚀后的钢筋表现为脆性行为[24,50]。本研究进行了钢筋混凝土梁的加速腐蚀试验，试验后，将锈蚀钢筋取出、洗净，进行材性试验。试验研究发现，部分锈蚀钢筋表现延性行为，部分锈蚀钢筋出现了脆性行为。本文通过大批的锈蚀钢筋的材性试验研究发现，锈蚀钢筋表现出来的力学行为取决于锈蚀钢筋截面损失量，用 m_{corr} 表示。

$$m_{\mathrm{corr}} = \frac{\Delta A_{\mathrm{st}}(t)}{A_{\mathrm{stnom}}} \times 100\% \tag{2.20}$$

式中：$\Delta A_{\mathrm{st}}(t)$——锈蚀钢筋的截面损失量，利用王立成和宋桂亭（2006 年）[53]提出的模型计算锈蚀截面损失面积；

A_{stnom}——不锈蚀钢筋的面积，$A_{\mathrm{stnom}} = \pi r_0^2/4$；

r_0——钢筋的半径。

当腐蚀截面损失量很小时，锈蚀钢筋和不锈蚀钢筋一样为延性失效，随着截面锈蚀损失量的增大，锈蚀钢筋表现出脆性行为。如何定量描述腐蚀截面损失量影响钢筋力学行为是本研究的一个重点和难点。

在国外有部分学者研究了腐蚀损失量的取值，例如：Cairns 等（2005 年）[56]发现当腐蚀损失量(m_{corr})达到 12.6% 时,锈蚀钢筋的失效行为表现为脆性;Coronelli 和 Gambarova(2004 年)[50]以及 Almusallam(2001 年)[57]研究发现当腐蚀损失量(m_{corr})达到 20% 时,腐蚀的钢筋将完全没有延性,为脆性断裂;Palsson 和 Mirza(2002 年)[54]研究发现当腐蚀钢筋截面损失量(m_{corr})为 15% 时,有 33% 的钢筋为延性失效,当锈蚀钢筋截面损失量(m_{corr})为 50% 时,腐蚀钢筋完全为脆性。Stewart(2007 年)[24]假设截面极限腐蚀损失量(m_{limit})为 20%,而且在抗力计算中为常数。这方面在国内的研究尚少。从上面的分析可以看出,目前对锈蚀钢筋截面损失量如何定量地影响锈蚀钢筋的力学行为,没有取得完全一致的意见。

本研究对 600 根锈蚀钢筋样品进行材性试验,测试蚀坑深度和宽度,锈蚀钢筋如图 2.6 所示。利用王立成和宋桂亭(2006 年)[53]提出的模型计算腐蚀损失面积。进行数据统计分析,统计发现:m_{limit}的均值为 17.5%,当 $m_{corr} \leqslant 17.5\%$,锈蚀钢筋的失效模式为延性;当$m_{corr} > 17.5\%$ 时,锈蚀钢筋的失效模式为脆性。

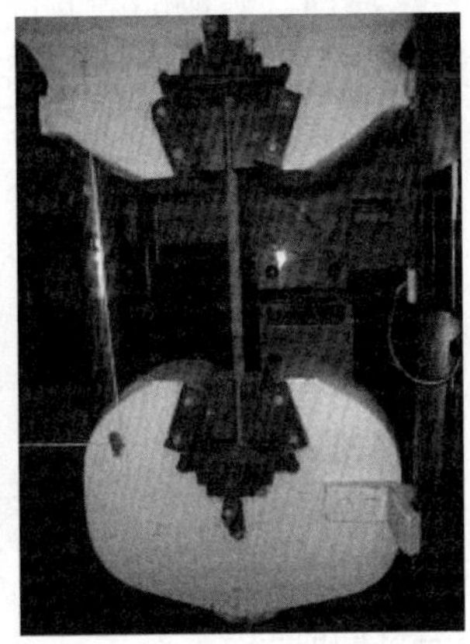

图 2.6　锈蚀钢筋力学试验

延性失效:$m_{corr} \leqslant m_{limit} = 17.5\%$。

脆性失效:$m_{corr} \geqslant m_{limit} = 17.5\%$。

考虑试验测试误差和变异性,本研究将极限腐蚀损失量处理为随机变量,经对锈蚀钢筋样品统计计算,其变异系数 0.2。

3)锈蚀钢筋与混凝土的黏结行为

锈蚀钢筋与混凝土间黏结性能的退化将导致钢筋混凝土构件受力性能以及破坏模式变化,承载能力下降,影响构件及整个结构的安全性和耐久性。锈后钢筋混凝土间黏结性能的研究是钢筋混凝土桥梁结构承载力分析的前提和基础。在腐蚀环境下,钢筋锈蚀,产生锈胀产物,混凝土保护层表面锈胀开裂,减弱钢筋与混凝土之间的黏结,已有大量的学者关注腐蚀钢筋与混凝土的黏结问题。王磊(2010 年)[58]、洪小健和赵鸣(2002 年)[59]、Chung 等(2004 年)[60]、Fang 等(2004 年)[61]使用拉拔试验测试锈蚀钢筋与混凝土之间的黏结性能,探讨了钢筋锈蚀对钢筋与混凝土间的黏结特性影响,分析了锈蚀率与黏结强度和黏结刚度间的关系。Al－Sulaimani(1990 年)[59]、Chung 等(2004 年)[60]、张建仁等(2009 年)[62]通过测试弯曲抗力得到腐蚀钢筋混凝土结构的黏结性能。另外,赵羽习和金伟良[63]结合不同类型钢筋锈后的黏结拔出试验,研究了锈蚀量对两种类型钢筋与混凝土的黏结强度的影响,给出了随时间和位置变化的钢筋与混凝土的黏结本构关系。张伟平、张誉[64]在钢筋开槽、内贴应变片的半梁式黏结试验的基础上,推导出 τ-s 关系沿锚固长度的变化,建立考虑锚固位置影响的锈后钢筋混凝土的黏结—滑移本构关系。范颖芳、黄振国[65]等采用国内外少用的替换试件的试验方法,结合试验从理论上分析氯化物腐蚀后钢筋与混凝土间的黏结性能,提出氯化物腐蚀后钢筋与混凝土间黏结强度计算模型。大量的试验研究发现,当腐蚀质量损失量在小于极限质量损失量(η_{limit})时,钢筋与混凝土的黏结性能会适当提高。

Bhargava 等(2007 年)[66]通过拔出试验和弯曲抗力承载能力测试建立了腐蚀结构的黏结强度模型,测试发现当腐蚀损失量小于 1.5% 时,钢筋与混凝土之间的黏结性能不变;当腐蚀损失量大于 1.5% 时,黏结性能降低。通过对上述文献的综述发现,目前对锈蚀钢筋的质量损失量如何定量影响钢筋的黏结性能仍有较大争议。本书通过对 48 片梁的加速腐蚀试验,主筋为直径 20mm 和 22mm 的螺纹钢筋和光圆钢筋。测试锈蚀梁的弯曲抗力比值(锈蚀梁弯曲抗力/不腐蚀试验梁的弯曲抗力)与质量腐蚀损失量 η 的关系,如图 2.7 所示。其中腐蚀梁的质量损失量 η 的均值可用式(2.21)表示:

$$\eta = \frac{\Delta m}{m} \times 100\% \tag{2.21}$$

式中:Δm——锈蚀钢筋的平均质量损失(kg),可用下式计算,

$$\Delta m = \frac{\pi \rho_{\text{steel}} l_{\text{steel}} \left[r_0^2 - (r_0 - 0.0116 i_{\text{corr}} t)^2 \right]}{4} \tag{2.22}$$

ρ_{steel}——钢材的密度;

l_{steel}——钢筋的长度;

i_{corr}——腐蚀电流密度;

t——试验时间。

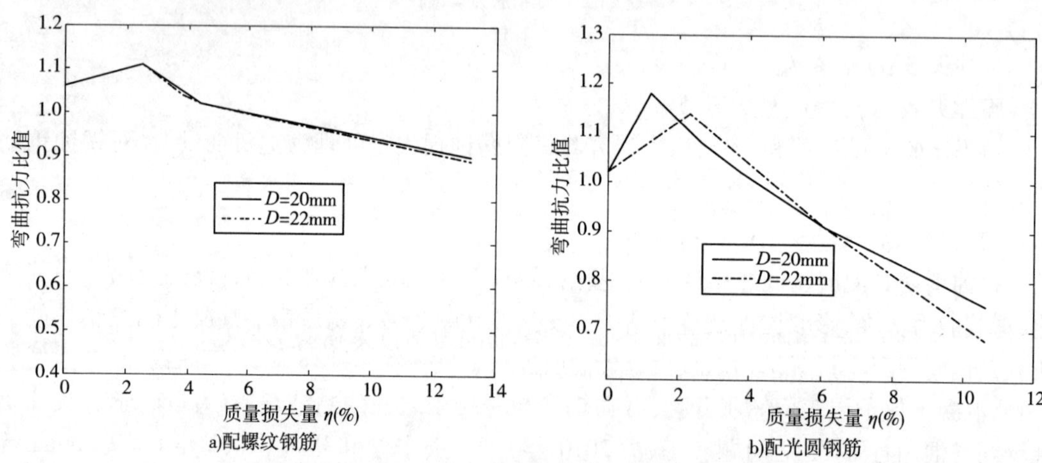

图 2.7　弯曲抗力比值与质量损失量的关系

在式(2.21)中,m 为不腐蚀钢筋的质量(kg),可用下式评估。

$$m = \frac{\pi \rho_{\text{steel}} l_{\text{steel}} r_0^2}{4} \tag{2.23}$$

通过统计试验结果,利用图 2.7 中弯曲抗力比值和质量损失量的关系曲线,本书建立了

锈蚀钢筋与混凝土的黏结模型，用随机变量 M_{bond} 表示，其均值的变化为：

$$ME_{\text{bond}} = \begin{cases} 6.67\eta + 1.0 & ,0\% \leqslant \eta < \eta_{\text{limit}} \\ 1.21\mathrm{e}^{(-1.06\eta)} & ,\eta_{\text{limit}} \leqslant \eta \end{cases} \tag{2.24}$$

在本研究的分析中 M_{bond} 处理为随机变量，其均值可从(2.24)式中获得，经统计计算，变异系数为 0.12。在本书的分析中极限质量损失量(η_{limit})处理为随机变量，其均值为 3%，结合现有的研究成果，其变异系数取为 0.3。

4）抗力时变概率模型

图 2.8 为典型的单筋梁截面，根据 Coronelli 和 Gambarova (2004 年)[50] 的研究成果，使用屈服强度预测腐蚀作用下的钢筋混凝土梁的极限承载能力，则该梁的极限弯曲承载能力 M_u 为：

$$M_u = ME \times ME_{\text{bond}} \times A_{\text{st}}(t) f_y(t) \left[h_0 - \frac{A_{\text{st}}(t) f_y(t)}{1.7 f'_c b} \right] \tag{2.25}$$

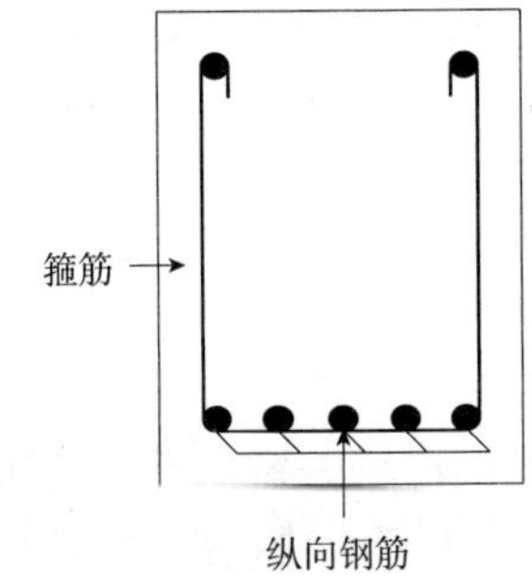

图 2.8　钢筋混凝土梁截面图

式中：ME——计算模型不确定性系数；

ME_{bond}——考虑钢筋腐蚀对黏结性能的影响，可以从式(2.24)中获得；

f'_c——混凝土抗压强度(MPa)；

h_0——截面有效高度(mm)；

b——梁宽(mm)；

f_y——屈服应力(MPa)，可以从式(2.19)中获得；

$A_{\text{st}}(t)$——钢筋截面面积(mm^2)[67]。

需要说明的是式(2.25)只适合矩形截面梁和部分 T 梁，但是对于其他截面形式的梁，抗力模型有所变化，钢筋腐蚀模型基本一致。

在式(2.25)中考虑了钢筋点蚀对钢筋的剩余面积(A_{st})、钢筋的屈服强度(f_y)的影响，钢筋的剩余面积和钢筋屈服强度与点蚀效应成近似线性关系，式(2.25)同时考虑了腐蚀降低黏结强度导致承载力的影响。

如图 2.8 所示，n_m 根钢筋组成的截面构成一个串联系统，当锈蚀钢筋截面损失量(m_{corr})小于极限损失量(m_{limit})时，结构表现为延性行为，则由截面的所有钢筋承受荷载。当锈蚀钢筋截面损失量(m_{corr})大于极限损失量(m_{limit})时，钢筋的失效行为为脆性破坏，当一根钢筋发生脆断时，发生荷载重分布，剩余的钢筋承受荷载，这样导致周围钢筋发生连续失效。所以，钢筋混凝土截面所承担的力与截面上每一根钢筋的力学行为和剩余强度有关。为了考虑这些影响因素，本书考虑两种极端情况下建立如下模型。

(1)当结构系统假设为完全延性。则 n_m 根钢筋承受的最大的力为：

$$r_{\max}(t) = \sum_{i=1}^{n_m} r_i(t) \tag{2.26}$$

(2)当结构系统假设为完全脆性。则 n_m 根钢筋承受的最小的力为：

$$r_{\min}(t) = \max[n_m r_1(t), (n_m - 1) r_2(t), \cdots, 2r_{n_m - 1}(t), r_{n_m}(t)] \tag{2.27}$$

其中，$r_1(t) \leqslant r_2(t) \leqslant \cdots \leqslant r_{n_m}(t)$。

截面任意一根钢筋所承受的力 $r_i(t)$ 为：

$$r_i(t)=f_{i,\mathrm{y}}(t)A_{i,\mathrm{st}}(t)=A_{i,\mathrm{st}}(t)\left[1-a_{\mathrm{y}}\frac{\Delta A_{\mathrm{st}}(t)}{A_{\mathrm{stnom}}}\right]f_{i,\mathrm{y0}} \tag{2.28}$$

式中：$A_{i,\mathrm{st}}(t)$——第 i 根钢筋的剩余面积；

$\Delta A_{\mathrm{st}}(t)$——第 i 根钢筋的面积减少量，根据王立成和宋桂亭(2006 年)[53]提出的模型计算。

根据 Stewart(2009 年)[24]的研究成果，如图 2.8 所示的钢筋混凝土结构的抗力 $M(t)$ 是在 $M_{\min}(t)$ 和 $M_{\max}(t)$ 之间变化。利用式(2.26)和式(2.27)，可以得到时刻 t 抗力的最大值 $M_{\max}(t)$ 和最小值 $M_{\min}(t)$ 分别为：

$$M_{\max}(t)=\frac{r_{\max}(t)}{n_{\mathrm{m}}f_{\mathrm{y0}}A_{\mathrm{stnom}}}M_{\mathrm{u}} \tag{2.29}$$

$$M_{\min}(t)=\frac{r_{\min}(t)}{n_{\mathrm{m}}f_{\mathrm{y0}}A_{\mathrm{stnom}}}M_{\mathrm{u}} \tag{2.30}$$

式中：n_{m}——截面纵向钢筋数量。

由于影响构件抗力的参数是随时间变化的，又具有随机性，使用环境的差异很大，很难建立精确预测模型，所以，本书发展了 RC 结构在时刻 t 的抗力 $M(t)$ 的变化范围为：

$$M_{\min}(t)\leqslant M(t)\leqslant M_{\max}(t) \tag{2.31}$$

根据现有的研究，要准确获得退化结构的时变抗力非常困难，本研究建立抗力模型的计算范围模型，能够考虑腐蚀钢筋的力学行为、屈服强度和腐蚀 RC 梁的倒塌。

2.5 腐蚀开裂模型

2.5.1 锈胀开裂过程

开始腐蚀时间的计算模型和腐蚀电流密度模型在第 2.4 节进行了详细的阐述，本节不再赘述。

Tuutti(1980 年)[68]发展了腐蚀的钢筋混凝土结构的服役寿命预测的概念模型，EI Maaddawy 和 Souki(2007 年)[69]在 Tuutti(1980 年)[68]的模型基础上进行了改进，改进的服役寿命预测模型为图 2.8 所示。根据这个模型，腐蚀引起的劣化过程分为两个阶段，第一个阶段为腐蚀开始阶段 t_i；这个阶段为 CO_2 穿透混凝土保护层的时间，并扩散在钢筋与混凝土的界面，同时激活腐蚀。第二个阶段为腐蚀扩展阶段 t_{cr}，为腐蚀开始时间到混凝土开裂的时间。然而，腐蚀扩展阶段又分为两个阶段：一个阶段为腐蚀产物自由膨胀阶段；第二个阶段为腐蚀产量累计产生压应力阶段。

Weyers(1998 年)[70]报道说并非所有的腐蚀产物都对混凝土产生膨胀压力，有些腐蚀产物填充钢筋的空隙；还有些腐蚀产物填充混凝土的空隙。与室内试验和野外模型试验结构相比，Weyers(1998 年)[70]的概念模型低估了腐蚀开裂时间。有文献报道在钢筋周围存在空隙，位于钢筋和水泥颗粒之间。腐蚀产物首先要填充这些间隙。这种假设对于开裂点的设定是很有效的。而且，内部的压应力不是均匀的。保护层开裂经常作为服役寿命的终结，认为结构需要维护。腐蚀开裂经常发生在混凝土保护层的表面和平行于钢筋的纵向钢筋。如图 2.9 所示，混凝土严重开裂分为三个阶段，分别为：

(1)腐蚀开始阶段,即为 t_i,混凝土碳化达到钢筋表面,腐蚀开始;

(2)开始开裂,即为 t_{1st},混凝土首次开裂时间,裂缝宽度为 0.05mm;

(3)开裂扩展,即为 t_{ser},混凝土从首次开裂时间到裂缝发展到极限裂缝宽度时间。

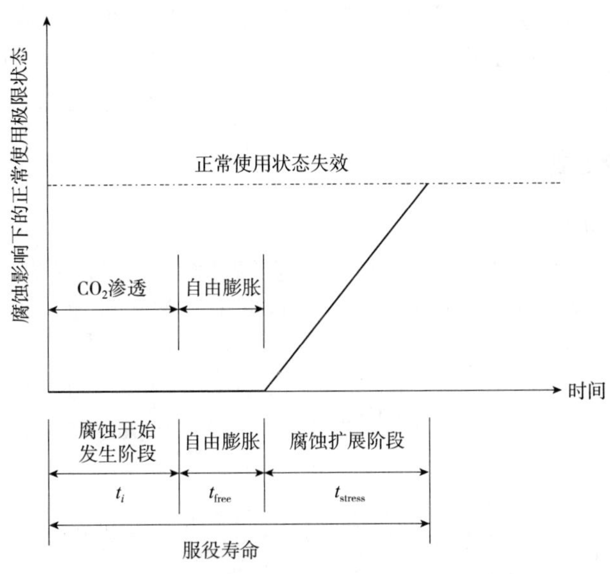

图 2.9　腐蚀结构的改进服役寿命预测模型[70]

2.5.2　开裂开始时间

Weyers(1998 年)[70]报道说并非所有的腐蚀产物都对混凝土产生膨胀压力,有些腐蚀产物填充钢筋的空隙;还有些腐蚀产物填充混凝土的空隙。El Maaddawy 和 Souki(2007 年)[69]将从腐蚀开始时间和开裂开始时间分为两个时期,第一个时期腐蚀产物自由膨胀,填充钢筋表面和混凝土之间的空隙;第二个时期是在钢筋表面囤积腐蚀产物,产生膨胀应力,以致混凝土保护层开裂。

Liu 和 Weyers(1998 年)[71]提出的模型在预测混凝土开裂时间方面用得非常多,非常普遍。Chernin 和 Val(2008 年)[72]证明了 Liu 和 Weyers(1998 年)[71]的模型是无效的,因为在 Liu 和 Weyers 的模型一个关键参数(k_p)的推导和求解是不正确的。所以,现在 Liu 和 Weyers 的模型不能用于计算腐蚀开裂开始时间。本研究使用 El Maaddawy 和 Souki(2007 年)[69]计算腐蚀开裂开始时间。则从腐蚀开始到开裂时间的时间间隔可用下式评估:

$$t_{1st}=\frac{19.5(D_0+2\delta_0)(1+\nu+\psi)}{i_{corr}E_{ef}}\left[\frac{2cf_{ct}}{D_0}+\frac{2\delta_0 E_{ef}}{(D_0+2\delta_0)(1+\nu+\psi)}\right] \tag{2.32}$$

式中:t_{1st}——开裂开始时间(年);

D_0——钢筋的初始直径(mm);

E_{ef}——混凝土有效弹性模量,等于 $E_c/(1+\varphi_{cr})$,E_c 为混凝土弹性模型(MPa);

i_{corr}——腐蚀电流密度,取值在第 2.4.3 节进行了详细的描述;

φ_{cr}——混凝土徐变终值系数,本研究根据 CSA 标准(A23.3 -94 1994)[73]取 2.35;

ν——混凝土泊松比(0.18);

f_{ct}——混凝土抗拉强度(MPa);

c——混凝土保护层厚度(mm);

ψ——计算参数,$\psi = D'^2/2C(C+D')$,其中:$D' = D_0 + 2\delta_0$。

根据文献 Thoft - Christensen(2000 年)[74],空隙区厚度系数(δ_0)在 10 ~ 20μm 变化,本书将空隙区厚度系数(δ_0)处理为随机变量,上界和下界分别为 10μm 和 20μm,同时用正态分布来描述该参数的随机性和变异性,其均值为 15μm,变异系数为 0.1。

2.5.3 严重开裂模型

严重开裂时间是指保护层开裂到一个极限裂缝宽度(w)的时间。Vu 等(2005 年)[18]提出了基于时变腐蚀电流密度的开裂模型和时不变的腐蚀电流密度模型,在本书的研究中,腐蚀电流密度假设为常数。因此,使用 Vu 等(2005 年)[18]提出的腐蚀严重开裂时间计算模型,用于真实结构的计算:

$$t_{sp} = t_{1st} + t_{ser} \approx t_{1st} + k_R \times \frac{0.0114}{i_{corr}}\left[A\left(\frac{C}{\frac{w}{c}}\right)^B\right], 0.3\text{mm} \leqslant w \leqslant 1.0\text{mm} \tag{2.33}$$

$$k_R \approx 0.95\left[\exp\left(-\frac{0.3 i_{corr(exp)}}{i_{corr}}\right) - \frac{i_{corr(exp)}}{2500 i_{corr}} + 0.3\right], k_R \geqslant 0.2 \tag{2.34}$$

式中:t_{sp}——腐蚀开裂时间(年);

w/c——水灰比;

A、B——试验常数;

k_R——加载纠正系数;

$i_{corr(exp)}$——加速腐蚀试验腐蚀电流密度,用于确定常数 A 和 B;本文研究中,$i_{corr(exp)} = 100\mu\text{A/cm}^2$。

当裂缝宽度为 $w = 0.3$mm 时,$A = 65$ 和 $B = 0.45$;当裂缝宽度为 $w = 1.0$mm 时 $A = 225$ 和 $B = 0.29$;需要说明的是该模型只适合 16mm 直径的钢筋。

Vidal 等(2004 年)[75]和 Al - Harthy 等(2007 年)[76]通过试验研究认为腐蚀扩展随着钢筋的直径增加而增加。然而,根据 Vidal 等(2004 年)[75]的研究成果,腐蚀扩展的数据相对来说比较发散,所以对于直径更大或更小的钢筋,目前还没有一个精确的腐蚀开裂预测模型。纽卡索大学的腐蚀试验研究表明:钢筋直径从 16mm 变化到 27mm,则开裂时间减小 12% ~32%[76]。Vidal 等(2004 年)[75]提出一个模型计算当钢筋直径从 16mm 变化到 27mm 时,腐蚀严重开裂时间(t_{ser})减小 30% ~40%。当钢筋直径从 16mm 降低到 10mm 时,腐蚀严重开裂时间(t_{ser})升高 50% ~60%。在缺乏其他的可利用的数据和预测模型下,本书的研究假设对于直径为 27mm 的钢筋,其严重腐蚀开裂时间 t_{ser} 为式(2.33)减小 25%;对于直径为 10mm 的钢筋,其严重腐蚀开裂时间 t_{ser} 为式(2.33)提高 50%。

2.6 荷载模型

公路桥梁一般包括三种荷载:恒载、活载和动力荷载。恒载主要是结构自重和桥面铺装引起的。可用随机变量描述,如表 2.3 所示。

恒载的统计参数[77]　　表 2.3

恒载类型	均　值	变异系数	分布类型
结构自重	$1.05D_n$	0.10	正态分布
桥面铺装	$H_{asphalt}$	0.30	正态分布
桥面板	100mm	0.30	正态分布

注：D_n 为标准值；$H_{asphalt}$ 为桥面铺装的厚度(mm)。

对于多车道桥梁，最大荷载效应通常在两辆重车并排走而且完全相关[77]的情况。假设每年相关的车辆数为 N_w，重量服从正态分布，则每年最重汽车 w 的累计概率可用下式计算[13,78]：

$$F_n(w) = \left[\phi\left(\frac{w-\mu_w}{\sigma_w}\right)\right]^{N_w} \tag{2.35}$$

式中：ϕ——标准正态分布的累计分布函数；

μ_w、σ_w——一辆汽车的均值和标准差。

2.7　时变可靠度模型

本研究考虑的极限状态是开始腐蚀极限状态、腐蚀损伤极限状态和弯曲强度极限状态。当碳化深度到达预应力筋的表面时，开始腐蚀时间极限状态将发生。该极限状态函数可以描述为：

$$G_{CI}(X) = c - x_c(t) \tag{2.36}$$

式中：$x_c(t)$——在时刻 t 的碳化深度，可以从式(2.8)中获得；

c——混凝土结构保护层厚度；

G_{CI}——开始腐蚀时间极限状态函数。

预应力钢筋混凝土结构在任意时间间隔(0，t)内的累计开始腐蚀概率为：

$$P_{ci}(t) = P_r[G_{CI}(X) \leqslant 0] \tag{2.37}$$

在本研究中，正常使用极限状态定义为混凝土保护层严重开裂，即称为腐蚀损伤极限状态，则腐蚀损伤极限状态函数可描述为：

$$G_S(w,t) = (t_i + t_{sp}) - t \tag{2.38}$$

式中：t_i——腐蚀开始时间；

t_{sp}——混凝土严重开裂时间，即裂缝发展到一个极限裂缝宽度(w)所用的时间，可由式(2.33)获得。

在时间间隔(0，t)结构累计腐蚀损伤失效概率，即腐蚀损伤概率为：

$$P_s(w,t) = P_r[G_S(w,t) < 0] \tag{2.39}$$

Sudret 等(2007 年)[20]提出一种方法计算平均开裂比例，则结构开裂到极限裂缝宽度的开裂比例为：

$$d_{crack}(w,t) = \frac{\int_0^L P_s(w,t)\,ds}{L} \times 100\% \tag{2.40}$$

式中：s——$s \in [0,L]$；

L——板梁的长度。若需要了解式(2.40)细节，请参考文献[20]。

对于各向同性、材料均匀的结构,混凝土开裂比例可用下式计算:

$$\bar{d}_{\text{crack}}(w,t)=P_{\text{s}}(w,t)\times 100\% \tag{2.41}$$

式中:$P_{\text{s}}(w,t)$——结构腐蚀损伤概率,可由式(2.39)计算得到。

预应力混凝土结构时刻t的抗力与预应力的设计强度和预应力筋的时变面积以及钢筋的设计强度和钢筋的时变面积有关,具体表达式在算例中描述,见第2.8.2节。

对于预应力弯曲构件,当实际峰值荷载效应在时刻t超过弯曲抗力时,则弯曲极限状态将发生,该极限状态可描述为:

$$G_{\text{U}}(X)=R(t)-S_{\text{L}}(t)-S_{\text{D}} \tag{2.42}$$

式中:$R(t)$——时刻t的抗力效应,在2.8节算例中详细阐述;

$S_{\text{L}}(t)$——时刻t的活载效应;

S_{D}——恒载效应。

假设在时间间隔$(0,t)$内在时刻$t_{\text{i}}(i=1,2,\cdots,k)$有$k$个荷载事件发生,则服役结构在时间间隔$(0,t)$内的累计失效概率为:

$$P_{\text{f}}(t)=1-P_{\text{r}}(G_{U_1}>0\cap G_{U_2}>0\cap\cdots\cap G_{U_k}>0) \tag{2.43}$$

式中:G_{U_i}——预应力混凝土结构时刻t的极限状态函数,可由式(2.42)计算。

因此,累计失效概率取决于以前的和更新的荷载和抗力历史[13]。这是一种"首次通过"概率。

桥梁在随后t年的条件失效概率是指在经历T年在腐蚀攻击下在没有失效的条件下,在t年碳化攻击下的结构条件失效概率,可以表示为$P_{\text{f}}(t|T)$[13]:

$$P_{\text{f}}(t|T)=[P_{\text{f}}(T+t)-P_{\text{f}}(T)]/[1-P_{\text{f}}(T)] \tag{2.44}$$

式中,$P_{\text{f}}(T+t)$和$P_{\text{f}}(T)$可以从式(2.43)获得。

条件概率同时也可以称为"危险函数",可以评估结构每一年在腐蚀状态下的风险。

2.8 算例

2.8.1 算例描述

以位于湖南衡阳至炎陵高速公路上,国内首座基于全寿命理念设计的试验桥梁——窑背大桥为例,基于上述章节的模型,建立时变腐蚀损伤和安全可靠度预测模型,构建极限状态方程,利用Monte-Carlo模拟对桥梁原设计和全寿命修改设计进行时变可靠性能和安全性能分析,为后面的维护优化和参数选取奠定基础。

1)原设计资料

该桥是一座6×20m预应力混凝土连续空心板桥,桥台为肋式轻型桥台,桩基础;桥墩为柱式墩,桩基础,设计荷载公路—Ⅰ级,上下行双幅桥,每幅宽为(净11+2×0.5m),其主梁原设计的边跨边板、中板横断面如图2.10所示。

2)修改设计资料

修改设计旨在使之为全寿命性能最优桥梁,即在满足桥梁性能服务水平的前提下,使全寿命总成本最小。修改后空心板梁高由原设计90cm增加至为100cm,顶板预制厚度由原来的10cm增至12cm,底板厚度由原来的10cm增至为13cm。空心板由C40改用C50混凝土,按水泥用量的掺入 3% 的微硅灰。边跨边板底板钢筋由原设计 13ϕ10mm 改为 13ϕ16，中跨中板底板钢筋由原设计 ϕ10mm 改为 ϕ16mm，端部增加了 7ϕ25mm。需要说明的是，本章列出的修改设计的参数是最终的设计参数，具体选取过程将在后面详细阐述，本节只是用来计算和对比原设计在碳化腐蚀下的时变可靠度。其余具体修改资料见设计施工图[70]。修改后跨中边板、中板横断面如图 2. 11 所示。

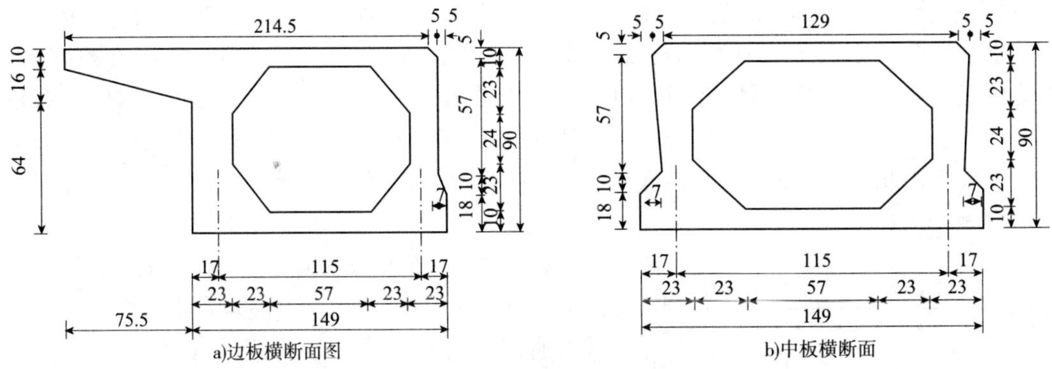

图 2. 10　原设计边跨横断面图（尺寸单位：cm）

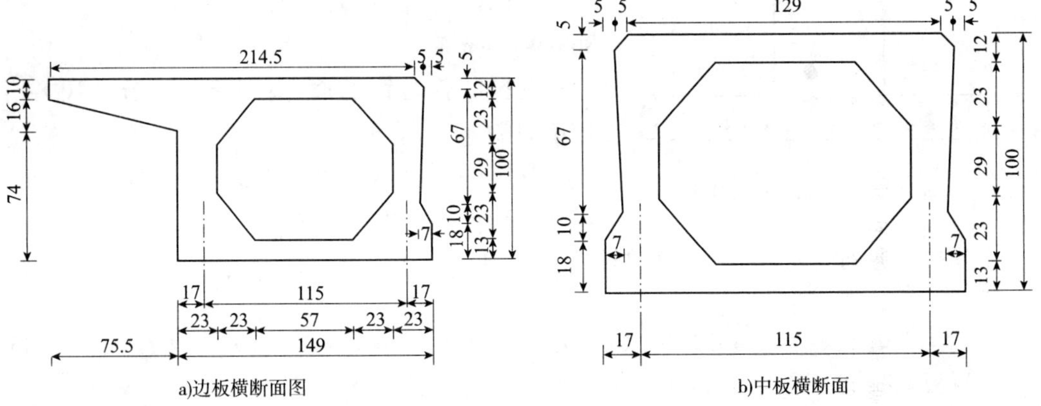

图 2. 11　修改设计边跨横断面图（尺寸单位：cm）

结合以往空心板桥的病害教训和桥梁全寿命设计理念[79-80]，经过大量的计算和研究对比分析，其优化对比分析过程详见第 7 章，得出修改后的截面参数尺寸，如表 2. 4 所示。

原设计和修改设计的参数对比分析　　表 2. 4

修改项目	原设计	修改设计
梁高（cm）	90	100
空心板底板厚度（cm）	10	13
底板普通钢筋	ϕ10mm	ϕ16mm
底板钢筋保护层厚度	25mm	35mm
混凝土等级	C40	C50
结构体系	简支—连续体系	简支—刚构体系
其他		掺入 3% 的微硅灰

根据陈建奎(2004 年)[81]的研究表明:提高混凝土等级和掺入微硅灰能够很好地提高混凝土的抗腐蚀能力,延迟结构开始劣化的时间。

2.8.2 抗力和极限状态

为了计算桥梁可靠度,首先应弄清每一个构件与整个系统的关系,考虑所有的失效模式,建立系统的串—并联模型。串联系统的任一个构件失效会导致系统失效,而一个严格的并联系统只有在系统的所有构件都失效后它才失效。由于系统或多或少存在着多余,因此用完全串联模型来估计系统可靠度,得到的是其下限。本书为简化起见,本研究假设该桥梁系统为串联系统,选取边跨 3 号梁跨中为研究对象,主要考虑弯矩极限承载力失效模式。按照面积、惯性矩和形心位置不变的原则,把空心板换算成等效工字形截面,如图 2.12 所示。

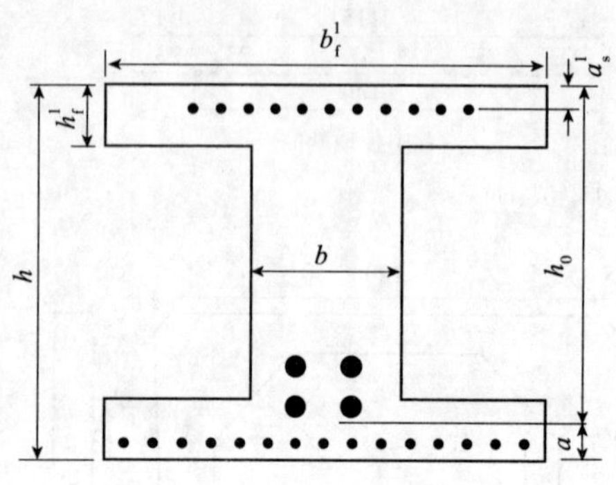

图 2.12　等效截面示意图

如图 2.12 所示,h'_f、b'_f、b、a'_s、h_0 分别为换算截面的工字板上翼板的厚度、宽度、腹板的宽度、受压区普通钢筋到上缘的距离、截面的有效高度。

1)原设计

受压区普通钢筋面积:$A'_S = 11 \times \pi \times 10^2/4 = 863.94(mm^2)$。

受拉区普通钢筋面积:$A_S = 13 \times \pi \times 10^2/4 = 1\ 021.02(mm^2)$。

受拉区预应力钢筋面积:$A_p = 10 \times 139mm^2 + 12 \times 139mm^2 = 3\ 058(mm)^2$。

令受拉普通钢筋和预应力钢筋总拉力 $L = f_{sd}A_s + f_{pd}A_p$。

即

$$L = f_{sd}A_s + f_{pd}A_p = 195 \times 1\ 021.02 + 1\ 260 \times 3\ 058 = 4.08 \times 10^3 \quad (kN) \tag{2.45}$$

令翼板混凝土和受压钢筋总压力:

$$Y = f_{cd}b'_f h'_f + f'_{sd}A'_s$$

即

$$Y = f_{cd}b'_f h'_f + f'_{sd}A'_s = 18.4 \times 1\ 490 \times 128 + 195 \times 863.94 = 3.68 \times 10^3 \quad (kN) \tag{2.46}$$

因为:$L = 4\ 080N > Y = 3\ 680N$,所以受压区进入腹板,为拉断破坏。

结合式(2.17)~式(2.25)及规范承载能力公式[82]得到原设计的时变可靠度评估的极限状态方程为:

$$\begin{aligned} Z(t) &= R(t) - S_G - S_Q(t) \\ &= ME_y \times [f_{sd}(t)A_s(t) + f_{pd}(t)A_p(t) - f'_{sd}(t)A'_s(t) - f_{cd}(t)(b'_f - b)h'_f] \times \\ &\quad \{h_0 - [[f_{sd}(t)A_s(t) + f_{pd}(t)A_p(t) - f'_{sd}(t)A'_s(t)]/f_{cd} - (b'_f - b)h'_f]/(2b)\} + \\ &\quad f_{cd}(t)(b'_f - b)h'_f(h_0 - h'_f/2) + f'_{sd}(t)A'_s(t)(h_0 - a'_s) - S_G - S_Q(t) \end{aligned} \tag{2.47}$$

式中:　ME_y——抗力模型的模型不确定性系数;

$f_{cd}(t)$、$f_{pd}(t)$、$f_{sd}(t)$、$f'_{sd}(t)$——分别为 t 时刻混凝土的抗拉强度、预应力钢筋的抗拉强度、普通钢筋的抗拉强度、普通钢筋的抗压强度;

$A_s(t)$、$A_p(t)$、$A'_s(t)$——分别为 t 时刻受拉普通钢筋面积、预应力钢筋面积和受压普通钢筋面积；

S_G——恒载效应；

$S_Q(t)$——活载效应；

其他参数的意义见图 2.12 所示。

2)修改设计

受压区普通钢筋面积：$A'_s = 11 \times \pi \times 10^2/4 = 863.94(\mathrm{mm}^2)$。

受拉区普通钢筋面积：$A_s = 13 \times \pi \times 16^2/4 = 2\,612.48(\mathrm{mm}^2)$。

受拉区预应力钢筋面积：$A_p = 10 \times 139 + 12 \times 139 = 3\,058(\mathrm{mm}^2)$。

令受拉普通钢筋和预应力钢筋总拉力：$L = f_{sd}A_s + f_{pd}A_p$，即

$$L = f_{sd}A_s + f_{pd}A_p = 280 \times 2\,612.48 + 1\,260 \times 3\,058 = 4.59 \times 10^3 \quad (\mathrm{kN}) \tag{2.48}$$

令翼板混凝土和受压钢筋总压力：

$$Y = f_{cd}b'_f h'_f + f'_{sd}A'_s$$

即

$$Y = f_{cd}b'_f h'_f + f'_{sd}A'_s = 22.4 \times 1\,490 \times 150 + 195 \times 863.94 = 5.18 \times 10^3 \quad (\mathrm{kN}) \tag{2.49}$$

因为：$L = 4\,590\mathrm{N} < Y = 5\,180\mathrm{N}$，所以受压区只在翼缘，为混凝土压碎。

结合式(2.14)～式(2.32)及规范承载能力公式[82]得修改设计后的时变可靠度评估的极限状态方程为：

$$\begin{aligned} Z(t) &= R(t) - S_G - S_Q \\ &= ME_N \times [f_{sd}(t)A_s(t) + f_{pd}(t)A_p(t) - f'_{sd}(t)A'_s(t)] \times \\ &\quad \{h_0 - [f_{sd}(t)A_s(t) + f_{pd}(t)A_p(t) - f'_{sd}(t)A'_s(t)]/[f_{cd}(t) \cdot b'_f/2]\} + \\ &\quad f'_{sd}(t)A'_s(t)(h_0 - a'_s) - S_G - S_Q(t) \end{aligned} \tag{2.50}$$

式中：ME_N——抗力模型的模型不确定性系数；

$f_{cd}(t)$、$f_{pd}(t)$、$f_{sd}(t)$、$f'_{sd}(t)$——分别为 t 时刻混凝土的抗拉强度、预应力钢筋的抗拉强度、普通钢筋的抗拉强度、普通钢筋的抗压强度；

$A_s(t)$、$A_p(t)$、$A'_s(t)$——t 时刻受拉普通钢筋面积、预应力钢筋面积和受压普通钢筋面积；

S_G——恒载效应；

$S_Q(t)$——活载效应。

在式(2.47)和式(2.50)中，$f_{cd}(t)$、$f_{pd}(t)$、$f_{sd}(t)$、$f'_{sd}(t)$统计规律见表 2.5，均取设计值。这些参数随时间的变化为：

$$\left.\begin{aligned} f_{cd}(t) &= f_{cd0}(1 - 8 \times 10^{-7}t^3) \\ f_{pd}(t) &= f_{pd0}(1 - 2.2 \times 10^{-6}t^3) \\ f_{sd}(t) &= f_{sd0}(1 - 2.2 \times 10^{-6}t^3) \\ f'_{sd}(t) &= f'_{sd0}(1 - 2.2 \times 10^{-6}t^3) \end{aligned}\right\} \tag{2.51}$$

令 $t_i = C^2/k^2$，为混凝土开始腐蚀时间。

(1) $t \leq t_i$

底板受拉钢筋 A_s，顶板受压钢筋 A'_s，预应力钢筋 A_p 的初始面积为：

$$\left.\begin{aligned} A_s(t) &= 13 \times \pi \times D(t)^2/4 = 13 \times \pi \times D_0^2/4 \\ A'_s(t) &= 11 \times \pi \times D(t)^2/4 = 11 \times \pi \times (D'_0)^2/4 \\ A_p(t) &= 22 \times 7 \times \pi \times r(t)^2 = 12 \times [7 \times \pi \times (r''_0)^2]/4 \end{aligned}\right\} \tag{2.52}$$

(2) $t > t_i$

根据式(2.16)和式(2.18)，可以得到底板受拉钢筋 A_s，顶板受压钢筋 A'_s 的时变面积，根据式(2.14)和式(2.15)可以得到预应力钢筋 A_p 的时变面积为：

$$\left.\begin{aligned} A_s(t) &= n_s \times \pi \times D(t)^2/4 = n_s \times \pi \times [D_0 - 0.0232 i_{corr}(t-t_i)]^2/4 \\ A'_s(t) &= n'_s \times \pi \times D(t)^2/4 = n'_s \times \pi \times [D_0 - 0.0232 i_{corr}(t-t_i)]^2/4 \\ A_p(t) &= n_p \times 7 \times \pi \times r(t)^2 = n_p \times \{3\pi r^2 + 4\pi \times [r''_0 - 0.0116 i_{corr}(t-t_i)]^2\} \end{aligned}\right\} \tag{2.53}$$

以上式中：D_0、D'_0、r''_0——底板钢筋直径、顶板钢筋直径和预应力钢筋半径；

f_{cd0}、f_{pd0}、f_{sd0}、f'_{sd0}——混凝土的抗拉设计强度、预应力钢筋的抗拉设计强度、普通钢筋的抗拉设计强度、普通钢筋的抗压设计强度初始值。

2.8.3 计算过程

CO_2 扩散过程、CO_2 浓度、混凝土碳化深度、钢筋面积减少以及预应力筋时变面积减少是随时间变化的，计算开始腐蚀概率、混凝土开裂比例和失效概率是一个非常复杂的过程。由于式(2.37)、式(2.41)、式(2.47)和式(2.50)是高度非线性的极限状态函数，含有非正态分布的随机变量和时变的劣化过程。因此，本书使用基于事件模拟的 Monte - Carlo 方法作为计算工具评估混凝土结构的开始腐蚀概率、失效概率和时变损伤比例。

基于事件模拟的 Monte - Carlo 分析方法能够考虑结构材料、保护层厚度、腐蚀电流密度、预应力的布置、结构尺寸和混凝土劣化过程的不确定性和变异性。在一次模拟运行中，可以计算每一排预应力筋的碳化深度和开始腐蚀时间。需要说明的是本研究中 CO_2 浓度是随时间完全相关的。在每一个时间增量过程中，混凝土碳化深度、预应力筋的面积损失和峰值活载随机产生。当碳化深度达到预应力筋的表面时，本书认为腐蚀开始了。因此，式(2.37)可以计算时变开始腐蚀概率。预应力筋的腐蚀率是完全相关的。通过式(2.53)计算面积，式(2.47)和式(2.50)计算结构在原设计和修改设计状态下的峰值荷载处的时变抗力，当峰值荷载超过了弯曲抗力，则认为结构失效了。利用式(2.39)计算混凝土结构腐蚀开裂比例和式(2.43)计算累计失效概率。桥梁结构服役寿命为 100 年，需要计算连续 100 个时间增量的开始腐蚀概率、保护层平均开裂比例和结构失效概率。用于计算的统计参数见表 2.5。

原设计和修改设计用于时变可靠度计算的截面设计参数和材料参数见表 2.6。

计算参数概率统计　　表 2.5

参　　数		均　　值		变异系数	分布	文　献
f'_{cy1} 混凝土圆柱体强度		f'_c① +7.5MPa		σ = 6MPa	对数正态	文献[28]
$K_w(f_c = k_w f'_{cy1})$		差	0.53	0.08	正态	文献[28]
		中等	0.86	0.06	正态	文献[28]
		好	1.00	0.0	正态	文献[28]
f_{pd}(MPa)		0.68f_{pk}②		0.025	正态	文献[83]
c_b 保护层厚度		c_{bnom}		0.15	正态	文献[82]
D 梁高(mm)		D_{nom}		0.002	正态	文献[82]
i_{corr}(μA/cm^2)		0.10,0.25,0.50		1.0	对数正态	
D_1 预制混凝土		1.03D_n③		0.08	正态	文献[75]
D_2 现浇桥面板		1.05D_n③		0.10	正态	文献[75]
D_3 桥面铺装		80mm		0.25	正态	文献[75]
w 单辆重车轴重		240kN		0.40	正态	文献[84]
模型不确定性系数	CO_2 浓度(ME_{CO_2})	1.0		式(1)和(2)	正态③	
	碳化深度(ME_C)	1.0		0.2	正态	
	抗力(ME_Y,ME_N)	1.01		0.046	正态	文献[85]
	T_{sp}　w = 0.3mm	1.09		0.19	正态	文献[19]
	T_{sp}　w = 1.0mm	1.05		0.20	正态	文献[19]
冲击系数		1.15		0.10	正态	文献[86]
主梁荷载横向分布系数		λ = 0.93		0.12	正态	文献[87]
$f_{ct}(t)$ 混凝土抗拉强度		0.53$[f_c(t)]^{0.5}$		0.13	正态	文献[31]
$E_c(t)$ 混凝土弹性模量		4 600$[f_c(t)]^{0.5}$		0.12	正态	文献[31]
δ_0(μm)空隙厚度系数		15		0.1	正态	

注：①f'_c 为混凝土抗压强度。

②f_{pk} 为预应力筋的抗拉强度。

③在 0.714 4g/m^3 截尾。

原设计与修改设计参数常量值　　表 2.6

参　　数	原设计	修改设计
底板钢筋直径 D_0(mm)	10	16
顶板钢筋直径 D'_0(mm)	10	10
预应力钢筋半径 r''_0(mm)	4.3	4.3
工字板上翼板的厚度 h'_f(mm)	128	150
工字板上翼板的宽度 b'_f(mm)	1 490	1 490
腹板的宽度 b(mm)	534	524

续上表

参　数	原设计	修改设计
受压区普通钢筋到上缘的距离 α_s'(mm)	45	45
截面的有效高度 h_0(mm)	802	909
混凝土的抗压设计强度 f_{cd}(MPa)	18.4	22.4
预应力钢筋的抗拉设计强度 f_{pd}(MPa)	1 260	1 260
普通钢筋的抗拉设计强度 f_{sd}(MPa)	195	280
普通钢筋的抗压设计强度 f_{sd}'(MPa)	195	195

2.8.4 算例分析

1)CO_2 效应

使用图 2.1 中的 CO_2 的浓度模型,计算得到在大气环境下平均碳化深度如图 2.13 所示。可以看出未来的 100 年后原设计在 3 个 CO_2 排放策略下碳化深度分别为 20.3、14.4 和 12.1mm。碳化深度的变异系数(COV)也是随时间变化的,从 0.2 变化到 0.22。而修改设计在 3 个 CO_2 排放策略下碳化深度分别为 18.9、14.2 和 12.1mm。碳化深度的变异系数(COV)也是随时间变化的,从 0.2 变化到 0.22。

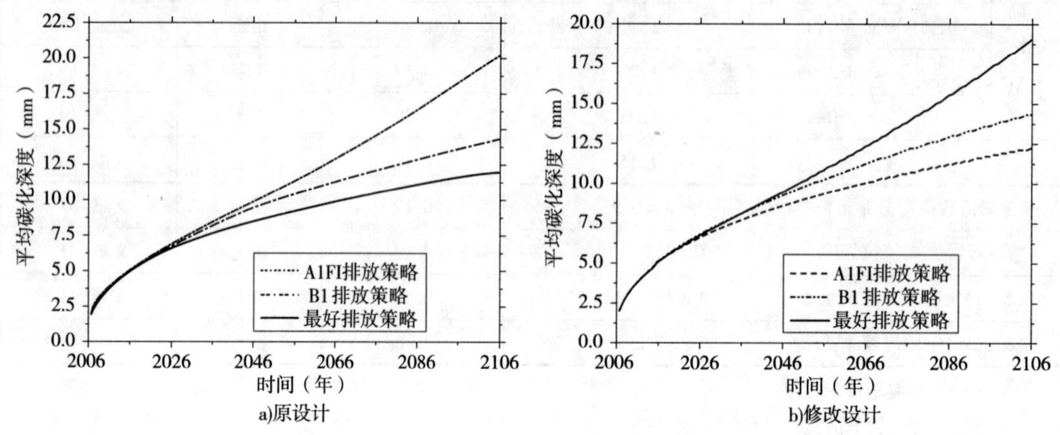

图 2.13　混凝土平均碳化深度

原设计在最高 CO_2 排放策略(A1FI)对应的碳化深度比最好 CO_2 排放策略(best mitigation)高了 53%。这表明由于经济发展和人口增长导致的 CO_2 排放增加将严重影响原设计混凝土的碳化,进而加速预应力筋的碳化腐蚀。假如最高 CO_2 排放策略在将来发生的话,混凝土保护层设计厚度需要增加大约 8mm 用以降低结构的开始腐蚀概率,疏缓结构的腐蚀风险。修改设计最高 CO_2 排放策略对应的碳化深度比最好 CO_2 排放策略高了 35.9%。同理假如最高 CO_2 排放策略在将来发生,混凝土保护层设计厚度需要增加大约 7mm 用以减灾,降低开始腐蚀风险。

图 2.14 为原设计和修改设计在三种 CO_2 排放策略下混凝土结构的开始腐蚀概率。如图 2.14a)所示,混凝土结构的开始腐蚀概率随着 CO_2 浓度的增加而升高。最高 CO_2 排放策

略对应的开始腐蚀概率比最好 CO_2 排放策略下的开始腐蚀概率高了 530%。本研究评估的原设计对应的开始腐蚀概率比较高，例如，结构在服役 60 年后有 10% 的机会开始腐蚀，这在很大程度上会导致混凝土保护层开裂和剥落。在 100 年后这个概率提高到几乎接近 0.25。这表明存在预应力筋腐蚀损伤，需要在服役期对许多混凝土结构做检测和维修工作，以维持结构的正常使用功能。如图 2.14b）所示，对于修改设计混凝土结构的开始腐蚀概率随着 CO_2 浓度的增加而升高。最高 CO_2 排放策略对应的开始腐蚀概率比最好 CO_2 排放策略下的开始腐蚀概率高了 820%。评估的修改设计对应的开始腐蚀概率有所降低，例如，在结构服役 100 年后，在相同的环境状态下原设计的开始腐蚀概率是修改设计开始腐蚀概率的 114%，这表明修改措施（保护层厚度增加和混凝土强度增加）对提高结构的抗腐蚀性能是有效的。结构在服役 80 年后有 10% 的机会开始腐蚀，这在很大程度上降低了混凝土保护层开裂和剥落的风险。

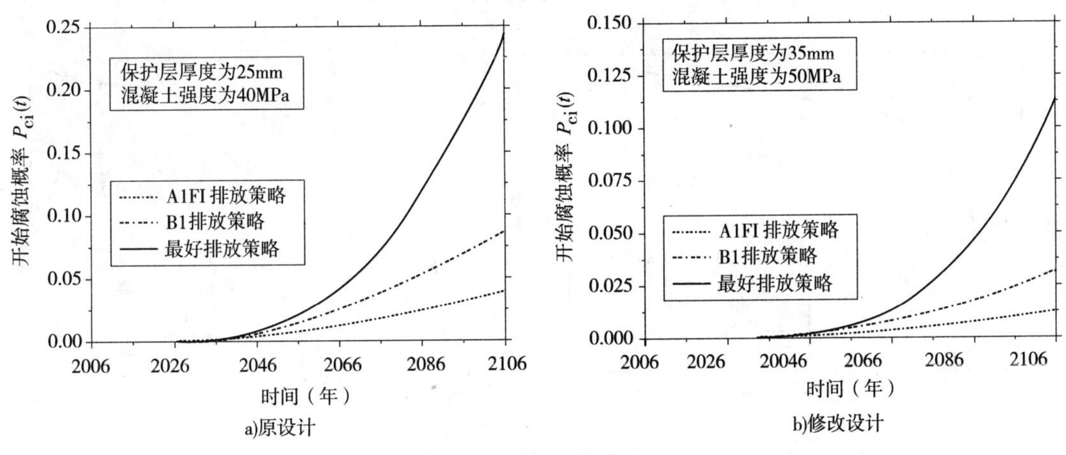

图 2.14　开始腐蚀概率

图 2.15 为碳化腐蚀下混凝土结构的平均开裂比例。图 2.15a）为原设计在开裂宽度为 1mm 时不同的排放策略下的平均开裂比例，最高 CO_2 排放策略对应的开裂比例比最好 CO_2 排放策略高了 420%。图 2.15b）为修改设计在开裂宽度设置为 1mm 时不同的排放策略下的开裂比例，最高 CO_2 排放策略对应的开裂比例比最好 CO_2 排放策略高了 540%。当裂缝宽度设置为 1mm 时，原设计在第 100 年对应的开裂比例为 9.8%，修改设计对应的开裂比例为 7.6%，降低了 30%。在修改设计中，提高了保护层厚度，有助于降低平均开裂比例。但是，底板钢筋的直径从 10mm 变化到 16mm，这又在一定程度上提高了平均开裂比例。

图 2.16 为预应力空心板梁在碳化腐蚀下的失效概率。如图 2.16a）所示，对于原设计，在服役的前 50～60 年，混凝土碳化腐蚀效应是可以忽略的。然而，对于最高 CO_2 排放策略对应的梁失效概率比最好 CO_2 排放策略下的梁的失效概率高了 9%。如图 2.16b）所示，对于修改设计，在服役的前 70～80 年，混凝土碳化腐蚀效应是可以忽略的。然而，对于最高 CO_2 排放策略对应的梁失效概率比最好 CO_2 排放策略下的梁的失效概率高了 10%。但是，结构服役 100 年后，在相同的腐蚀环境下原设计的失效概率为修改设计失效概率的 1.7 倍，这表明通过改进措施，可以在一定程度上降低结构的失效概率，这将在后面章节进行详细的阐述。

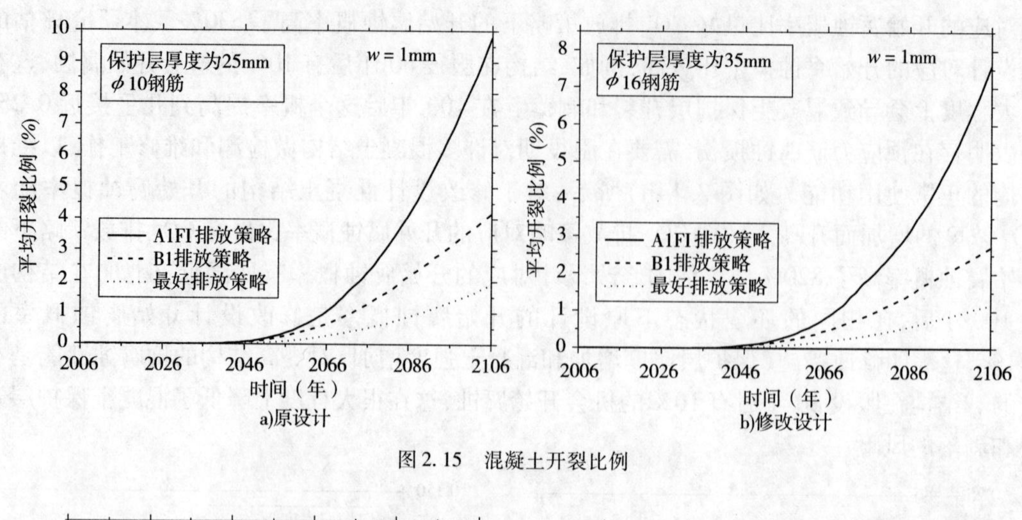

a)原设计　b)修改设计

图 2.15　混凝土开裂比例

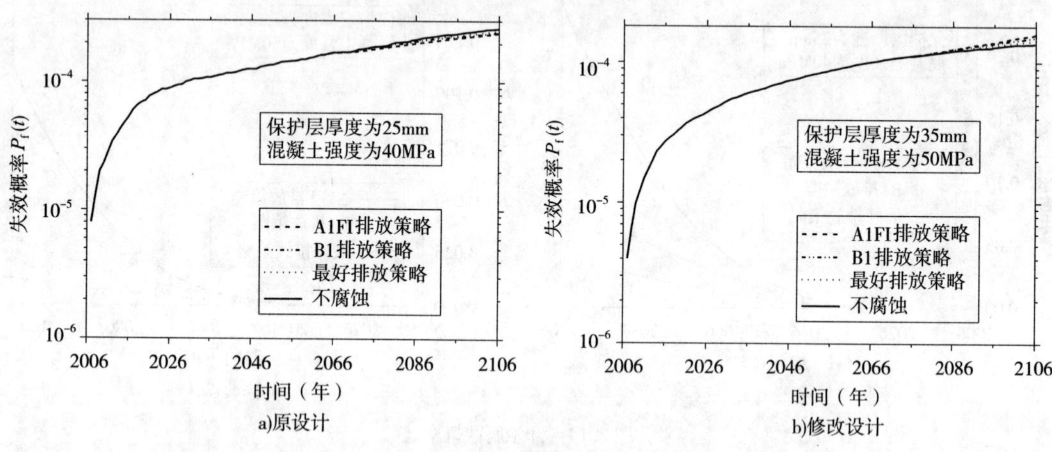

a)原设计　b)修改设计

图 2.16　时变失效概率

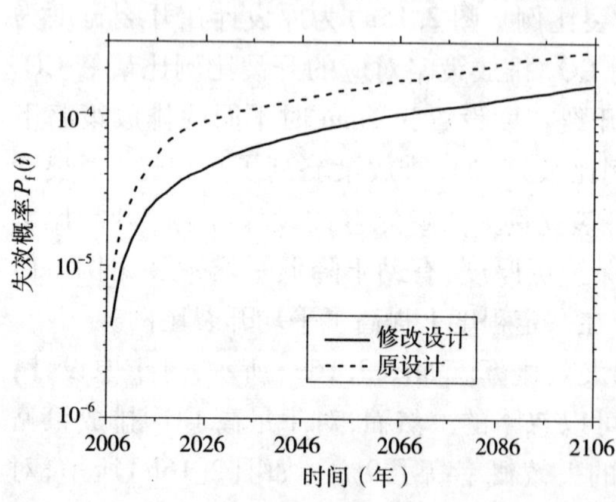

图 2.17　不同保护层厚度下的时变失效概率

2）耐久性设计对比分析

图 2.17 为在最高 CO_2 排放策略（A1FI）下保护层厚度分别为 25mm（原设计）和 35mm（修改设计）下的结构失效概率。原设计在第 100 年的失效概率为 2.62×10^{-4}，而修改设计在第 100 年的失效概率为 1.58×10^{-4}，比原设计降低了 66%。

3）裂缝宽度设置

图 2.18 为在不同裂缝宽度设置下的混凝土平均开裂比例。图 2.18a）为原设计在 A1FI 排放策略下开裂宽度为 0.3mm 和 1mm 时的平均开裂比例，开裂宽度为 0.3mm 对应的开裂比例比开裂宽度为 1mm 高了 80%。图 2.18b）为修改设计在 A1FI 排放策略下开裂宽度为 0.3mm 和 1mm 时的平均开裂比例，开裂宽度为 0.3mm 对应的平均开裂比例是开裂宽度为 1mm 的平均开裂比例的 1.42 倍。原设计

在开裂宽度为 0.3mm 时第 100 年对应的开裂比例为 17.6%，修改设计开裂宽度为 0.3mm 时对应的平均开裂比例为 10.8%，降低了 63%。在修改设计中，提高了保护层厚度，有助于降低开裂比例。而且，这些信息可以为桥梁管理系统提供维护参考，对制订维护对策提供帮助。

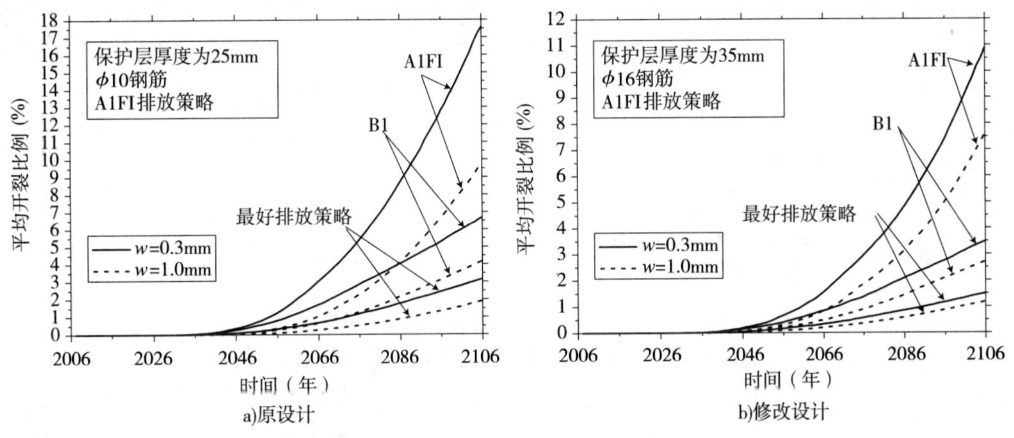

a)原设计　　b)修改设计

图 2.18　不同裂缝宽度下混凝土平均开裂比例

4）腐蚀电流密度效应

碳化腐蚀电流密度是与野外环境高度相关的，本书使用三种平均腐蚀电流密度代表三种腐蚀状态。三种腐蚀电流密度为：

（1）$i_{corr}=0.10\mu A/cm^2$；

（2）$i_{corr}=0.25\mu A/cm^2$；

（3）$i_{corr}=0.50\mu A/cm^2$。

图 2.19 为不同腐蚀电流密度下的混凝土平均开裂比例。图 2.19a）为原设计在 A1FI 排放策略下当裂缝宽度设置为 1mm 时不同腐蚀电流密度下的平均开裂比例。高腐蚀电流密度下（$i_{corr}=0.5\mu A/cm^2$）对应的平均开裂比例比低腐蚀电流密度下（$i_{corr}=0.1\mu A/cm^2$）高了 260%。图 2.19b）为修改设计在 A1FI 排放策略下当开裂宽度设置为 1mm 时的平均开裂比例。高腐蚀电流密度下（$i_{corr}=0.5\mu A/cm^2$）对应的平均开裂比例是低腐蚀电流密度下（$i_{corr}=0.1\mu A/cm^2$）的 2.1 倍。原设计在开裂宽度设置为 1mm 时第 100 年对应的开裂比例为 14.1%，修改设计在开裂宽度设置为 1mm 时对应的开裂比例为 9.9%，与原设计相比降低了 43%。当开裂宽度设置为 0.3mm 时，修改设计比原设计降低了 58%。在修改设计中，提高了保护层厚度，提供了混凝土抗压强度，有助于降低平均开裂比例。而且，这些信息可以为桥梁管理系统提供维护参考，对制订维护对策提供帮助。同时，采取措施抑制钢筋的腐蚀电流密度，可以降低混凝土的平均开裂比例，减少碳化腐蚀引起的灾害。

如图 2.20a）所示，原设计结构服役 100 年后在高腐蚀状态的失效概率是低腐蚀状态下的 2.6 倍。如图 2.20b）所示，修改设计结构服役 100 年后在高腐蚀状态的失效概率是低腐蚀状态下的 2 倍。因此，采取有效措施抑制腐蚀电流密度可以降低结构倒塌概率，达到减灾目的。然而，当混凝土保护层厚度提高到 45mm 时，即使平均腐蚀电流密度为 $0.50\mu A/cm^2$，结构失效概率与不腐蚀状态下是相同的。所以，当保护层厚度等于或高于 45mm 时，可以不考虑混凝土碳化腐蚀的影响。

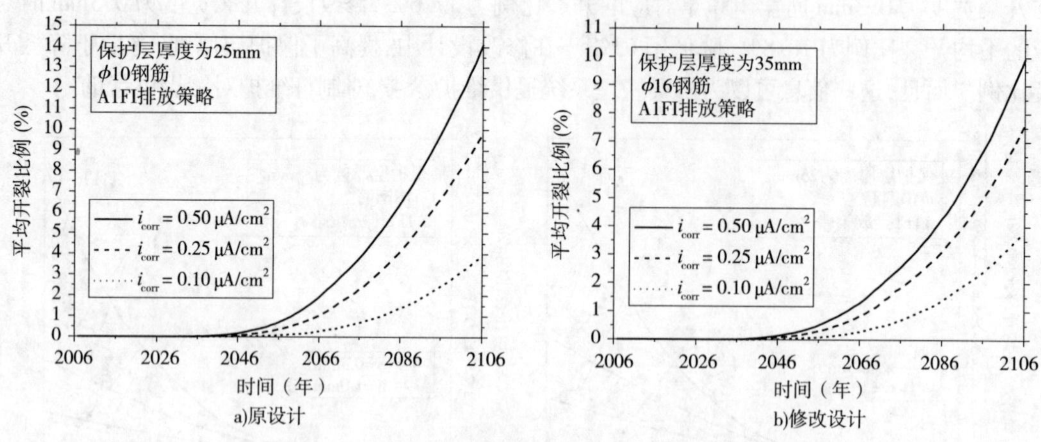

图 2.19　不同腐蚀电流密度下混凝土平均开裂比例

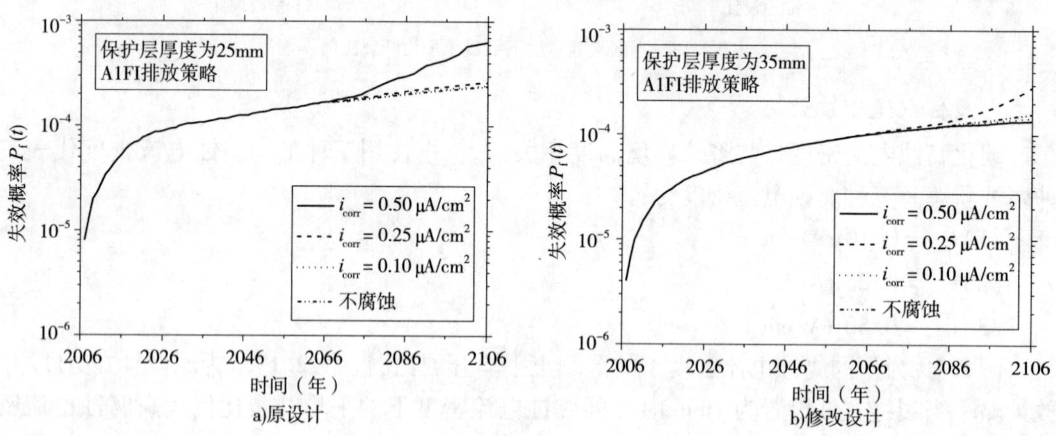

图 2.20　不同腐蚀率下的时变失效概率

5)条件失效概率

使用式(2.44)的条件年度开始腐蚀概率计算公式。图 2.21 为在所有排放策略下的条件年度开始腐蚀概率(计算时间间隔 $t=1$ 年),该条件概率为不开始腐蚀的时间函数。条件年度开始腐蚀概率是指腐蚀还没有发生的情况下下一年的开始腐蚀的发生概率。如图 2.21a)所示,对于原设计,在最高 CO_2 排放策略下的条件年度开始腐蚀概率是最好 CO_2 排放策略下的 11.1 倍。如图 2.21b)所示,在最高 CO_2 排放策略下的条件年度开始腐蚀概率是最好 CO_2 排放策略下的21.2 倍。尤其需要说明的是:在最高 CO_2 排放策略下的条件年度开始腐蚀概率随时间增长,但是增长规律与混凝土的品质没有直接关系。这是因为高且时变的 CO_2 浓度(如 A1FI 排放策略)导致了条件年度开始腐蚀概率随时间增长。另外,对于最低 CO_2 排放策略(B1)和最好 CO_2 排放策略下的条件年度开始腐蚀概率在开始阶段随时间增长,然而随后则保持稳定。但是,从图 2.21 可以看出,在最高 CO_2 排放策略下的原设计条件年度开始腐蚀概率比修改设计的条件年度开始腐蚀概率高了 90%。

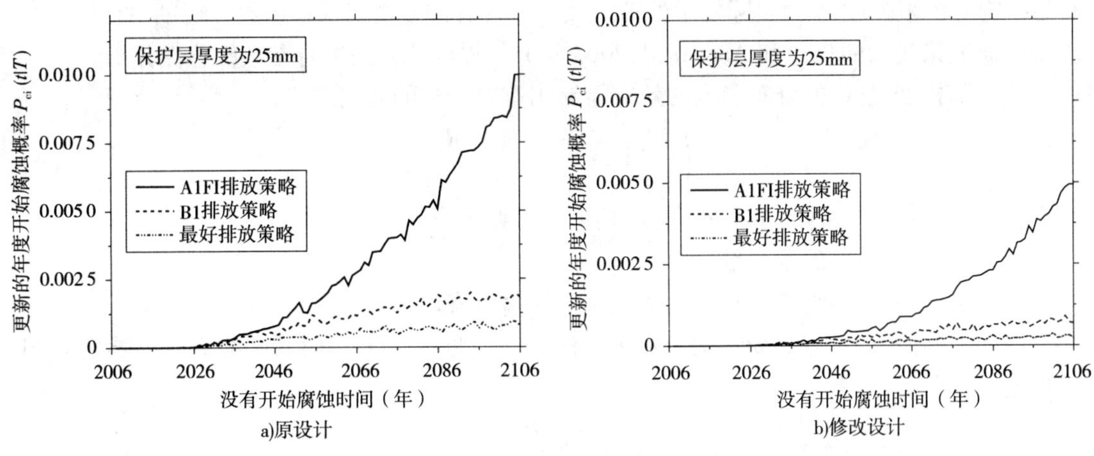

图 2.21　条件开始腐蚀概率

以修改设计为例进行说明，讨论腐蚀参数对条件年度失效概率的影响。图 2.22a）为三种腐蚀状态下的条件年度失效概率（参考时间 t 为 1 年）。该概率为剩余寿命 T 的函数，为结构倒塌没有发生的情况下一年的结构失效概率。如图 2.22a）所示，在初始阶段年度失效概率随时间降低，但在后期由于高的腐蚀电流密度而快速增长，说明不同的腐蚀环境下，对结构的年度失效概率的影响不同，对于高腐蚀电流密度环境下，表明结构处于高失效风险中。图 2.22b）为所有排放策略下的条件年度失效概率。修改设计在最高 CO_2 排放策略下的条件年度失效概率比最好 CO_2 排放策略下高了 30%。在相同的腐蚀电流密度情况下，在服役 100 年后，原设计的条件年度失效概率比修改设计高 200%。在相同的排放策略情况下，在服役 100 年后，原设计的条件年度失效概率是修改设计的条件年度失效概率的 1.3 倍。

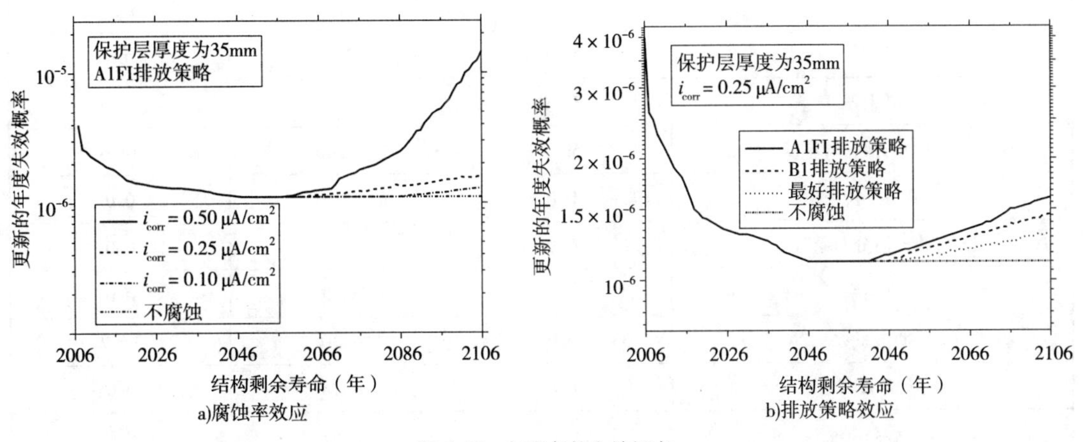

图 2.22　年度条件失效概率

2.8.5　参数敏感性分析

参数分析主要用于分析随机变量对开始腐蚀极限状态方程、腐蚀损伤极限状态方程和弯曲承载能力极限状态方程的变异性的相对重要性，也可以说是对安全函数 $R-S$ 的影响，

R 为结构的极限强度，S 为实际发生的荷载效应。现有许多文献描述参数分析的方法[88-89]。本书的研究采用 Melchers 和 Ahammed（2004 年）[89]提出的方法进行参数敏感性分析。

改变随机变量 X_i 的分布参数的效应能够用有限差分的公式描述：

$$\left(\frac{\partial R_e}{\partial \eta}\right)_{x_i} \approx \frac{R_e\big|_{\eta+\Delta\eta} - R_e\big|_{\eta}}{\Delta\eta} \tag{2.54}$$

式中：　η——需要改变的分布参数（均值和方差）；

$\Delta\eta$——参数的改变量；

$R_e\big|_{\eta}$、$R_e\big|_{\eta+\Delta\eta}$——分别为参数及其改变量对应的输出值。

需要说明的是：所有的变量均为随机变量。一个变量 X_i 对极限状态的绝对影响量 I_{X_i} 可以根据下式计算：

$$I_{X_i} = \frac{\left[\left(\frac{\partial R_e}{\partial \eta}\right)_{x_i}\right]^2}{\sum_{i=1}^{n}\left[\left(\frac{\partial R_e}{\partial \eta}\right)_{x_i}\right]^2} \tag{2.55}$$

式中：n——在可靠度分析中的随机变量的个数，这表示 n 个随机变量需要进行 n 次随机分析，导致需要消耗大量的计算时间。

用上述方法进行敏感性分析，参数的取值为：腐蚀电流密度 $i_{corr} = 0.25\mu A/cm^2$，保护层厚度为35mm，混凝土抗压强度为50MPa。用于分析的分布参数为均值 μ 和 $\Delta\eta$，$\Delta\eta$ 的取值为标准差 σ。结果输出分别为开始腐蚀概率（P_{ci}）、结构失效概率（P_f）和结构平均开裂比例（$\bar{d}_{crack}$）。计算结果如表 2.7 所示。

腐蚀参数对开始腐蚀概率（P_{ci}）、失效概率（P_f）和开裂比例的绝对影响　　表 2.7

参数 X_i	绝对影响量 I_{Xi}（%）		
	P_{ci}	P_f	$\bar{d}_{crack}$
活载	0.0	17.70	0.0
混凝土强度	33.9	15.50	11.5
预应力筋保护层厚度	59.3	14.40	14.6
预应力抗拉强度	0.0	14.20	0.0
荷载横向分布系数	0.0	12.90	0.0
腐蚀率	0.0	8.43	0.0
冲击系数	0.0	5.30	14.9
CO_2 浓度	6.8	3.18	0.0
梁高度	0.0	2.97	9.6
桥面铺装恒载（D_3）	0.0	2.86	0.0
预制梁恒载（D_2）	0.0	1.47	0.0
现浇板恒载（D_1）	0.0	1.19	0.0
混凝土抗拉强度 f_{ct}(t)	0.0	0.0	5.6

续上表

参数 X_i	绝对影响量 I_{Xi}(%)		
	P_{ci}	P_f	$\bar{d}_{crack}$
混凝土弹性模量 $E_c(t)$	0.0	0.0	5.8
空隙系数 δ_0	0.0	0.0	4.3
碳化深度模型误差(ME_c)	0.0	0.0	29.6
严重开裂时间模型误差(T_{sp})	0.0	0.0	4.1

如表 2.7 所示，腐蚀开始时间受混凝土保护层厚度和混凝土抗压强度控制。对于结构失效概率(P_f)，下列参数为最重要的影响参数：活载模型；混凝土保护层厚度；混凝土抗压强度和荷载横向分布系数。Vu 和 Stewart(2000 年)[13] 同样分析得到混凝土保护层厚度和活载模型是影响结构失效概率的主要参数。从上述结果可以看出：影响开始腐蚀概率(P_{ci})和结构失效概率(P_f)最主要的参数是保护层厚度、活载模型混凝土抗压强度。影响结构开裂比例($\bar{d}_{crack}$)最主要的参数是保护层厚度、碳化深度模型误差和混凝土抗压强度。因此，在可靠度分析中，更多的精力应该放在提高这些模型的精度上，这样，时变可靠度分析的精度也就提高了。

参数研究表明对于预应力板梁时变可靠度分析过程中最重要的参数为：活载、混凝土抗压强度、保护层厚度、碳化深度模型误差、荷载横向分布系数和腐蚀电流密度。如果要提高时变可靠度的分析精度则需要改进这些参数的统计性能，降低其离散性和变异性。

2.9　小结

本章利用国际上最新的气候研究报告，即 CO_2 浓度研究报告，改进了现有的碳化深度预测模型，建立恒载和活载概率随机模型，发展了碳化腐蚀下的时变可靠度模型，考虑 CO_2 浓度和扩散、混凝土抗压强度、保护层厚度、钢筋的位置、腐蚀率和环境等参数的变异性和随机性，用以计算预应力混凝土结构的开始腐蚀概率和失效概率。研究表明：原设计最高 CO_2 排放策略对应的碳化深度比最好 CO_2 排放策略高了 53%。修改设计最高 CO_2 排放策略对应的碳化深度比最好 CO_2 排放策略高了 35.9%。在结构服役 100 年后，在相同的环境状态下原设计的开始腐蚀概率是修改设计腐蚀概率的 114%，这表明修改措施(保护层厚度增加和混凝土强度增加)对提高结构的抗腐蚀性能是有效的。发展了时变开裂可靠度模型来计算混凝土结构在多种 CO_2 排放策略作用下将来 100 年内的混凝土结构的平均开裂比例。原设计在开裂宽度为 0.3mm 时第 100 年对应的开裂比例为 17.6%，修改设计开裂宽度为 0.3mm 时对应的开裂比例为 10.8%，降低了 63%。当裂缝宽度设置为 1mm 时，原设计在第 100 年对应的开裂比例为 9.8%，修改设计对应的开裂比例为 7.6%，降低了 30%。原设计在开裂宽度设置为 1mm 时在高腐蚀率下第 100 年对应的开裂比例为 14.1%，修改设计在开裂宽度设置为 1mm 时对应的开裂比例为 9.9%，与原设计相比降低了 43%。当开裂宽度设置为 0.3mm 时，修改设计比原设计降低了 58%。计算可知原设计的失效概率是修改设计失效概率的 1.7 倍，这表明修改措施(保护层厚度增加和混凝土强度增加)对提高结构的抗腐蚀性能是可行的。在最高 CO_2 排放策略下的原设计条件年度开始腐蚀概率比修改设计的条件年度开始腐蚀概率高了90%。原设计的条件年度失效概率是修改设计的条件年度失效概率的1.3倍。参数敏感性研究表明对于预应力板梁时变可靠度分析过程中最重要的参数为:活载、混凝土抗压强度、保护层厚度、荷载横向分布系数和腐蚀电流密度。提高这些参数的统计性能,降低其不确定性,则可以提高时变可靠度模型的预测精度。上述研究成果建立了混凝土桥梁的基于指标的劣化模型,为桥梁的全寿命维护管理时变性能评估奠定了基础。本章的部分研究成果发表在2008年澳大利亚昆士兰州举行的国际会议上和2008年在天津举行的全国桥梁年会上,腐蚀损伤比例预测的研究成果将发表在2009年在日本大阪举行的结构安全国际会议上。

本章参考文献

[1] Saetta A V, Vitaliani R V. Experimental investigation and numerical modeling of carbonation process in reinforced concrete structures Part II-Practical applications. Cement and Concrete Research, 2005, 35(5): 958-967.

[2] Mehta P K, Monteiro P J M. Concrete microstructure, properties and materials. Chennai, Indian Concrete Institute, 1997:12-45.

[3] Jin X, Zhang Y. Concrete Bridge Inspection. Report No HD 07-06-06-01(1): Hunan University, 2007:25-30.

[4] Hawk H, Small E P. The BRIDGIT Bridge Management System. Structural Engineering International, Zurich, 1998, 8(4): 309-314.

[5] Small E P, Philbin T, Fraher M, et al. The current status of bridge management system implementation in the United States. //Proc of the Int Bridge Management Conference. Washington D C, 1999:1-15.

[6] Kaminker A J. Comments on corrosion of prestressing steel and its mitigation by W. Podolny Jr. PCI Journal, 1993, 38(4): 102-103.

[7] Darmawan M S, Stewart M G. Spatial time-dependent reliability analysis of corroding pretensioned prestressed concrete bridge girders. Structural Safety, 2007, 29(1): 16-31.

[8] Maes M A, Wei X, Dilger W H. Fatigue reliability of deteriorating prestressed concrete bridges due to stress corrosion cracking. Canadian Journal of Civil Engineering, 2001, 28: 673-683.

[9] 王建秀,秦权. 考虑氯离子侵蚀与混凝土碳化的公路桥梁时变可靠度分析. 工程力学, 2007, 24(7):86-93.

[10] Stewart M G, Rosowsky D V. Time-dependent reliability of deteriorating reinforced concrete bridge decks. Structural Safety, 1998, 20: 91-109.

[11] Meehl G A, Stocker T F, Collins W D, et al. Global Climate Projections//Climate Change 2007: The Physical Science Basis. Cambridge: Cambridge University Press, 2007:789-812.

[12] Mori Y, Ellingwood B R. Reliability-based service-life assessment of aging concrete structures. Journal of Structural Engineering, 1993, 119(5): 1600-1621.

[13] Vu K A T, Stewart M G. Structural reliability of concrete bridges including improved chlo-

ride-induced corrosion models. Structural Safety,2000,22(4): 313-333.

[14] Estes A C, Frangopol D M. Bridge lifetime system reliability under multiple limit states. Journal of Bridge Engineering,2001,6(6): 523-528.

[15] Frier C,Sorensen J D. Stochastic analysis of the multi-dimensional effect on chloride ingress into reinforced concrete//Proc of Applications of Statistics and Probability in Civil Engineering. London,2007:36-56.

[16] Stewart M G,Rosowsky D V. Structural safety and serviceability of concrete bridges subject to corrosion. Journal of Infrastructures Systems,1998,4(4): 146-155.

[17] Li Y,Vrouwenvelder T,Wijnants G H,et al. Spatial variability of concrete deterioration and repair strategies. Structural Concrete,2004,5(3): 121-130.

[18] Vu K A T,Stewart M G,Mullard J A. Corrosion-induced cracking: experimental data and predictive models. ACI Structural Journal,2005,102(5): 719-726.

[19] Stewart M G,Mullard J A. Spatial time-dependent reliability analysis of corrosion damage and the timing of first repair for RC structures. Engineering Structure, 2007, 29 (7): 1457-1464.

[20] Sudret B,Defaux G,Pendola M. Stochastic evaluation of the damage length in RC beams submitted to corrosion of reinforcing steel. Civil Engineering and Environmental Systems, 2007,24(2): 165-178.

[21] Stewart M G. Spatial variability of pitting corrosion and its influence on structural fragility and reliability of RC beams in flexure. Structural Safety,2004,26(4): 453-470.

[22] Val D V. Deterioration of strength of RC beams due to Corrosion and its influence on beam reliability. Journal of Structural Engineering,2007,133(9): 1297-1306.

[23] Stewart M G,Al-Harthy A. Pitting corrosion and structural reliability of corroding RC structures: Experimental data and probabilistic analysis. Reliability Engineering and System Safety,2008,93(3): 373-382.

[24] Stewart M G. Mechanical behavior of pitting corrosion of flexural and shear reinforcement and its effect on structural reliability of corroding RC beams. Structural Safety,2009,31(1): 19-30.

[25] Marsh P S,Frangopol D M. Reinforced concrete bridge deck reliability model incorporating temporal and spatial variations of probabilistic corrosion rate sensor data. Reliability Engineering and System Safety,2008,93(3): 394-409.

[26] Peng J,Stewart M G. Climate change,deterioration and time-dependent reliability of concrete structures. //Proc of 20th Australasian Conf on the Mechanics of Structures and Materials. Queensland,2008:559-565.

[27] Engelfried R. Preventive prevention by low permeability coatings. //Proc of the Concrete Society Conf on Permeability of Concrete and its Control. London,1985:107-117.

[28] Stewart M G. Workmanship and its influence on probabilistic models of concrete compressive strength. ACI Materials Journal,1995,92(4): 361-372.

[29] Peterson N. Should standard cube test specimens be replaced by test specimens taken from the structures. Materiaux et Constructions,1968,1(5): 425-435.

[30] Davis S G. Further Investigation into the strength of concrete in Structures. London: Cement and Concrete Association,1976:45-78.

[31] Mirza S A, Hatzinikolas M, MacGregor J G. Statistical description of strength of concrete. Journal of the Structural Division,1979,105(ST6): 1021-1037.

[32] Nowak A S, Szerszen M M, Szeliga E K, et al. Reliability based Calibration for structural Concrete. Report No: Unlce 05-03: University of Nebraska,2005:23-56.

[33] CEB. New approach to durability design-an example for carbonation induced corrosion. Lausanne: Bulletin 238,1997:89-95.

[34] Kersner Z, Teply B, Novk D. Uncertainty in service life prediction based on carbonation of concrete. //Proc of the 7th Int Conf on Durability of Building Materials and Components. London,1996:13-30.

[35] Papadakis V G, Fardis M N, Vayenas G G. Effect of composition, environmental factors and cement-lime coating on concrete carbonation. Material and Structures,1992(25): 293-304.

[36] Yoon I S, Çopuroğlu O, Park K B. Effect of global climatic change on carbonation progress of concrete. Atmospheric Environment,2007(41): 7274-7285.

[37] Stewart M G, Peng J. Life-cycle Cost Assessment of Climate Change Adaptation Measures to Minimise Carbonation-induced Corrosion Risks [J]. International Journal of Engineering Under Uncertainty: Hazards, Assessment and Mitigation,2010,2(1-2): 35-46.

[38] 彭建新,邵旭东,张建仁. 气候变化、CO_2 排放及其对碳化腐蚀的钢筋混凝土开裂和时变可靠度的影响[J]. 土木工程学报,2010,43(6):74-81.

[39] 彭建新,张建仁. 基于增量过程的混凝土结构碳化深度预测模型及其概率分析. 公路交通科技,2012,29(10): 54-58.

[40] Hassanain M A, Loov R E. Cost optimization of concrete bridge infrastructure. Canadian Journal of Civil Engineering,2003,30:841-849.

[41] Stewart M G, Teply B, Kralova H. The Effect of Temporal and Spatial Variability of Ambient Carbon Dioxide Concentrations on Carbonation of RC Structures// Proceeding of 9th International Conference on Durability of Building Materials and Components. CSIRO: Taylor and Francis Press,2002: 654-659.

[42] Al-Khaja W A. Influence of temperature, cement type and level of concrete consolidation on chloride ingress in conventional and high-strength concretes. Construction and Building Materials,1997,11(1):9-13.

[43] 熊辉,史其信. 混凝土桥梁面板维修的折衷规划优化. 清华大学学报,2004,44(6): 789-792.

[44] Daly A F. Modelling of deterioration in Bridges. BRIME: Transport Research Laboratory, 1999:12-19.

[45] Parameswaran L, Kumar R, Sahu G K. Effect of carbonation on concrete bridge service

life. Journal of bridge Engineering, 2008, 13(1): 75-82.

[46] Bolzoni F, Fumagalli G, Lazzari L, et al. Mixed-in inhibitors for concrete structures. Publications Number 38: European Federation of Corrosion, 2007: 199-201.

[47] DuraCrete. Probabilistic performance based durability design of concrete structures-statistical quantification of the variables in limit state functions. The European Union-Brite EuRam Ⅲ: Project BE 95-1347, 2000: 75-96.

[48] Heiyatuduwa R, Alexander M G, Mackechnie J R. Performance of a penetrating corrosion inhibitor in concrete affected by carbonation-induced corrosion. Journal of Material in Civil Engineering, 2006, 18(6): 842-850.

[49] Xu Y M, She H L, Miksic B A. Comparison of inhibitors MCI and $NaNO_2$ in carbonation-induced corrosion. Materials Performance, 2004, 42: 42-46.

[50] Coronelli D, Gambarova P. Structural assessment of corroded reinforced concrete beams: modeling guidelines [J]. J. of Struct. Engrng, ASCE, 2004, 130(8): 1214-1224.

[51] 杨淑慧,曾力. 腐蚀对钢筋力学性能影响的研究[J]. 郑州大学学报, 2005, 26(5): 85-88.

[52] Du Y G, Clark L A, Chan A H C. Residual capacity of corroded reinforcing bars [J]. Magazine of Concrete Research, 2005, 57(3): 135-147.

[53] 王立成,宋桂亭. 氯盐腐蚀条件下钢筋混凝土结构抗力衰减模型研究[J]. 中国海洋平台, 2006, 10: 34-39.

[54] Palsson R, Mirza M S. Mechanical response of corroded steel reinforcement of abandoned concrete bridge [J]. ACI Structural J., 2002, 99(2): 157-162.

[55] Al-Sulaimani, G J, Kaleemullah M, Basunbul I A, et al. Influence of corrosion and cracking on bond behaviour and strength of reinforced concrete members [J]. ACI Structural Journal, 1990, 87(2): 220-231.

[56] Cairns J, Plizzari G A, Du Y, et al. Mechanical properties of corrosion-damaged reinforcement [J]. ACI Material J., 2005, 102(4): 256-264.

[57] Almusallam A A. Effect of degree of corrosion on the properties of reinforcing steel bars. Construction [J]. Building Material, 2001, 15: 361-368.

[58] 王磊,马亚飞,张建仁,等. 锈蚀钢筋粘结性能对比试验研究. 公路交通科技, 2010, 27(6): 91-96.

[59] 洪小健,赵鸣. 加载速率对锈蚀钢筋与混凝土粘结性能的影响. 同济大学学报, 2002, 30(7): 792-796.

[60] Chung L, Cho S H, Kim, et al. Correction factor suggestion for ACI development length provisions based on flexural testing of RC slabs with various levels of corroded reinforcing bars [J]. Engrng Structures, 2004, 26(8): 1013-1026.

[61] Fang C, Lundgren K, Chen L, et al. Corrosion influence on bond in reinforced concrete [J]. Cement Concrete Research, 2004, 34(11): 2159-2167.

[62] 张建仁,张克波,彭晖,等. 锈蚀钢筋混凝土矩形梁正截面抗弯承载力计算方法[J]. 中

国公路学报,2009,22(3):167-173.

[63] 赵羽习,金伟良．钢筋与混凝土粘结本构关系的试验研究[J]．建筑结构学报,2002,23(1):32-37.

[64] 张伟平,张誉．锈胀开裂后钢筋混凝土粘结滑移本构关系研究[J]．土木工程学报,2001,34(5):40-44.

[65] 范颖芳,黄振国,李健美,等．受腐蚀钢筋混凝土试件中钢筋与混凝土粘结性能研究[J]．工业建筑,1999,29(8):49-51.

[66] Bhargava K, Ghosh A K, Mori Y, et al. Corrosion-induced bond strength degradation in reinforced concrete-analytical and empirical models [J]. Nuclear Engrng and Design, 2007, 237 (11): 1140-1157.

[67] ACI 318. Building code requirements for structural concrete. Detroit, Michigan, 2005.

[68] Tuutti K. Service life of structures with regard to corrosion of embedded steel. Performance of concrete in marine environment. Michigan: American Concrete Institute, 1980: 223-236.

[69] El Maaddawy T, Soudki K. A model for prediction of time from corrosion initiation to corrosion cracking. Cement & Concrete Composite, 2007, 29: 168-175.

[70] Weyers R E. Service life model for concrete structures in chloride-laden environments. ACI Materials Journal, 1998, 95(4): 445-453.

[71] Liu Y, Weyers R E. Modeling the time-to-corrosion cracking in chloride contaminated reinforced concrete structures. ACI Materials Journal, 1998, 95(6): 675-680.

[72] Chernin L, Val D V. Prediction of cover cracking in reinforced concrete structures due to corrosion. //Proc of 1st Int Conf on Construction Heritage in Coastal and Marine Environments. Lisbon, 2008: 1-8.

[73] Canadian Standards Association. Design of concrete structures. Rexadle: Canadian Standards Association, 1994: 1-89.

[74] Thoft-Christensen P. Stochastic modelling of the crack initiation time for reinforced concrete structures. Philadelphia: ASCE Structures Congress, 2000, 8.

[75] Vidal T, Castel A, Francois R. Analyzing crack width to predict corrosion of reinforced concrete. Cement and Concrete Research, 2004, 34(1): 165-174.

[76] Al-Harthy A S, Mullard J, Stewart M G. Cracking in concrete due to corrosion of steel reinforcement//Proc of 5th Int Conf on Concrete Under Severe Conditions, Environment and Loading. Roterrdam, 2007: 383-390.

[77] Nowak A S, Park C, Casas J R. Reliability analysis of prestressed concrete bridge girders: comparison of Eurocode, Spanish Norma IAP and AASHTO LRFD. Structural Safety, 2001, 23: 331-344.

[78] FIP. Corrosion protection of prestressing steel-FIP recommendations. London: Thomas Telford, 1996: 15-49.

[79] 邵旭东,彭建新．基于寿命周期成本(LCC)的桥梁设计方法研究//全国桥梁学术会议论文集．北京:人民交通出版社,2005:840-845.

[80] Peng J,Shao X. Research framework of lifetime performance based bridge design method//Proc of the 2nd Int Conf of Structural Health Monitoring of Intelligent Infrastructure. Shenzhen,2005:1431-1434.

[81] 陈建奎．混凝土外加剂原理和应用．北京:中国计划出版社,2004:24-76.

[82] 中华人民共和国行业标准．JTG D62—2004　公路钢筋混凝土及预应力混凝土桥涵设计规范．北京:人民交通出版社,2004:24-28.

[83] Mirza S A,Kikuchi D K,MacGregor J G. Flexural strength reduction factor for bonded prestressed concrete beams. ACI Materials Journal,1980,77(4):237-246.

[84] Hwang E S,Nowak A S. Simulation of dynamic load for bridges. Journal of Structural Engineering,1991,117(5):1413-1434.

[85] Ellingwood B,Galambos T V,MacGregor J G,et al. Development of a probability-based load criterion for American National Standard A58. Washington D C: National Bureau of Standards Special Publication No. 577,1980:2-56.

[86] 中华人民共和国国家标准．GB/T 50283—1999　公路工程结构可靠度设计统一标准．北京:中国计划出版社,1999:5-24.

[87] Nowak A S,Grouni H N. Calibration of the OHBDC-1991. Canadian Journal Civil Engineering,1994,21:22-35.

[88] Novak D,Teply B,Kersner Z. The Role of latin hypercube sampling method in reliability engineering//Proc of the 7th Int Conf on Structural Safety and Reliability. Rotterdam,1998:403-409.

[89] Melchers R E,Ahammed M. A fast approximate methods for parameter sensitivity estimation in Monte Carlo structural reliability. Computers and Structures,2004(82):55-61.

第3章 基于多目标的桥梁最优组合维护策略

根据第2章桥梁劣化机理的探讨,使用 Monte-Carlo 方法计算预应力空心板的时变失效概率,由此确定可靠指标作为结构时变承载能力性能的评估指标之一。另通过对结构腐蚀损伤开裂比例的计算,同理确定状态指标作为结构时变正常使用状态下的性能指标之一。推导了维护活动和桥梁结构性能指标的关系,并计算了在单一和组合维护下结构的性能指标值以及年度和累计的寿命周期成本值。最后,使用粒子群优化算法,基于多目标的优化技术,得到最优的维护组合策略。

3.1 概述

第2章研究了桥梁的碳化腐蚀劣化机理,预测了由于混凝土碳化引起的桥梁结构倒塌失效和损伤比例。本章在第2章的基础上,研究了桥梁可靠指标、状态指标与维护策略的关系。进一步讨论在维护活动作用下劣化桥梁的可靠指标、状态指标等劣化参数和寿命周期成本的关系,目的是得到劣化桥梁的最优维护策略。桥梁工程师越来越意识到维持桥梁结构状态、安全非常重要。例如,在 Pontis[1-2] 桥梁管理系统中,根据桥梁状态安排可行的维护策略,因此劣化结构状态在安排维护策略时要考虑。本章主要考虑在维护策略下结构可靠指标和状态指标,同时计算在维护模型作用下的相应维护成本。

邵旭东、彭建新等[3]研究了有无维护活动下桥面铺装结构的状态指标的计算公式,使用 Monte-Carlo 模拟的方法计算桥面铺装的性能和维护成本。然而,Kong 和 Frangopol[4-6] 利用寿命周期成本分析方法发展了 Monte-Carlo 计算程序 LCADS,这个程序的基本原理为维护活动的叠加,而不是复杂的计算公式,该程序考虑了基于可靠指标的维护策略和维护成本,并进行维护策略的择优。在该程序的基础上,Petcherdchoo(2006 年)[7] 发展了 NLCADS 程序,该成本考虑了维护策略下的状态指标和可靠指标以及相应的年度维护成本和累计维护成本。Van Noortwijk(2004 年)[8] 提出了概率劣化模型进行维护策略优化。

本章在第2章对预应力结构时变性能的基础上,结合劣化具体的维护活动,基于 Monte-Carlo 模拟方法开发了计算程序 CAR,考虑具体维护方法对结构性能的影响,该程序能够计算各种维护活动、组合维护活动下的状态指标、可靠指标以及相应的成本,并能进行组合维护策略的优化分析,根据分析周期内,累计维护成本现值最小和各种性能指标最大化的原则,得出最优的维护策略。

3.2 计算原理

Kong 和 Frangopol[4-6] 提出使用叠加的方法计算维护策略下可靠指标。可靠指标叠加公式为：

$$\beta(t)=\beta_0(t)+\sum_{i=1}^{n}\Delta\beta_i(t) \tag{3.1}$$

式中：$\beta(t)$、$\beta_0(t)$、$\Delta\beta_i(t)$——分别为时刻 t 的可靠指标、无维护时的可靠指标以及第 i 个维护活动作用下的可靠指标增量；

n——为维护次数。

在图 3.1 中，虚线为无维护下可靠指标曲线，在时刻 t_s 可靠指标提高 r_s，维护效果持续到时刻 t_i，接着，可靠指标按线性规律提高到 r_e，在时刻 t_e 后，维护效果消失，结构按原来的劣化规律进行劣化。每一种类型的维护活动对可靠指标的提高量不同。

状态指标叠加公式为：

$$C(t)=C_0(t)+\sum_{i=1}^{n}\Delta C_i(t) \tag{3.2}$$

式中：$C(t)$、$C_0(t)$、$\Delta C_i(t)$——时刻 t 的状态指标、无维护时的状态指标以及第 i 个维护活动作用下的状态指标增量；

n——维护次数。

在图 3.2 中，虚线为无维护下状态指标曲线，在时刻 t_s 状态指标提高 c_s，维护效果持续到时刻 t_i，接着，状态指标按线性规律提高到 c_e，在时刻 t_e 后，维护效果消退，结构按原来的劣化规律进行劣化。每一种类型的维护活动对状态指标的提高量不同。

当维护活动用于劣化桥梁，相应的成本变化如图 3.3 所示。初始可靠指标为 β_0，劣化率为 a_1，在 t_1 有一个维护活动，可靠指标提高 r_1，相应的成本为 C_{a1}。接着，桥梁可靠指标以 a_2 继续劣化，在时间 t_2 又有一个维护活动，结构可靠指标提高 r_2，相应的成本为 C_{a2}。随后结构以 a_3 劣化。在时间 t 的年度维护成本 $AC(t)$ 可以用下式表示。

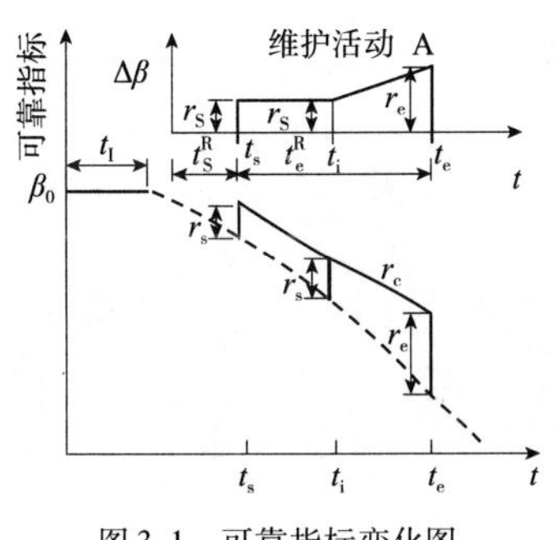

图 3.1　可靠指标变化图

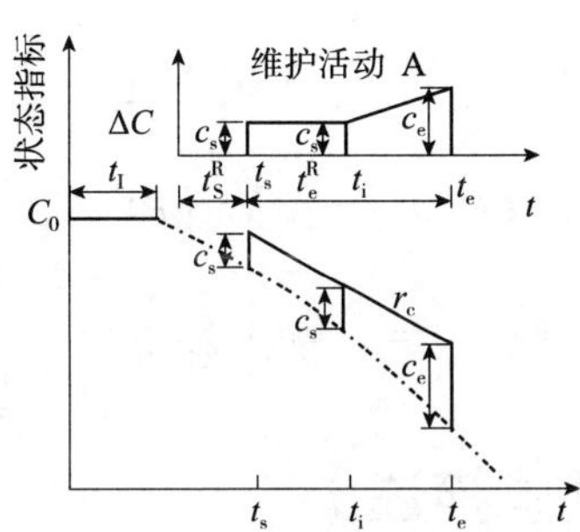

图 3.2　状态指标变化图

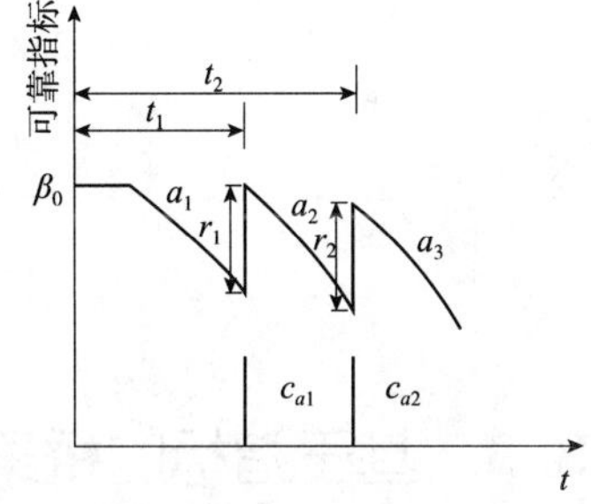

图 3.3　维护活动下维护成本图

$$AC(t)=\sum_{j=1}^{m}\sum_{i=1}^{n}C_{i,j}(t) \tag{3.3}$$

式中：i、n——对应失效模式 j 的维护次数和总的维护次数（例如：对应正常使用失效的 n 次维护）；

m——总的失效模式，包括结构时变倒塌失效和正常使用失效（第 2 章详细描述）；

$C_{i,j}(t)$——一次维护时的寿命周期成本，由第 5 章的公式计算。

累计的维护 $CC(t)$ 可由下式计算：

$$CC(t)=\sum_{k=0}^{T}\sum_{j=1}^{m}\sum_{i=1}^{n}C_{i,j}(k) \tag{3.4}$$

式中:k、T——当前的计算时间和总的分析时间。

年度维护成本现值 $PVAC(t)$ 可写为:

$$PVAC(t)=\sum_{j=1}^{m}\sum_{i=1}^{n}\frac{C_{i,j}(t)}{(1+r)^{t}} \tag{3.5}$$

累计维护成本现值 $CCAC(t)$ 可写为:

$$CCAC(t)=\sum_{k=0}^{T}\sum_{j=1}^{m}\sum_{i=1}^{n}\frac{C_{i,j}(k)}{(1+r)^{k}} \tag{3.6}$$

式中:r——成本计算时的折现率。

为了考虑维护活动发生的不确定性,使用 Monte-Carlo 方法计算维护成本的期望值。根据式(3.4)和式(3.5),年度寿命周期成本期望值 $\mathrm{E}[PVAC(t)]$ 和累计寿命周期成本 $\mathrm{E}[PVCC(t)]$ 为:

$$\mathrm{E}[PVAC(t)]=\sum_{i=1}^{N}\frac{PVAC(t)}{N} \tag{3.7}$$

$$\mathrm{E}[PVAC(t)]=\frac{1}{N}\sum_{i=1}^{N}\sum_{j=1}^{m}\sum_{i=1}^{n}\frac{C_{i,j}(t)}{(1+r)^{t}} \tag{3.8}$$

$$\mathrm{E}[PVCC(t)]=\sum_{i=1}^{N}\frac{PVCC(t)}{N} \tag{3.9}$$

$$\mathrm{E}[PVAC(t)]=\frac{1}{N}\sum_{i=1}^{N}\sum_{k=0}^{T}\sum_{j=1}^{m}\sum_{i=1}^{n}\frac{C_{i,j}(t)}{(1+r)^{k}} \tag{3.10}$$

年度寿命周期成本标准差 $\sigma[PVAC(t)]$ 和累计寿命周期成本标准差 $\sigma[PVCC(t)]$ 为:

$$\sigma[PVAC(t)]=\sqrt{\mathrm{Var}[PVAC(t)]} \tag{3.11}$$

$$\sigma[PVAC(t)]=\sqrt{\mathrm{Var}\left[\sum_{j=1}^{m}\sum_{i=1}^{n}\frac{C_{i,j}(t)}{(1+r)^{t}}\right]} \tag{3.12}$$

$$\sigma[PVCC(t)]=\sqrt{\mathrm{Var}[PVCC(t)]} \tag{3.13}$$

$$\sigma[PVAC(t)]=\sqrt{\mathrm{Var}\left[\sum_{k=0}^{T}\sum_{j=1}^{m}\sum_{i=1}^{n}\frac{C_{i,j}(t)}{(1+r)^{k}}\right]} \tag{3.14}$$

3.3 基于指标的桥梁性能描述

3.3.1 桥梁性能定义

在我国现行规范的基础上,如果考虑耐久性,目前的设计标准应作相应的提高。因为若按我国现有标准设计的结构,在到达设计基准期时,其可靠性可能已低于规范的要求,亦即结构的使用寿命可能达不到设计要求。结构设计水准越高,结构越安全,使用寿命越长,但资金投入也越大,并且人们所建造的结构并不要求它永远不坏,这样做不合理,而且也不可能。因此,设计要求从安全和经济两个方面综合考虑,需要确定一个指标,该指标一方面反映了结构在寿命过程中必须满足的基本工程性能要求;同时又要符合人们对风险的承受能力,满足经济投资等的制约。所以,本研究提出桥梁劣化结构耐久性终结标准的两个指标。

1)可靠指标

耐久性是可靠性随时间的变化,可靠性的定量描述是可靠度,因此,耐久性终结标准的定量指标就是允许的结构可靠度下限或允许的结构失效概率上限。根据第3章计算的结构失效概率,本研究将自行定义可靠指标的变化范围描述桥梁的安全状态。其状态分类见表3.1。

桥梁状态定义 表3.1

优秀	良好	中等	差	不允许
$\beta \geq 3.6$	$3.4 \leq \beta < 3.6$	$3.9 \leq \beta < 3.4$	$3.7 \leq \beta < 3.9$	$\beta < 3.7$

2)状态指标

桥梁在使用过程中,其内在的可靠性不断地降低,其外观也在不断地发生变化:保护层削落、钢筋锈蚀胀裂和混凝土开裂裂缝等一些外观表现,当这些外观状态达到一定的极限后,即认为此结构达到基于状态的耐久性终结标准。这种分析称之为基于条件状态的分析。

本研究将混凝土保护层按不同程度的表面开裂比例进行分类定义,如表3.2所示。

状态指标定义 表3.2

分类	状态定义	状态描述	合适的维护
6	表面没有损坏	很好状态	
5	损坏面积小于2%	良好状态	定期维护
4	损坏面积小于8%	中等状态	修复
3	损坏面积小于15%	较差状态	灌浆、局部混凝土修复
2	损坏面积小于20%	差状态	灌浆、小型混凝土修复
1	损坏面积超过25%	不可接受状态	翻新活动

3.3.2 基于指标的劣化规律

1)可靠指标

由于桥梁在劣化过程中,影响因素多,线性劣化模型并不能完全反映其规律,加上劣化后,影响因素的非线性化,因此,需要更合理的劣化模型。对于复杂劣化结构,为了能够更精确地反应其劣化规律,本研究提出了非线性劣化的指数模型:

$$\beta(t)=\begin{cases}\beta_0 & ,0 \leq t \leq t_{\mathrm{I}} \\ \beta_0\left[2-\mathrm{e}^{\alpha_1(t-t_{\mathrm{I}})}\right] & ,t > t_{\mathrm{I}}\end{cases} \tag{3.15}$$

该模型的变化规律可见图3.4。

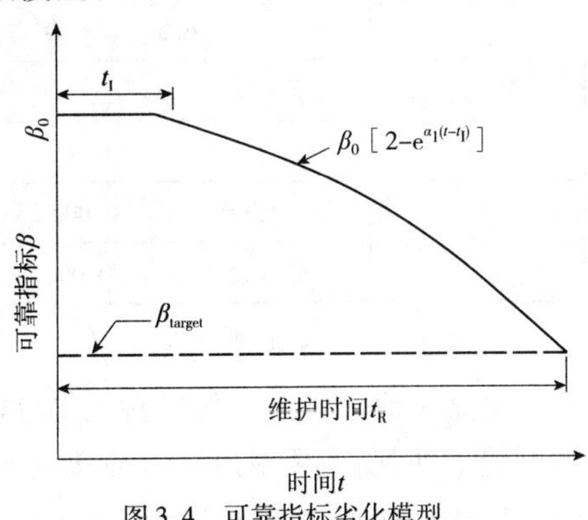

图3.4 可靠指标劣化模型

图3.4中:β_0为结构初始可靠指标;t_{I}为结构开始劣化时间,该时间应该区别于结构腐蚀开始时间T_{I},$T_{\mathrm{I}} \geq t_{\mathrm{I}}$;$\beta_{\mathrm{target}}$结构目标可靠指标,即当$\beta < \beta_{\mathrm{target}}$时,结构需要更新;$\alpha_1$为可靠指标劣化率;$t_{\mathrm{R}}$为结构的维护时间。

该非线性指数劣化模型包含了常规劣化模型的

线性项,也包括了抛物线劣化模型的二次项,而且还能体现出更高次的非线性劣化,因而具有更强的适用性。以上参数均为随机变量,具体的分布规律如表 3.3 所示。需要说明的是本文参数的分布类型来自参考文献[9],但是其均值和方差来自本文第 2 章计算结果。

可靠指标随机变量　　表 3.3

变量	均　值		变异系数	分布类型	文献
β_0	原设计	3.8	0.1	对数正态分布	文献[9]
	修改设计	3.66			
β_{target}	3.7		0.1		
t_1	3		0.2	对数正态分布	文献[9]
a_1	原设计	0.001 65	0.1	对数正态分布	文献[9]
	修改设计	0.001 68			

2)状态指标

状态指标是桥梁在服役过程中表征其外观变化的量。桥梁在使用过程中,其内在的可靠性不断地降低,其外观也在相应地发生变化。第 3.3.1 节 2)定义了桥梁状态指标。为了能够用数学的方法,把外在的变化用模型表达出来,Van Noortwijk[8] 用线性模型描述状态过程。为了能反应更复杂的状态变化,本文建立了状态指标的非线性模型,如式(3.16)所示:

$$C(t)=\begin{cases}C_0 & ,0\leqslant t\leqslant t_{CI}\\ C_0-\alpha_2(t-t_{CI})^2 & ,t>t_{CI}\end{cases}\tag{3.16}$$

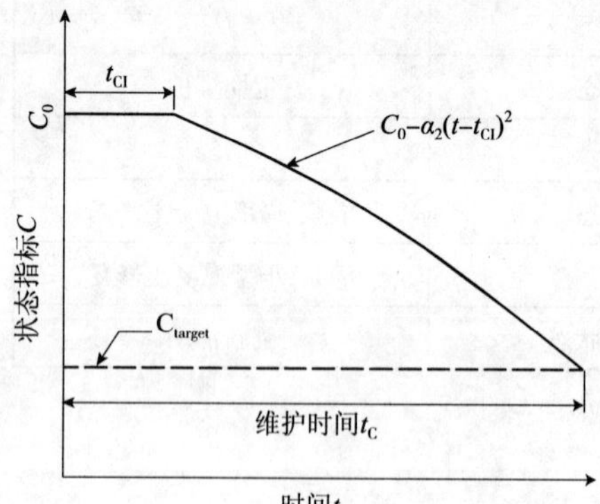

图 3.5　状态指标劣化模型

该状态指标变化规律如图 3.5 所示,参数的分布规律见表 3.4。

图 3.5 中:C_0 为结构初始状态指标;t_{CI} 为结构开始劣化时间;C_{target} 为结构目标状态指标,即当 $C<C_{target}$ 时,结构需要维护;a_2 为状态指标劣化率;t_R 为结构的维护时间。

状态指标随机变量　　表 3.4

变量	均　值		变异系数	分布类型	文献
C_0	6.0		0.1	对数正态分布	文献[9]
C_{target}	1.0		0.1		
t_{CI}	2		0.2	对数正态分布	文献[9]
a_2	原设计	0.000 255	0.1	对数正态分布	文献[9]
	修改设计	0.000 21			

3)可靠指标与状态指标关系

可靠指标的劣化一般以桥梁的性能为基准,主要对应承载能力极限状态,而状态的劣化则更趋于外观,主要对应正常使用极限状态,描述由腐蚀引起的开裂。当没有维护作用时,两个指标相互独立。图 3.4 和图 3.5 描述了两个指标的基本状态。当考虑结构维护时,二

者是时变的性能指标,其内在关系为:

(1)可靠指标与状态指标可能相互影响,但是有时也可能有很少或基本没有联系,在外观没有异常的情况下,桥梁可能突然失效;在考虑结构腐蚀作用时,腐蚀先影响结构的状态指标,接着影响结构的可靠指标。

(2)考虑对桥梁结构进行维护时,有的维护活动(例如:灌浆维护)先对状态指标 $C(t)$ 起作用,改善了结构的外观,延迟了结构的劣化,即对可靠指标 $\beta(t)$ 起作用。有的维护活动(例如:翻新维护)对状态指标和可靠指标同时起作用。

3.4　维护方法介绍

Kong 和 Frangopol[5] 介绍了四种维护类型活动,如表 3.5 所示。

维 护 类 型　　表 3.5

维 护 类 型	维护活动举例
基于时间的维护活动	维护的使用时间用概率分布
基于周期时间的维护活动	预防性维护活动(每隔 10 年涂装一次)
基于性能的维护活动	改造
基于周期的性能维护活动	当构件达到严重的破坏状态时进行维护

本研究主要介绍五种维护活动:分别为小型混凝土修复、灌浆处理、阴极防护、重建和贴钢板维护策略。每种维护活动的使用时间用随机变量描述,具体的分布规律如表 3.6 所示。参数分布规律来自文献[7],参数根据实际情况取值。

维护活动的使用时间分布　　表 3.6

维护类型	维护方法	维护类型描述	第一次维护使用时间 t_{PI}	使用时间间隔 t_P	缩写
S1	混凝土修复	基于周期的性能维护	当状态指标 $C=3.5$	—	CR
S2	灌浆处理	预防性维护	$T(0,7.5,15)$	$T(10,12.5,15)$	SL
S3	重建	基于性能的维护	当可靠指标 $\beta=3.7$	—	RB
S4	阴极保护	基于周期的性能维护	当状态指标 $C=3.9$	—	CP
S5	贴钢板	基于性能的维护	当可靠指标 $\beta=3.0$	—	TS

注:$T(0,7.5,15)$ 为三角分布,表示最小值为 0,最大值为 15,中间值为 7.5。

桥梁在荷载、外界环境作用下,性能下降,状态指标和可靠指标相应降低,为了维持劣化桥梁的服务水平,必须对桥梁实行维护活动,维护活动发生后,则相应地提高桥梁的性能,改善桥梁的状态。基于专家经验判断和现有桥梁管理系统数据,各种维护方法对状态指标和可靠指标的作用如表 3.7 和表 3.8 所示。

维护活动对状态指标的影响　　表 3.7

维护类型	维护方法	维护状态指标提高量 r_C	维护后结构的劣化率 θ_C	维护效果的持续时间 t_{PDC}
S1	混凝土修复	$T(0.4,0.9,1.2)$	—	$T(7.5,10,12.5)$
S2	灌浆处理	—	$T(0.0,0.000\,22,0.000\,245)$	$T(7.5,10,12.5)$
S3	重建	结构回到原来状态	—	—
S4	阴极保护	$T(0.3,0.9,1.3)$	$T(0.0,0.000\,236,0.000\,34)$	$T(7.5,10,12.5)$
S5	贴钢板	$T(0.4,0.6,1.0)$	$T(0.000\,14,0.000\,215,0.000\,32)$	$T(10,17,25)$

维护活动对可靠指标的影响　　表 3.8

维护类型	维护方法	维护可靠指标提高量 r	维护后结构的劣化率 θ	维护效果的持续时间 t_{PD}
S1	混凝土修复	—	T(0.0,0.001 73,0.002)	T(7.5,10,12.5)
S2	灌浆处理	—	T(0.0,0.001 75,0.002 1)	T(7.5,10,12.5)
S3	重建	结构回到原来状态	—	—
S4	阴极保护	—	T(0.0,0.001 78,0.002 4)	T(7.5,10,12.5)
S5	贴钢板	T(0.24,0.32,0.4)	T(0.0,0.001 72,0.002 2)	T(10,17,25)

对于每次维护发生的成本为随机变量，分布规律如表 3.9 所示[7]。

维护活动的成本分布(万元)　　表 3.9

维护策略	维护技术	维护成本
S1	混凝土修复	T(1.456,12.348,30.87)
S2	灌浆处理	T(0.613,6.133,18.399)
S3	重建	T(12,100,265)
S4	阴极防护	T(0.96,7.85,23.55)
S5	贴钢板	T(2.45,23.53,68.68)

注：只考虑每一片梁的直接维护成本，不考虑间接维护成本。

使用 Monte-Carlo 模拟方法计算劣化桥梁在维护策略下的状态指标、可靠指标和寿命周期成本，计算在各种维护策略下结构的状态指标和可靠指标使用如下假设：

(1)当使用维护时，对状态指标和可靠指标同时起作用；

(2)维护效果是根据相同的时间轴分析；

(3)维护成本计算要同时考虑新的状态指标和可靠指标。

具体的计算过程如图 3.6 所示。

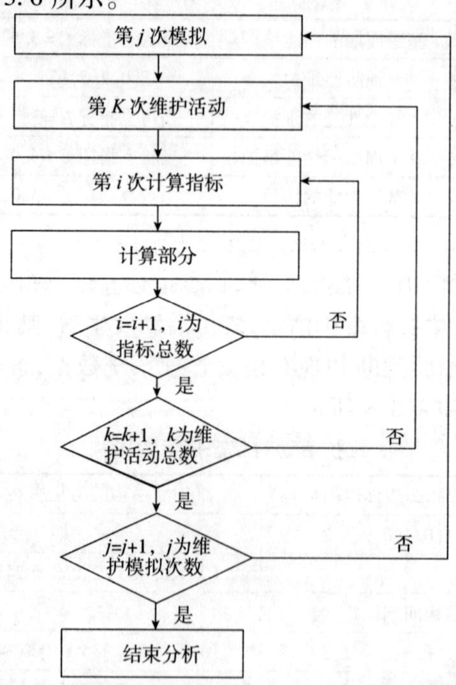

图 3.6　基于 Monte Carlo 模拟方法的计算流程图

3.5　桥梁性能与维护策略的关系研究

3.5.1　可靠指标与维护策略的关系

1）预防性维护策略

在预防性维护策略下，桥梁时变可靠指标的计算有两种方法。Kong 和 Frangopol[4-5] 提出了采用叠加法计算结构的可靠指标。本文采用公式法推导可靠指标的计算公式，即以给定的劣化模型为基础，在预防性维护策略下，在各种时间约束条件下，推导可靠指标在任意维护策略下和任意时刻的计算公式。

桥梁结构在不同的预防性维护方案下，其结构的时变劣化过程有很大区别，假设给出两种不同的预防性维护，形成维护模型，模型有四个条件：①连续维护的持续时间间隔是相同的；②维护效应的时间是相同的；③每次维护后影响指标增量是一样的；④每次维护后，其指标的值不会超过刚建初始值。对于维护策略模型（图 3.7），维护活动应用后，其对桥梁的后期可靠性的影响曲线非常明显。对于预防性维护策略，桥梁进行维护后，在维护影响持续时间 t_{PD} 内，以同一劣化率劣化，属修补性维护。在过了维护影响持续时间 t_{PD} 后，劣化以原来起始没有维护时的劣化率劣化，曲线 ac 与 bd 平行。

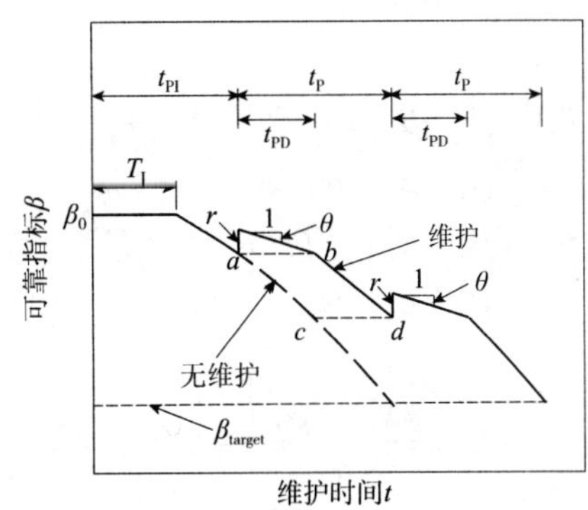

图 3.7　预防性维护策略

维护策略中参数的主要意义：t_I 为初始的劣化时间，服从对数正态分布；t_{PI} 为第一次维护的时间，服从三角分布；t_P 为维护的时间间隔，服从三角分布；t_{PD} 为维护效应的持续时间，服从对数正态分布；r 为维护后可靠指标的影响增量；θ 为预防性维护在时间 t_{PD} 内的劣化率，服从均匀分布，具体随机参数可见表 3.12。在上面的预防性维护策略中，t_I 和 t_{PI} 以及 t_P 和 t_{PD} 之间有下面的六种关系，如表 3.10 所示。

维护时间约束关系　　表 3.10

序号	条件约束	物理意义
条件 1	$t_I \leqslant t_{PI}, t_P > t_{PD}$	维护效应时间小于维护间隔
条件 2	$t_I \leqslant t_{PI}, t_P \leqslant t_{PD}$	维护效应时间不小于维护间隔
条件 3	$t_{PI} + (m-1)t_P < t_I' \leqslant t_{PI} + (m-1)t_P + t_{PD}, t_P > t_{PD}$	维护效应时间小于维护间隔
条件 4	$t_{PI} + (m-1)t_P < t_I' \leqslant t_{PI} + (m-1)t_P + t_{PD}, t_P \leqslant t_{PD}$	维护效应时间不小于维护间隔
条件 5	$t_{PI} + (m-1)t_P + t_{PD} < t_I' \leqslant t_{PI} + mt_P, t_P > t_{PD}$	维护效应时间小于维护间隔
条件 6	$t_{PI} + (m-1)t_P + t_{PD} < t_I' \leqslant t_{PI} + mt_P, t_P \leqslant t_{PD}$	维护效应时间不小于维护间隔

在条件 3 到 6 中，用 t_I' 代替 t_I，由于当 $t_I > t_{PI}$ 时，即在没有开始劣化时，已经进行了维护，从而延长了结构的初始劣化时间，延长时间大小为 $mt_{PD}\eta$，m 为开始劣化前应用的维护次数，η 称为延长因子，因此 $t_I' = t_I + mt_{PD}\eta$。

本章以指数劣化模型为基础，分别结合预防性维护策略（图 3.7），可推导出任意时刻的可靠指标计算公式。

(1)预防性维护策略——条件1

对于预防性维护策略,结合表3.10条件1,即:当 $t_I \leqslant t_{PI}$、$t_P > t_{PD}$ 时,可靠指标公式如下:

$$\beta(t)=\begin{cases}\beta_0 & ,0\leqslant t<t_I\\ \beta_0[2-e^{\alpha_1(t-t_I)}] & ,t_I\leqslant t<t_{PI}\\ \beta_1-\theta(t-t_{PI}) & ,t_{PI}\leqslant t<t_{PI}+t_{PD}\\ \beta_1'-\beta_0\{e^{\alpha_1[t_1-t_I+t-(t_{PI}+t_{PD})]}-e^{\alpha_1(t_1-t_I)}\} & ,t_{PI}+t_{PD}\leqslant t<t_{PI}+(n-1)t_P\\ \beta_n-\theta\{t-[t_{PI}+(n-1)t_P]\} & ,t_{PI}+(n-1)t_P\leqslant t<t_{PI}+(n-1)t_P+t_{PD}\\ \beta_n'-\beta_0\{e^{\alpha_1\{t_n-t_I+t-[t_{PI}+(n-1)t_P+t_{PD}]\}}-e^{\alpha_1(t_n-t_I)}\} & ,t_{PI}+(n-1)t_P+t_{PD}\leqslant t<t_{PI}+nt_P\end{cases} \tag{3.17}$$

式中:$\beta_1=\beta_0[2-e^{\alpha_1(t_{PI}-t_I)}]+r,t=t_{PI}$;

$\beta_1'=\beta_1-\theta t_{PD},t=t_{PI}+t_{PD}$;

$\beta_n=\beta_{n-1}'-\beta_0[e^{\alpha_1(t_{n-1}-t_I+t_P-t_{PD})}-e^{\alpha_1(t_{n-1}-t_I)}]+r,t=t_{PI}+(n-1)t_P$;

$\beta_n'=\beta_n-\theta t_{PD},t=t_{PI}+(n-1)t_P+t_{PD}$;

$t_n=\dfrac{\ln\left(2-\dfrac{\beta_n{}'}{\beta_0}\right)}{\alpha_1}+t_I$。

可靠指标变化如图3.8所示。

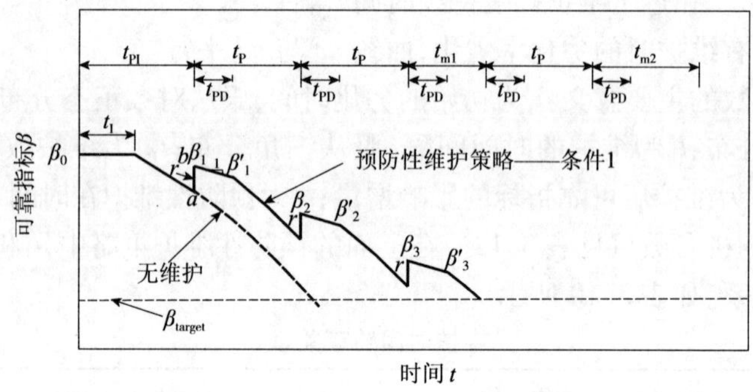

图3.8 可靠指标变化关系图——条件1

(2)预防性维护策略——条件2

对于预防性维护策略,结合表3.10条件2,即当 $t_I \leqslant t_{PI}$、$t_P \leqslant t_{PD}$ 时,可靠指标公式如下:

$$\beta(t)=\begin{cases}\beta_0 & ,0\leqslant t<t_I\\ \beta_0[2-e^{\alpha_1(t-t_I)}] & ,t_I\leqslant t<t_{PI}\\ \beta_1-\theta(t-t_{PI}) & ,t_{PI}\leqslant t<t_{PI}+(n-1)t_P\\ \beta_n-\theta\{t-[t_{PI}+(n-1)t_P]\} & ,t_{PI}+(n-1)t_P\leqslant t<t_{PI}+nt_P\end{cases} \tag{3.18}$$

式中:$\beta_1=\beta_0[2-e^{\alpha_1(t_{PI}-t_I)}]+r,t=t_{PI}$;

$\beta_n=\beta_{n-1}'+r,t=t_{PI}+(n-1)t_P$;

$\beta_{n-1}'=\beta_{n-1}-\theta t_P$。

可靠指标变化如图 3.9 所示。

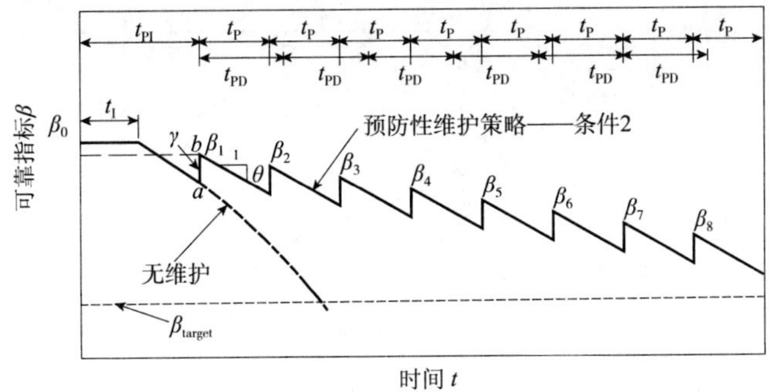

图 3.9　可靠指标变化关系图——条件 2

(3)预防性维护策略——条件 3

对于预防性维护策略，结合表 3.10 条件 3，即当 $t_{PI}+(m-1)t_P<t_I'\leqslant t_{PI}+(m-1)t_P+t_{PD}$、$t_P>t_{PD}$时，可靠指标公式如下。

①$t<t_{PI}+mt_P$ 时

$$\beta(t)=\begin{cases}\beta_0 & ,0\leqslant t<t_I' \\ \beta_0-\theta(t-t_I') & ,t_I'\leqslant t<t_{PI}+(m-1)t_P+t_{PD} \\ \beta_0'-\beta_0\{e^{\alpha_1\{t_0-t_I+t-[t_{PI}+(m-1)t_P+t_{PD}]\}}-e^{\alpha_1(t_0-t_I)}\} & ,t_{PI}+(m-1)t_P+t_{PD}\leqslant t<t_{PI}+mt_P\end{cases} \tag{3.19}$$

②$t\geqslant t_{PI}+mt_P$ 时

$$\beta(t)=\begin{cases}\beta_n-\theta\{t-[t_{PI}+(n-1)t_P]\} & ,t_{PI}+(n-1)t_P\leqslant t<t_{PI}+(n-1)t_P+t_{PD} \\ \beta_n'-\beta_0\{e^{\alpha_1\{t_n-t_I+t-[t_{PI}+(n-1)t_P+t_{PD}]\}}-e^{\alpha_1(t_n-t_I)}\} & ,t_{PI}+(n-1)t_P+t_{PD}\leqslant t<t_{PI}+nt_P\end{cases} \tag{3.20}$$

式中：$\beta_0'=\beta_0-\theta\{[t_{PI}+(m-1)t_P+t_{PD}]-t_I'\}$，$t=t_{PI}+(m-1)t_P+t_{PD}$；

$\beta_n=\beta_{n-1}'-\beta_0[e^{\alpha_1(t_{n-1}-t_I+t_P-t_{PD})}-e^{\alpha_1(t_{n-1}-t_I)}]+r$，$t=t_{PI}+(n-1)t_P$；

$\beta_n'=\beta_n-\theta t_{PD}$，$t=t_{PI}+(n-1)t_P+t_{PD}$；

$$t_n=\frac{\ln\left(2-\dfrac{\beta_n'}{\beta_0}\right)}{\alpha_1}+t_I。$$

可靠指标变化见图 3.10。

(4)预防性维护策略——条件 4

对于预防性维护策略，结合表 3.10 条件 4，即当 $t_{PI}+(m-1)t_P<t_I'\leqslant t_{PI}+(m-1)t_P+t_{PD}$、$t_P\leqslant t_{PD}$时，可靠指标公式如下：

①$t<t_{PI}+mt_P$ 时

$$\beta(t)=\begin{cases}\beta_0 & ,0\leqslant t<t_I' \\ \beta_0-\theta(t-t_I') & ,t_I'\leqslant t<t_{PI}+mt_P\end{cases} \tag{3.21}$$

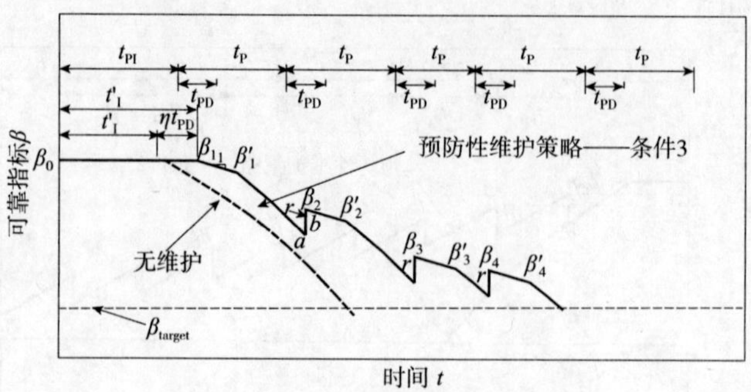

图 3.10　可靠指标变化关系图——条件 3

②$t \geqslant t_{PI} + mt_P$ 时

$$\beta(t) = \beta_n - \theta\{t - [t_{PI} + (n-1)t_P]\}, t_{PI} + (n-1)t_P \leqslant t < t_{PI} + nt_P \tag{3.22}$$

式中：$\beta_n = \beta_{n-1} - \theta t_P + r, t = t_{PI} + (n-1)t_P$。

可靠指标变化见图 3.11。

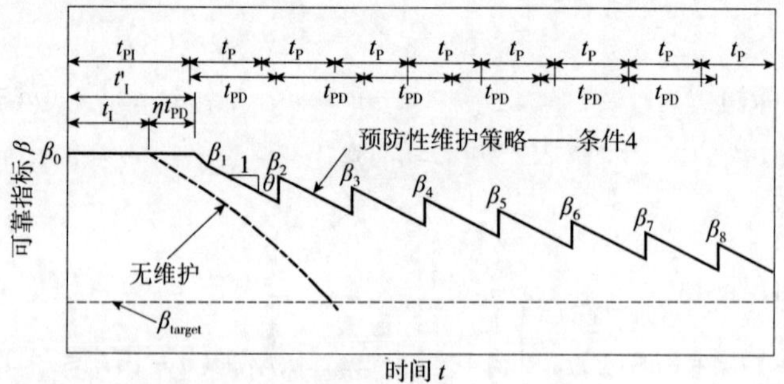

图 3.11　可靠指标变化关系图——条件 4

(5) 预防性维护策略——条件 5

对于预防性维护策略(图 3.7)，结合表 3.10 条件 5，即当 $t_{PI} + (m-1)t_P + t_{PD} < t'_I \leqslant t_{PI} + mt_P$、$t_P > t_{PD}$ 时，可靠指标公式如下：

①$t < t_{PI} + mt_P$ 时

$$\beta(t) = \begin{cases} \beta_0 & ,0 \leqslant t < t'_I \\ \beta_0[2 - e^{\alpha_1(t - t_I')}] & ,t'_I \leqslant t < t_{PI} + mt_P \end{cases} \tag{3.23}$$

②$t \geqslant t_{PI} + mt_P$ 时

$$\beta(t) = \begin{cases} \beta_n - \theta\{t - [t_{PI} + (n-1)t_P]\} & ,t_{PI} + (n-1)t_P \leqslant t < t_{PI} + (n-1)t_P + t_{PD} \\ \beta'_n - \beta_0\{e^{\alpha_1\{t_n - t_I + t - [t_{PI} + (n-1)t_P + t_{PD}]\}} - e^{\alpha_1(t_n - t_I)}\} & ,t_{PI} + (n-1)t_P + t_{PD} \leqslant t < t_{PI} + nt_P \end{cases} \tag{3.24}$$

式中：$\beta_n = \beta'_{n-1} - \beta_0[e^{\alpha_1(t_{n-1} - t_I + t_P - t_{PD})} - e^{\alpha_1(t_{n-1} - t_I)}] + r, t = t_{PI} + (n-1)t_P$；

$\beta'_n = \beta_n - \theta t_{PD}, t = t_{PI} + (n-1)t_P + t_{PD}$；

$$t_n = \frac{\ln\left(2 - \frac{\beta'_n}{\beta_0}\right)}{\alpha_1} + t_I。$$

可靠指标变化见图 3.12。

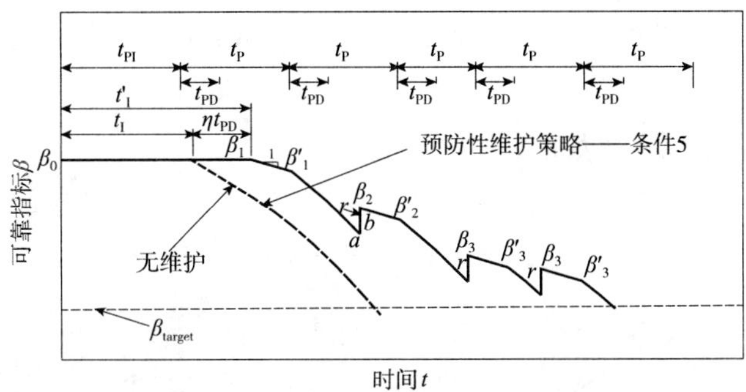

图 3.12　可靠指标变化关系图——条件 5

(6)预防性维护策略——条件 6

对于预防性维护策略,见图 3.7,结合表 3.10 条件 6,即当 $t_{PI} + (m-1)t_P < t'_I \leqslant t_{PI} + (m-1)t_P + t_{PD}$、$t_P \leqslant t_{PD}$时,可靠指标公式如下:

①$t < t_{PI} + mt_P$ 时

$$\beta(t) = \begin{cases} \beta_0 & ,0 \leqslant t < t'_I \\ \beta_0 - \theta(t - t'_I) & ,t'_I \leqslant t < t_{PI} + mt_P \end{cases} \tag{3.25}$$

②$t \geqslant t_{PI} + mt_P$ 时

$$\beta(t) = \beta_n - \theta\{t - [t_{PI} + (n-1)t_P]\},t_{PI} + (n-1)t_P \leqslant t < t_{PI} + nt_P \tag{3.26}$$

式中:$\beta_n = \beta_{n-1} - \theta t_P + r, t = t_{PI} + (n-1)t_P$。

可靠指标变化见图 3.13。

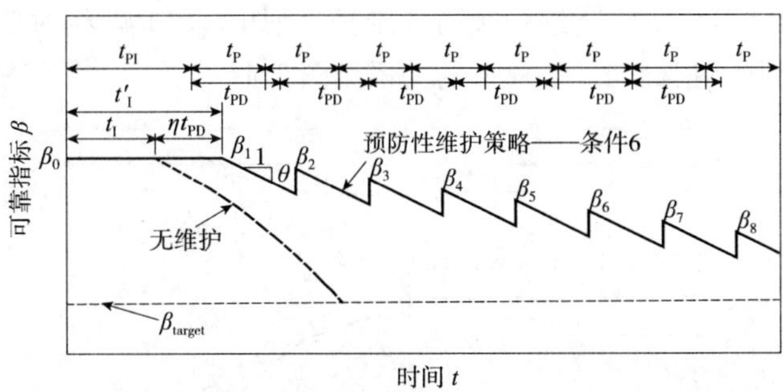

图 3.13　可靠指标变化关系图——条件 6

2)基于性能的维护策略

在没有维护活动发生时,结构按式(3.15)劣化,当可靠指标 $\beta \leqslant \beta_{target}$($\beta_{target}$为结构目标可靠度,取 $\beta_{target} = 3.7$)时,应对结构翻新处理。

如图 3.13 所示,劣化结构的可靠评估方程为:

$$
\beta(t)=\begin{cases}\beta_0 & ,0<t\leqslant t_{\mathrm{I}}\\ \beta_0\{2-\mathrm{e}^{a_1[t-t_{\mathrm{I}}]}\} & ,t_{\mathrm{I}}<t\leqslant t_{\mathrm{I}}+t_1\\ \beta_0\{2-\mathrm{e}^{a_1[t-(t_{\mathrm{I}}+t_1)]}\}+\Delta\beta_1 & ,t_{\mathrm{I}}+t_1<t\leqslant t_{\mathrm{I}}+t_1+t_2\\ \beta_0\{2-\mathrm{e}^{a_1[t-(t_{\mathrm{I}}+t_1+\cdots+t_{i-1})]}\}+\Delta\beta_{i-1} & ,t_{\mathrm{I}}+t_1+\cdots+t_{i-1}<t\leqslant t_{\mathrm{I}}+t_1+\cdots+t_i\\ \beta_0\{2-\mathrm{e}^{a_1[t-(t_{\mathrm{I}}+t_1+\cdots+t_{n-1})]}\}+\Delta\beta_{n-1} & ,t_{\mathrm{I}}+t_1+\cdots+t_{n-1}<t\leqslant t_{\mathrm{I}}+t_1+\cdots+t_n\end{cases} \tag{3.27}
$$

相应的结构可靠指标变化如图 3.14 所示。

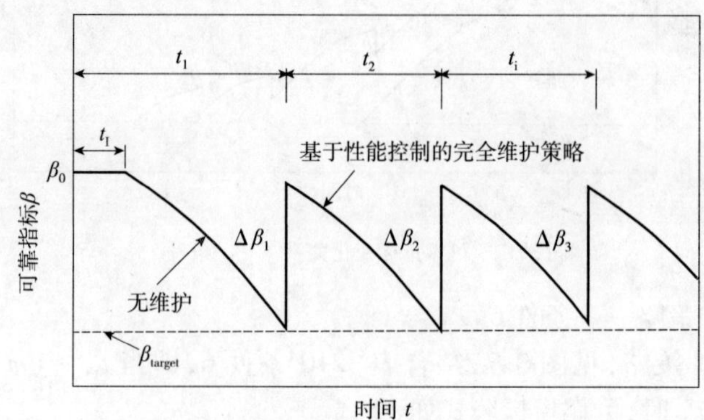

图 3.14　在基于性能的维护策略下的可靠指标变化图

图 3.14 和式(3.27)中,$t_1\cdots\cdots t_m$ 为每次进行桥面翻新的时间;$\Delta\beta_1\cdots\cdots\Delta\beta_i$ 为进行一次完全维护时结构时变可靠度的提高量,均为随机变量;n 为分析周期内桥面翻新的次数。

3.5.2　状态指标与维护策略的关系

1)预防性维护策略

对于前所述的对可靠指标的预防性维护,其参数相对于状态指标来说,在其参数后面各多加一下标 C,表示其对桥梁状态进行预防性维护,例如 t_{PDC} 与 t_{PD} 相对应,表示其对状态指标维护的影响时间,状态指标与维护模型的关系见图 3.15。

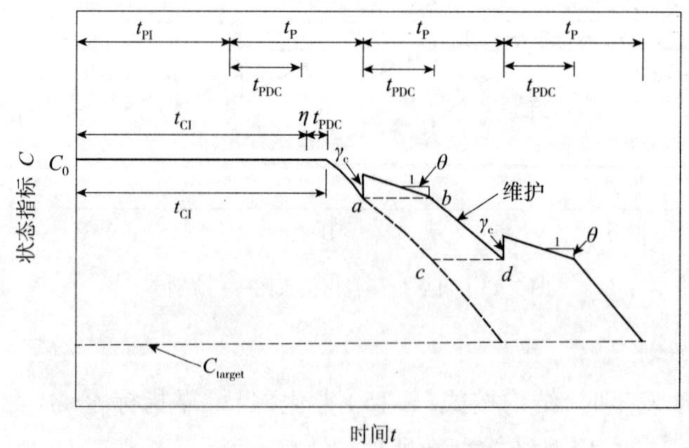

图 3.15　状态指标与预防性维护模型

结合图3.15的维护策略，假设维护条件如表3.11所示，考虑初始劣化参数 t_{CI} 与周期性维护的时间关系时，同理如表3.11的六种约束关系。

维护时间约束关系　　表3.11

序号	条件约束	物理意义
条件1	$t_{CI} \leqslant t_{PI}, t_P > t_{PDC}$	开始劣化后再进行维护
条件2	$t_{CI} \leqslant t_{PI}, t_P \leqslant t_{PDC}$	维护效应时间不小于维护间隔
条件3	$t_{PI} + (m-1)t_P < t'_{CI} \leqslant t_{PI} + (m-1)t_P + t_{PDC}, t_P > t_{PDC}$	维护效应时间小于维护间隔
条件4	$t_{PI} + (m-1)t_P < t'_{CI} \leqslant t_{PI} + (m-1)t_P + t_{PDC}, t_P \leqslant t_{PDC}$	维护效应时间不小于维护间隔
条件5	$t_{PI} + (m-1)t_P + t_{PDC} < t'_{CI} \leqslant t_{PI} + mt_P, t_P > t_{PDC}$	维护效应时间小于维护间隔
条件6	$t_{PI} + (m-1)t_P + t_{PDC} < t'_{CI} \leqslant t_{PI} + mt_P, t_P \leqslant t_{PDC}$	维护效应时间不小于维护间隔

注：$t'_{CI} = t_{CI} + mt_{PDC}\eta$；$m$ 表示劣化前维护的次数；η 表示维护延长因子。

结合表3.11的时间约束条件，推导了任意时刻的状态指标计算公式。

(1)预防性维护策略——条件1

对于预防性维护策略，结合表3.11条件1，即当 $t_{CI} \leqslant t_{PI}$、$t_P > t_{PDC}$ 时，状态指标公式如下。

$$C(t) = \begin{cases} C_0 & ,0 \leqslant t < t_{CI} \\ C_0 - \alpha_2(t - t_{CI})^2 & ,t_{CI} \leqslant t < t_{PI} \\ C_1 - \theta_C(t - t_{PI}) & ,t_{PI} \leqslant t < t_{PI} + t_{PDC} \\ C'_1 - \alpha_2[t - (t_{PI} + t_{PDC})][t - (t_{PI} + t_{PDC}) + 2(t_1 - t_{CI})] & ,t_{PI} + t_{PDC} \leqslant t < t_{PI} + (n-1)t_P \\ C_n - \theta\{t - [t_{PI} + (n-1)t_P]\} & ,t_{PI} + (n-1)t_P \leqslant t < t_{PI} + (n-1)t_P + t_{PDC} \\ C'_n - \alpha_2\{t - [t_{PI} + (n-1)t_P + t_{PDC}]\}\{t - [t_{PI} + (n-1)t_P + t_{PDC}] + 2(t_n - t_{CI})\} & ,t_{PI} + (n-1)t_P + t_{PDC} \leqslant t < t_{PI} + nt_P \end{cases} \tag{3.28}$$

式中：$C_1 = C_0 - \alpha_2\ (t_{PI} - t_{CI})^2 + r_C, t = t_{PI}$；

$C'_1 = C_1 - \theta_C t_{PDC}, t = t_{PI} + t_{PDC}$；

$C_n = C'_{n-1} - \alpha_2(t_P - t_{PDC})[(t_P - t_{PDC}) + 2(t_{n-1} - t_{CI})] + r_C, t = t_{PI} + (n-1)t_P$；

$C'_n = C_n - \theta_C t_{PDC}, t = t_{PI} + (n-1)t_P + t_{PDC}$；

$t_n = \left(\dfrac{C_0 - C'_n}{\alpha_2}\right)^{0.5} + t_{CI}$。

该维护策略见图3.16。

(2)预防性维护策略——条件2

对于预防性维护策略，结合表3.11条件2，即当 $t_{CI} \leqslant t_{PI}, t_P \leqslant t_{PDC}$ 时，状态指标公式如下：

$$C(t) = \begin{cases} C_0 & ,0 \leqslant t < t_{CI} \\ C_0 - \alpha_2(t - t_{CI})^2 & ,t_{CI} \leqslant t < t_{PI} \\ C_1 - \theta_C(t - t_{PI}) & ,t_{PI} \leqslant t < t_{PI} + (n-1)t_P \\ C_n - \theta_C\{t - [t_{PI} + (n-1)t_P]\} & ,t_{PI} + (n-1)t_P \leqslant t < t_{PI} + nt_P \end{cases} \tag{3.29}$$

式中：$C_1 = C_0 - \alpha_2\ (t_{PI} - t_{CI})^2 + r_C, t = t_{PI}$；

$C_n = C'_{n-1} + r_C, t = t_{PI} + (n-1)t_P$；

$C'_{n-1} = C_{n-1} - \theta_C t_P$。

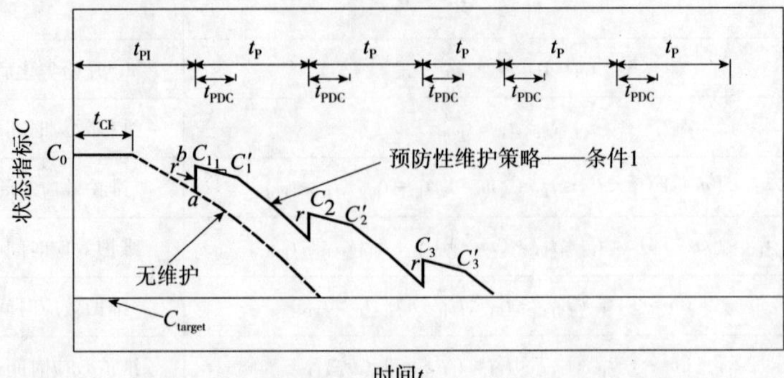

图 3.16　状态指标与预防性维护模型——条件 1

该维护策略见图 3.17。

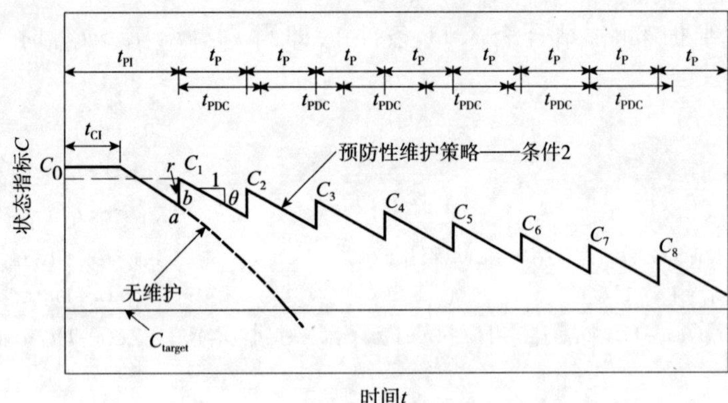

图 3.17　状态指标与预防性维护模型——条件 2

(3)预防性维护策略——条件 3

对于预防性维护策略，结合表 3.11 条件 3，即当 $t_{PI} + (m-1)t_P < t'_{CI} \leqslant t_{PI} + (m-1)t_P + t_{PDC}$、$t_P > t_{PDC}$时，状态指标公式如下。

①$t < t_{PI} + mt_P$ 时

$$C(t) = \begin{cases} C_0 & ,0 \leqslant t < t'_{CI} \\ C_0 - \theta_C(t - t'_{CI}) & ,t'_{CI} \leqslant t < t_{PI} + (m-1)t_P + t_{PDC} \\ C'_0 - \alpha_2\{t - [t_{PI} + (m-1)t_P + t_{PDC}]\}\{t - [t_{PI} + (m-1)t_P + t_{PDC}] + 2(t_0 - t_{CI})\} & ,t_{PI} + (m-1)t_P + t_{PDC} \leqslant t < t_{PI} + mt_P \end{cases} \tag{3.30}$$

②$t \geqslant t_{PI} + mt_P$ 时

$$C(t) = \begin{cases} C_n - \theta_C\{t - [t_{PI} + (n-1)t_P]\} & ,t_{PI} + (n-1)t_P \leqslant t < t_{PI} + (n-1)t_P + t_{PDC} \\ C'_n - \alpha_{2C}\{t - [t_{PI} + (n-1)t_P + t_{PDC}]\}\{t - [t_{PI} + (n-1)t_P + t_{PDC}] + 2(t_n - t_{CI})\} & ,t_{PI} + (n-1)t_P + t_{PDC} \leqslant t < t_{PI} + nt_P \end{cases} \tag{3.31}$$

式中：$C_0' = C_0 - \theta_C\{[t_{PI} + (m-1)t_P + t_{PDC}] - t_{CI}'\}, t = t_{PI} + (m-1)t_P + t_{PDC}$；

$C_n = C_{n-1}' - \alpha_2(t_P - t_{PDC})[(t_P - t_{PDC}) + 2(t_{n-1} - t_{CI})] + r_C, t = t_{PI} + (n-1)t_P$；

$C_n' = C_n - \theta_C t_{PDC}, t = t_{PI} + (n-1)t_P + t_{PDC}$；

$t_n = \left(\frac{C_0 - C_n'}{\alpha_2}\right)^{0.5} + t_{CI}$。

该维护策略见图3.18。

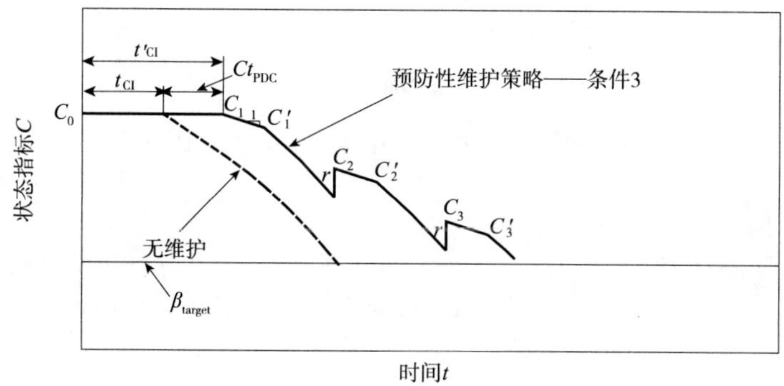

图3.18 状态指标与预防性维护模型——条件3

(4)预防性维护策略——条件4

对于预防性维护策略，结合表3.11条件4，即当 $t_{PI} + (m-1)t_P < t_{CI}' \leqslant t_{PI} + (m-1)t_P + t_{PDC}$、$t_P \leqslant t_{PDC}$时，状态指标公式如下：

①$t < t_{PI} + mt_P$ 时

$$C(t) = \begin{cases} C_0 & ,0 \leqslant t < t_{CI}' \\ C_0 - \theta_C(t - t_{CI}') & ,t_{CI}' \leqslant t < t_{PI} + mt_P \end{cases} \tag{3.32}$$

②$t \geqslant t_{PI} + mt_P$ 时

$$C(t) = C_n - \theta_C\{t - [t_{PI} + (n-1)t_P]\}, t_{PI} + (n-1)t_P \leqslant t < t_{PI} + nt_P \tag{3.33}$$

式中：$C_n = C_{n-1} - \theta_C t_P + r_C, t = t_{PI} + (n-1)t_P$。

该维护策略见图3.19。

(5)预防性维护策略——条件5

对于预防性维护策略，结合表3.11条件5，即当 $t_{PI} + (m-1)t_P + t_{PDC} < t_{CI}' \leqslant t_{PI} + mt_P$、$t_P > t_{PDC}$时，状态指标公式如下：

①$t < t_{PI} + mt_P$ 时

$$C(t) = \begin{cases} C_0 & ,0 \leqslant t < t_{CI}' \\ C_0 - \alpha_2(t - t_{CI}')^2 & ,t_{CI}' \leqslant t < t_{PI} + mt_P \end{cases} \tag{3.34}$$

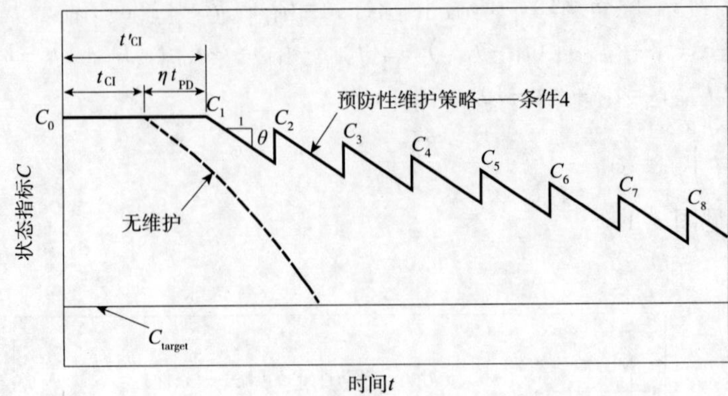

图 3.19　状态指标与预防性维护模型——条件 4

②$t \geqslant t_{PI} + mt_P$ 时

$$C(t)=\begin{cases} C_n-\theta_C\{t-[t_{PI}+(n-1)t_P]\} & ,t_{PI}+(n-1)t_P \leqslant t < t_{PI}+(n-1)t_P+t_{PDC} \\ C'_n-\alpha_2\{t-[t_{PI}+(n-1)t_P+t_{PDC}]\}\{t-[t_{PI}+(n-1)t_P+t_{PDC}]+2(t_n-t_{CI})\} & ,t_{PI}+(n-1)t_P+t_{PDC} \leqslant t < t_{PI}+nt_P \end{cases} \tag{3.35}$$

式中：$C_n = C'_{n-1} - \alpha_2(t_P - t_{PDC})[(t_P - t_{PDC}) + 2(t_{n-1} - t_{CI})] + r_C, t = t_{PI} + (n-1)t_P$；

$C'_n = C_n - \theta_C t_{PDC}, t = t_{PI} + (n-1)t_P + t_{PDC}$；

$t_n = \left(\dfrac{C_0 - C'_n}{\alpha_2}\right)^{0.5} + t_{CI}$。

该维护策略见图 3.20。

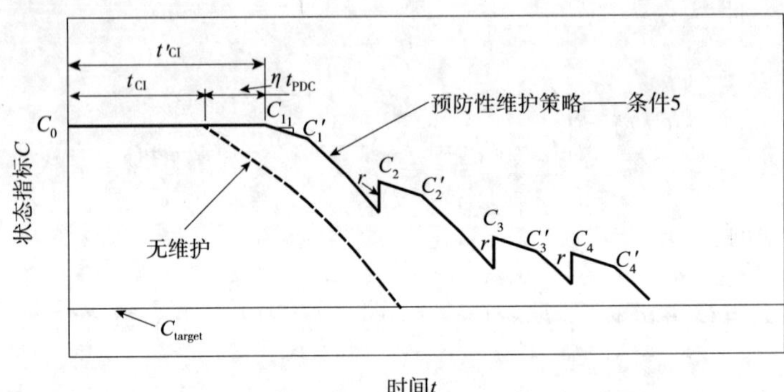

图 3.20　状态指标与预防性维护模型——条件 5

（6）预防性维护策略——条件 6

对于预防性维护策略，见图 3.14，结合表 3.11 条件 6，即当 $t_{PI} + (m-1)t_P < t'_{CI} \leqslant t_{PI} + (m-1)t + t_{PDC}$、$t_P \leqslant t_{PDC}$ 时，状态指标公式如下：

①$t < t_{PI} + mt_P$ 时

$$C(t)=\begin{cases} C_0 & ,0 \leqslant t < t'_{CI} \\ C_0-\theta_C(t-t'_{CI}) & ,t'_{CI} \leqslant t < t_{PI}+mt_P \end{cases} \tag{3.36}$$

②$t \geqslant t_{\mathrm{PI}} + mt_{\mathrm{P}}$ 时

$$C(t) = C_n - \theta_{\mathrm{C}}\{t - [t_{\mathrm{PI}} + (n-1)t_{\mathrm{P}}]\}, t_{\mathrm{PI}} + (n-1)t_{\mathrm{P}} \leqslant t < t_{\mathrm{PI}} + nt_{\mathrm{P}} \tag{3.37}$$

式中：$C_n = C_{n-1} - \theta_{\mathrm{C}} t_{\mathrm{P}} + r_{\mathrm{C}}$，$t = t_{\mathrm{PI}} + (n-1)t_{\mathrm{P}}$。

该维护策略见图 3.21。

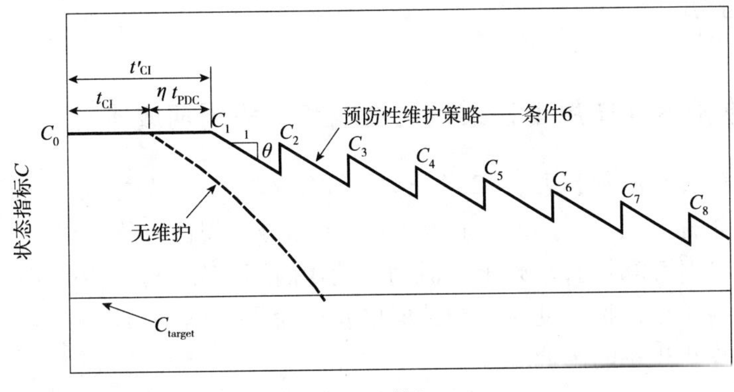

图 3.21　状态指标与预防性维护模型——条件 6

2）完全维护策略

在没有任何维护时，结构按式（3.16）劣化，当状态指标 $C \leqslant C_{\mathrm{target}}$（$C_{\mathrm{target}}$ 为结构状态指标目标值，取 $C_{\mathrm{target}} = 1.0$）时，应对结构维护处理。

如图 3.21，劣化结构的状态指标评估方程为：

$$C(t) = \begin{cases} C_0 & , 0 < t \leqslant t_{\mathrm{CI}} \\ C_0 - \alpha_2 (t - t_{\mathrm{CI}})^2 & , t_{\mathrm{CI}} < t \leqslant t_{\mathrm{CI}} + t_1 \\ C_0 - \alpha_2 [t - (t_{\mathrm{CI}} + t_1)]^2 + \Delta C_1 & , t_1 + t_1 < t \leqslant t_{\mathrm{CI}} + t_1 + t_2 \\ C_0 - \alpha_2 [t - (t_{\mathrm{CI}} + t_1 + \cdots + t_{i-1})]^2 + \Delta C_{i-1} & , t_{\mathrm{CI}} + t_1 + \cdots + t_{i-1} < t \leqslant t_{\mathrm{CI}} + t_1 + \cdots + t_i \\ C_0 - \alpha_2 [t - (t_{\mathrm{CI}} + t_1 + \cdots + t_{n-1})]^2 + \Delta C_{n-1} & , t_{\mathrm{CI}} + t_1 + \cdots + t_{n-1} < t \leqslant t_{\mathrm{CI}} + t_1 + \cdots + t_n \end{cases} \tag{3.38}$$

相应的结构状态指标变化如图 3.22 所示。

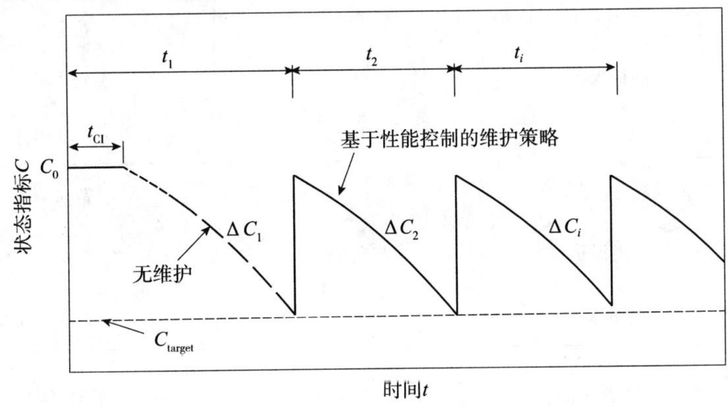

图 3.22　在基于性能的维护策略下的状态指标变化图

在图 3. 22 和式(3. 38)中,$t_1 \cdots\cdots t_m$ 为每次进行维护活动的时间;$\Delta C_1 \cdots\cdots \Delta C_i$ 为进行一次完全维护时结构状态指标的提高量,均为随机变量,n 为分析周期内基于性能的维护活动以提高状态指标次数。

3. 6 计算分析

3. 6. 1 单一维护活动作用下桥梁结构性能和寿命周期成本分析

根据 3. 2 节的计算原理和表 3. 12 的维护参数分布规律,本节主要讨论具体维护方法作用下结构的状态指标、可靠指标和寿命周期成本图的分布规律。研究单个维护活动的发生时间,第一次维护的使用时间,系列维护活动的使用时间,对结构性能的影响。本节主要以修改设计为例探讨单个维护活动对结构性能以及寿命周期成本的影响,需要说明的是本节的成本分析不考虑折现率的影响。

维护参数的分布规律

表 3. 12

变量	物理意义	分布类型	均值	COV
β_0	初始可靠指标	对数正态	3. 8	0. 12
t_{I}	开始劣化时间	对数正态	3	0. 06
C_0	初始状态指标	对数正态	6	0. 10
t_{CI}	开始劣化时间	对数正态	2	0. 04
t_{PD}	混凝土修复	三角分布	$T(7.5,10,12.5)$	
	灌浆处理		$T(7.5,10,12.5)$	
	阴极保护		$T(7.5,10,12.5)$	
	贴钢板		$T(10,17,25)$	
T_{PDC}	混凝土修复	三角分布	$T(7.5,10,12.5)$	
	灌浆处理		$T(7.5,10,12.5)$	
	阴极保护		$T(7.5,10,12.5)$	
	贴钢板		$T(10,17,25)$	
r_{c}	混凝土修复	三角分布	$T(0.4,0.9,1.2)$	
	阴极保护		$T(0.3,0.9,1.3)$	
	贴钢板		$T(0.4,0.6,1.0)$	
r	贴钢板	三角分布	$T(0.24,0.32,0.4)$	

续上表

变量	物理意义	分布类型	均值	COV
α_1	原设计	对数正态分布	0.001 65	0.1
	修改设计	对数正态分布	0.001 68	
α_2	原设计	对数正态分布	0.000 255	0.1
	修改设计	对数正态分布	0.000 21	

计算结果如图 3.23 ~ 图 3.27 所示。

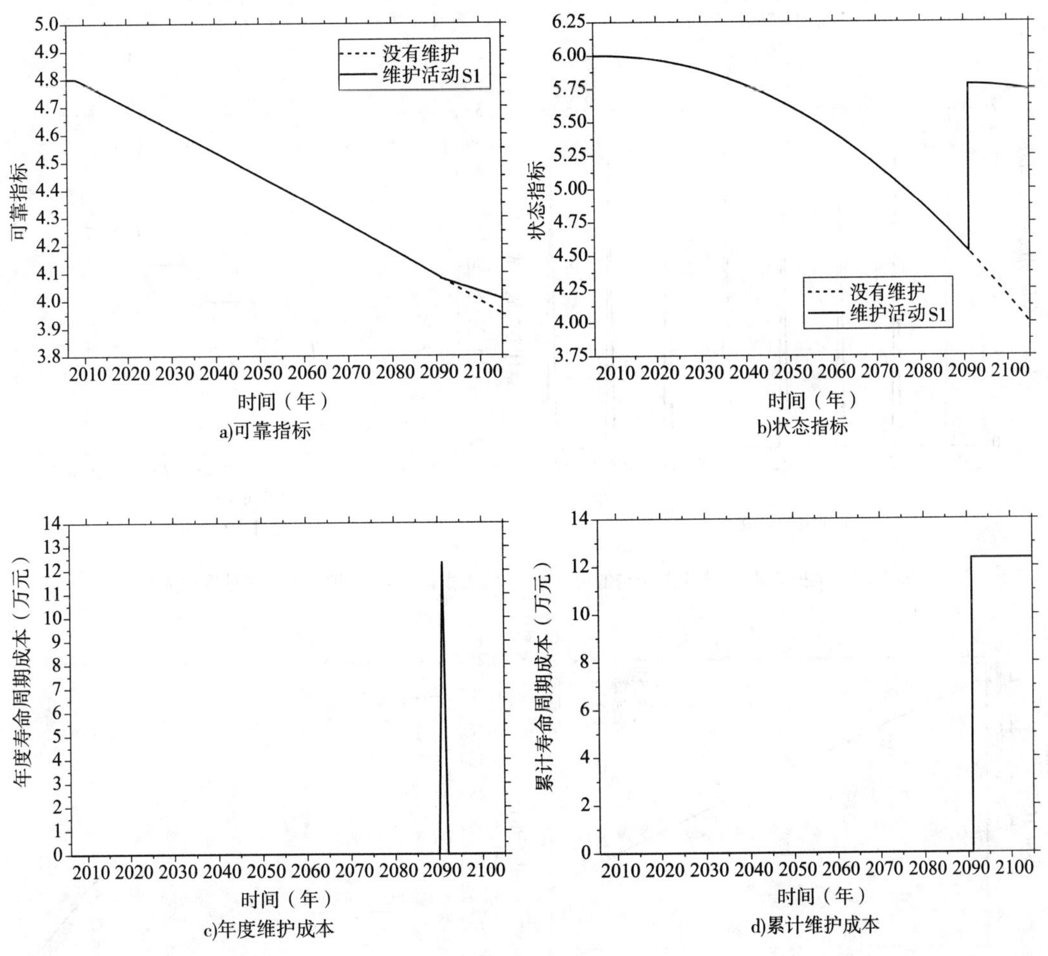

图 3.23　维护活动 S1 作用下结构的可靠指标、状态指标、年度维护成本和累计维护成本

如图 3.25 所示，在分析周期内，结构的可靠指标大于目标可靠指标，在分析周期内不会发生翻新活动，所以在该维护活动下的年度寿命周期成本和累计寿命周期成本均为零。

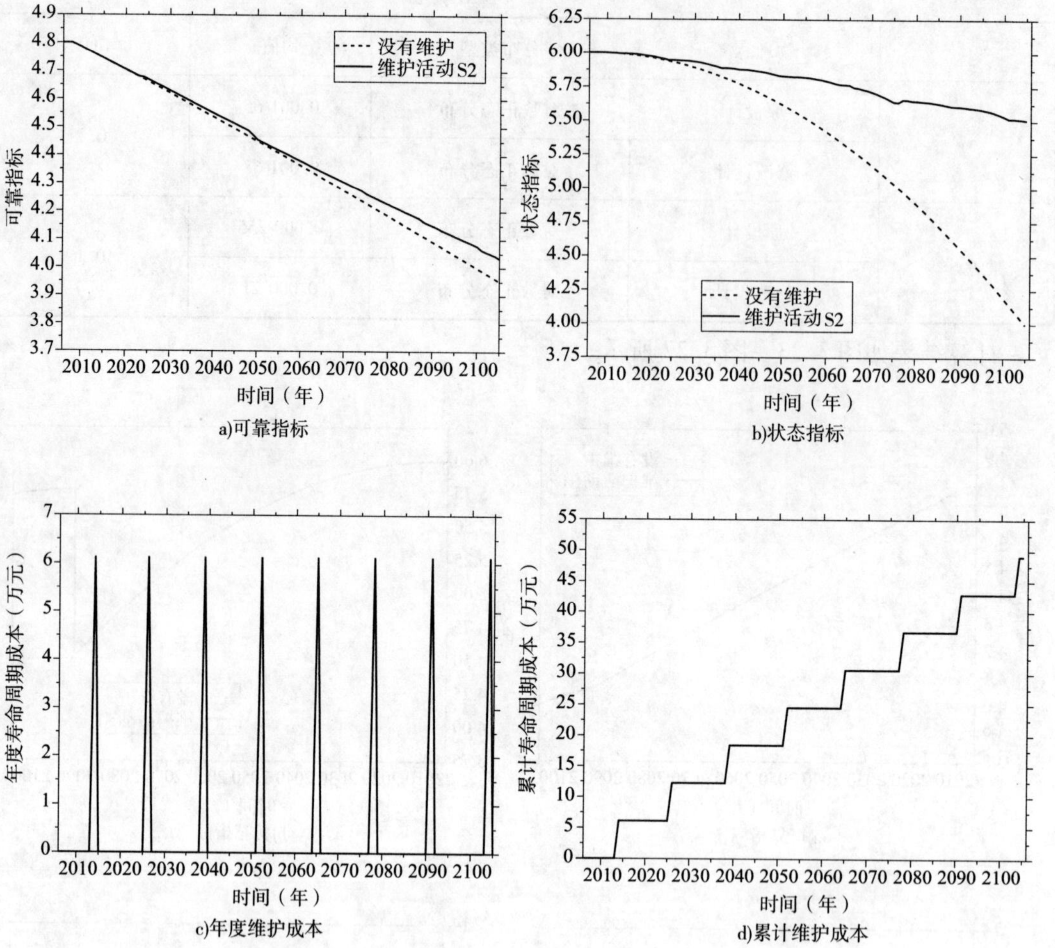

a)可靠指标

b)状态指标

c)年度维护成本

d)累计维护成本

图 3.24　维护活动 S2 作用下结构的可靠指标、状态指标、年度维护成本和累计维护成本

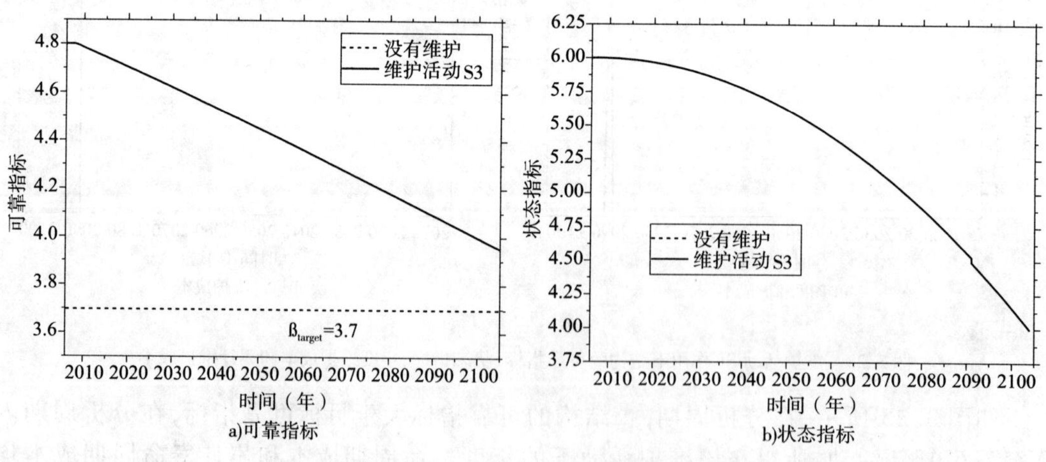

a)可靠指标

b)状态指标

图 3.25　维护活动 S3 作用下结构的可靠指标和状态指标

从图 3.19 ~ 图 3.24 和表 3.13 可以看出，在单一的维护策略作用下，试验桥在设计基准期 100 内的可靠指标、状态指标和成本很难同时满足需要。对于维护策略 S2，在第 100 年，可靠指标和状态指标和 S1 活动差别不大，但花费的成本非常高；对于维护策略 S2 和 S4，在第 100 年，可靠指标和状态指标差别不大，但花费的成本却差别较大。所以，要对维护进行组合并进行优化。

在单个维护活动下结构可靠指标、状态指标和成本　　表 3.13

维护方法	可靠指标		状态指标		累计寿命周期成本(万元)	
	$t=100$	分析期最低值	$t=100$	分析期最低值	$r=0.0$	$r=3.0\%$
S1	3.00	3.00	5.5	5.5	12.348	0.424
S2	3.00	3.00	5.5	5.5	49.064	10.86
S3	3.95	3.95	3.0	3.0	0.0	0.0
S4	3.0	3.0	3.77	3.52	10.01	0.70
S5	3.26	3.02	3.97	3.31	25.69	0.548

对于维护策略 S1 和 S4，在不考虑折现时，策略 S1 的成本高于策略 S4 的成本，但当考虑折现率的影响时，策略 S4 的成本高于策略 S1 的成本，可以看出，折现率对维护策略的选取有重要的影响。

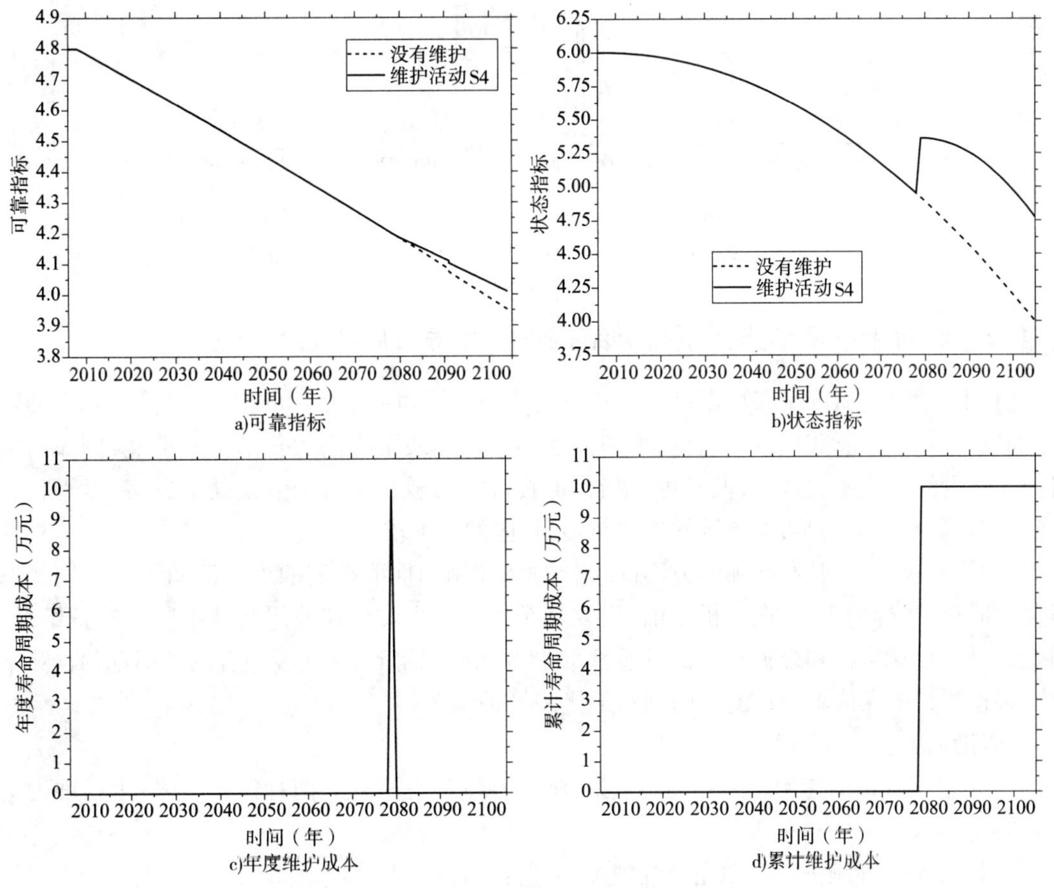

图 3.26　维护活动 S4 作用下结构的可靠指标、状态指标、年度维护成本和累计维护成本

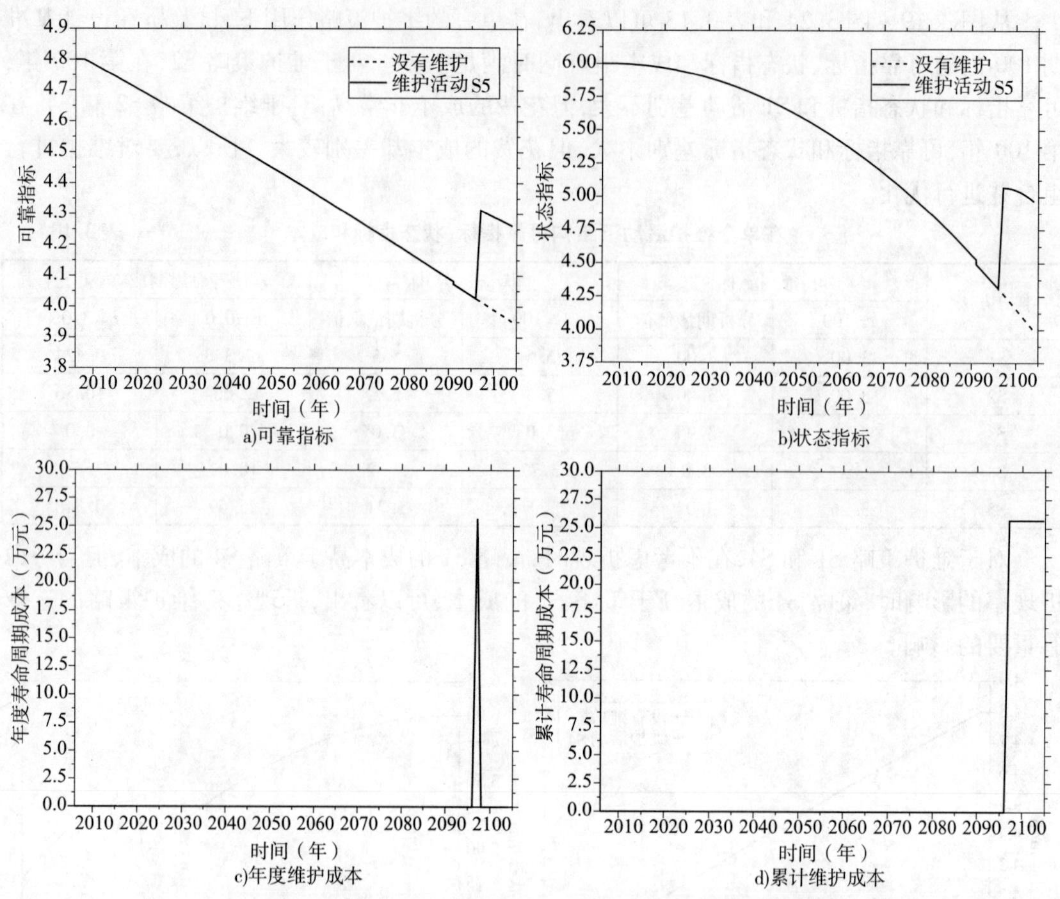

图 3.27 维护活动 S5 作用下结构的可靠指标、状态指标、年度维护成本和累计维护成本

3.6.2 组合维护活动作用下桥梁结构性能和寿命周期成本分析

在上一节中，研究了在单个维护活动下的状态指标和可靠指标的变化，计算了相应的寿命周期成本。然而，我们发现，有些维护活动不会从本质上提高劣化结构的性能，例如阴极保护，尽管维护成本比较低，但对可靠指标的提高贡献较少。对于灌浆处理方案，尽管状态指标和可靠指标都满足，但是维护次数较多，相应的成本较高。

为了解决这个问题，必须研究不同组合时间控制和性能控制的维护活动下的结构状态指标和可靠指标的影响，在分析之前，引入几个假设。本文建议使用几种不同的维护组合，状态指标、可靠指标和维护成本都是通过 50 000 次模拟得到，利用在组合维护活动的计算结构，根据累计维护成本最小的原则判断最优的维护组合。

假设如下：

(1)根据维护的使用时间和使用效果，将五种维护方法分为两种维护策略：主动维护策略和被动策略；

(2)将预防性维护策略和完全维护策略进行组合；

(3)当维护活动发生时，同时对状态指标和可靠指标起作用。

根据假设 1,将维护活动进一步分类,如表 3.14 所示。

维护活动分类　　表 3.14

维护类型	维护活动	缩写
主动维护活动	灌浆处理	SL
	小型混凝土修复	CR
被动维护活动	重建	RB
	阴极保护	CP
	贴钢板	AS

对以上的假设详细的说明如下。

(1)主动维护是周期性的时间控制的维护活动,该维护活动能够降低和延误结构状态指标和可靠指标的劣化率,主要包括灌浆处理。灌浆处理是时间控制,维护后,结构的劣化率降低。阴极保护是时间和性能双控,引起劣化的推迟。

(2)被动维护是纯性能控制维护策略,引起状态指标和可靠指标的提高,主要包括混凝土修复和重建,混凝土修复是状态控制,导致状态指标的提高和可靠指标劣化延误。重建是可靠指标控制,导致状态指标和可靠指标的双重提高。

根据前面的分析,将维护活动进行组合,组合方式如表 3.15 所示。

维护活动组合　　表 3.15

组合方式	维护活动	缩写
Z1	灌浆处理 + 混凝土修复 + 重建	SL + CR + RB
Z2	阴极保护 + 混凝土修复 + 重建	CP + CR + RB
Z3	灌浆处理 + 混凝土修复 + 贴钢板	SL + CR + AS
Z4	阴极保护 + 混凝土修复 + 贴钢板	CP + CR + AS

在第二个分析假设中,通过前面的分析可以知道,SL 发生后对状态指标和可靠指标的值非常接近目标值,所以要组合 CR 和 RB,使得状态指标和可靠指标都有提高。对于 CP 维护活动,只有 63.27% 桥梁满意此分析时间,为了确保所有的桥梁适合,CR 要参加组合[3]。而且,RB 活动保证桥梁可靠指标不会太低。根据这些规定,得到表 3.14 中的四种维护组合。

第三个假设是考虑随机数的不确定性,在 Monte - Carlo 模拟中可能产生小于 0 的数,会恶化桥梁状态,这与事实不相符合,遇到这种情况,设置为 0。

各种维护组合工况如图 3.28 ~ 图 3.31 所示。

在维护策略作用下,在第 100 年的状态指标和可靠指标、在分析期内的状态指标和可靠指标和分析期内的折现和未折现的累计维护成本,如表 3.16 所示。

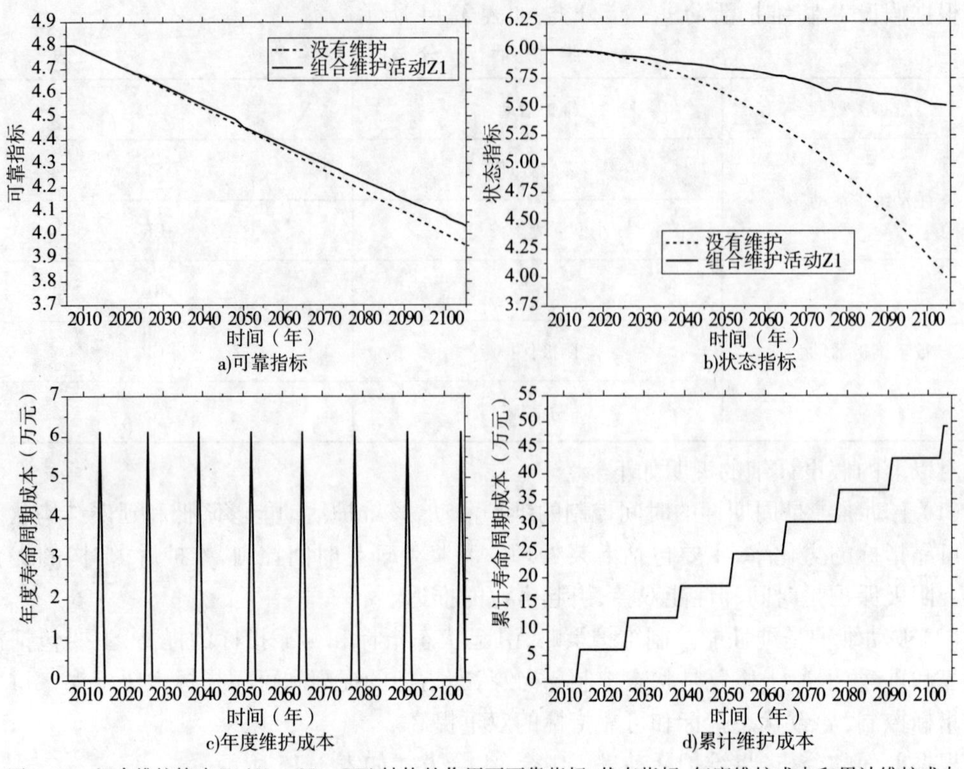

图3.28 组合维护策略Z1(SL+CR+RB)结构的作用下可靠指标、状态指标、年度维护成本和累计维护成本

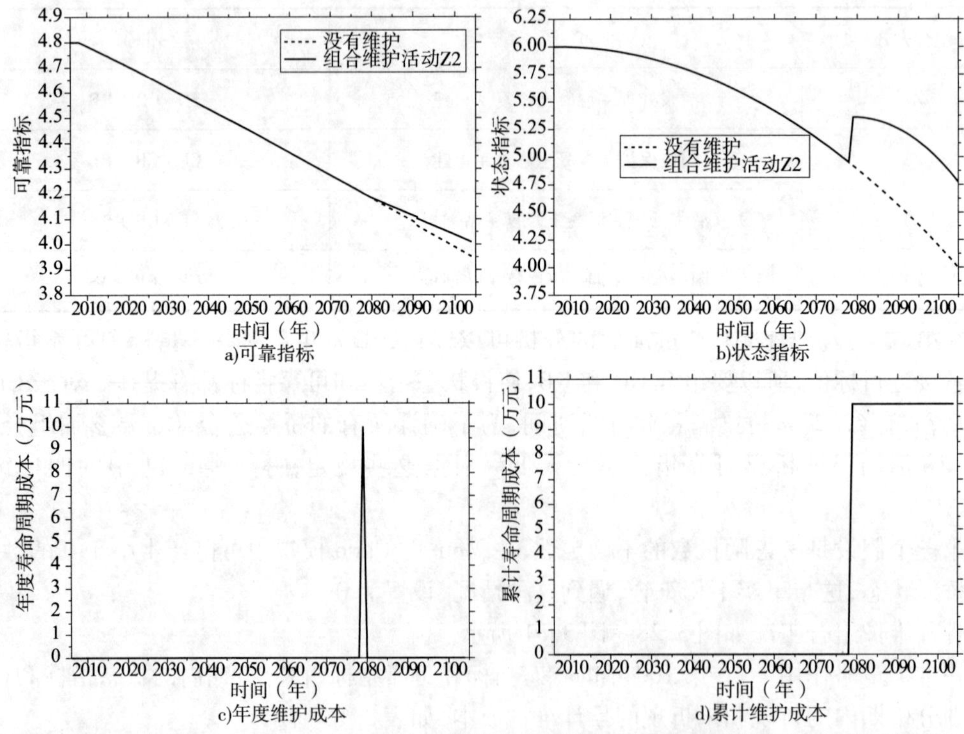

图3.29 组合维护策略Z2(CP+CR+RB)作用下结构的可靠指标、状态指标、年度维护成本和累计维护成本

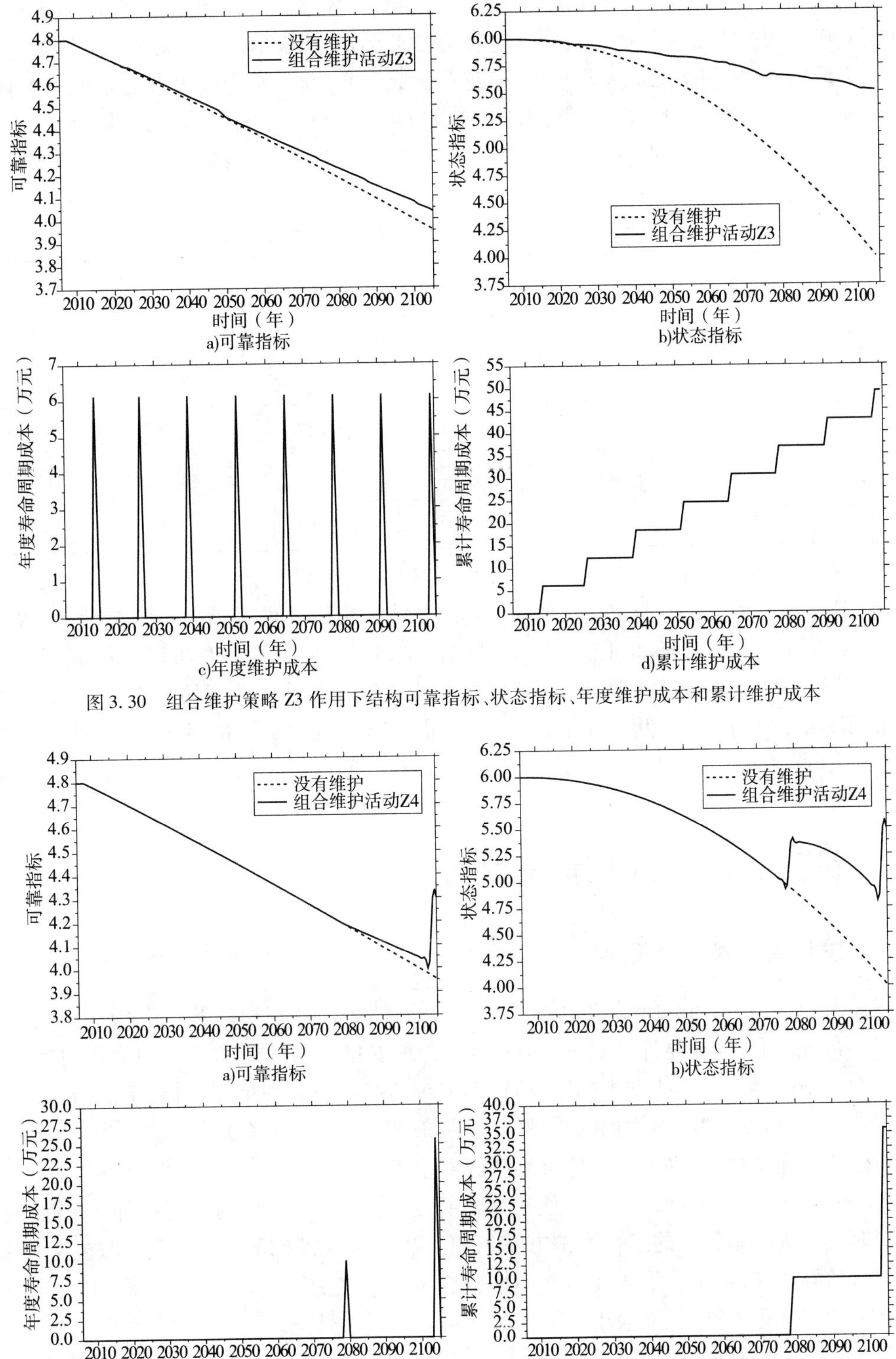

图 3.30　组合维护策略 Z3 作用下结构可靠指标、状态指标、年度维护成本和累计维护成本

图 3.31　组合维护策略 S4（CP + CR + AS）作用下结构的可靠指标、状态指标、年度维护成本和累计维护成本

从图 3.25 ~ 图 3.28 和表 3.16 可以看出,在维护策略作用的简单组合下,试验桥在设计基准期100 内的可靠指标和状态指标同时满足要求,但维护成本较高。对于维护策略 Z4,在第 100 年,可靠指标和状态指标非常高,但花费的成本非常高,对于决策人员来说很难选择;对于维护策略 Z2,在第 100 年,花费的成本相对较低,而且可靠指标和状态指标都满足要求,但是状态指标和可靠指标都有很多的储备,没有充分发挥材料的用处。所以,要对组合维护策略进行以优化分析,合理安排时间。

在组合维护活动下桥梁结构可靠指标、状态指标和成本　　表 3.16

维护方法	可靠指标		状态指标		维护成本(万元)	
	$t=100$	分析期最低值	$t=100$	分析期最低值	$r=0.0$	$r=3.0\%$
Z1	3.00	3.00	5.5	5.5	49.064	10.86
Z2	3.0	3.0	3.77	3.52	10.8	0.549
Z3	3.00	3.00	5.5	5.5	49.064	10.86
Z4	3.30	3.02	5.49	3.92	35.69	1.08

进行维护活动的组合,能够满足状态指标和可靠指标要求。可以看出 CR 对状态指标有效,但对可靠指标效果不明显,TS 和 RB 对提高状态指标和可靠指标非常有效,如果只有 TS 和 RB 使用,则状态指标和可靠指标都可以保证,但成本较高。SL 可以抵抗氯离子的侵蚀,延缓结构的劣化。通过合理组合基于时间的维护策略和基于性能的维护策略,满足状态指标和可靠指标要求,又降低累计维护成本,要求对组合维护活动的发生时间,即时间控制的维护活动的第一次使用时间 t_{PI} 和随后系列的使用时间 t_P 进行优化分析,并和基于性能控制的维护策略进行组合。

3.7 多目标的组合维护策略优化分析

3.7.1 设计变量和约束条件

在前面的章节中,研究维护活动的简单组合,虽然满足状态指标和可靠指标的要求,但是分布不合理,而且造成累计维护成本比较高,合理安排预防性维护活动的使用时间,尽量减少性能控制的维护活动的发生频率,这样不但维持结构状态和可靠指标,又能减少维护成本。本节进行组合维护活动优化分析,最优的维护策略为累计寿命周期成本最低,同时保证状态指标和可靠指标满足要求,维持桥梁的服务水平。

Liu 和 Frangopol(2005a,b)[10-11] 使用遗传算法,考虑劣化结构的状态指标、安全指标和寿命周期成本进行多目标的组合维护方案研究。Miyamoto 等(2000 年)[12] 考虑桥梁最大化承载能力和耐久性,最小化耐久性和最小维护成本进行维护策略排序。Liu 等(1997 年)[13] 进行维护策略优化,考虑桥梁最小维护成本和最大化桥梁性能。

在 Kong 和 Frangopol(2003a,b)[4-5] 的程序 LCADS 中由两部分组成,为 DOT 和 DOC,DOT 为优化搜索模块,DOC 为控制模块。程序中使用可行方向法进行优化搜索,该方法能够解决设计变量和目标函数是连续的优化问题,然而,在优化过程中,设计变量是连续的,而目标函数是离散的。为了克服这个问题,Kong 和 Frangopol(2003a,b)[4-5]的使用分支界定技术和多维插值方法,该方法的使用条件是设计变量为整数,使用插值方法计算目标函数。

本文以维护成本最小化、可靠指标最大化和状态指标最大化为目标函数,状态指标和可靠指标为约束条件进行多目标维护策略优化,目标得出最优的维护组合。

通过 3.5.1 节单个维护活动和 3.5.2 节组合维护策略作用下状态指标、可靠指标和年度维护成本、累计维护成本的评估可以看出,基于时间的维护策略主要满足结构状态要求,延缓结构劣化;基于性能的维护策略能够满足可靠指标要求,又能满足状态指标的要求。组合的工况比较多,对每种工况进行组合优化分析,比较困难。本文主要考虑基于时间的维护方法(灌浆处理)和基于性能的维护活动(小规模混凝土修复,贴钢板或重建)进行相互的组合优化。

设计变量为:$\mu(t_{\mathrm{PI}})$,$\mu(t_{\mathrm{P}})$。

$\mu(t_{\mathrm{PI}})$为灌浆处理第一次使用的时间均值;$\mu(t_{\mathrm{P}})$为随后使用的时间间隔均值。t_{PI}和t_{P}均为随机变量。

多目标维护优化目标函数如下。

优化目标如下。

(1)目标一:最小化 C_{T};

(2)目标二:最大化$\beta(t)$;

(3)目标三:最大化 $C(t)$。

其中,C_{T} 为寿命周期内的维护成本现值总和,用下式计算:

$$C_{\mathrm{T}} = C_{\mathrm{T,PM}} + C_{\mathrm{T,EM}} = \int_0^{t_{\mathrm{obj}}} C_{\mathrm{PM}}(t_{\mathrm{PM}})\mathrm{d}t + \int_0^{t_{\mathrm{obj}}} C_{\mathrm{EM}}(t_{\mathrm{EM}})\mathrm{d}t \tag{3.39}$$

式中:t_{obj}——分析周期;

C_{PM}——预防性维护成本;

C_{EM}——基于性能的完全维护成本,可根据第 4 章公式计算。

$t_{\mathrm{PM}} = t(t_{\mathrm{PI}}, t_{\mathrm{P}})$,$t_{\mathrm{EM}} = t(C = C_{\mathrm{target}}$或$\beta = \beta_{\mathrm{target}})$。

设计变量边界条件如表 3.17 所示。

优化的边界条件　　表 3.17

预防性维护类型	设计变量	
	$\mu(t_{\mathrm{PI}})$	$\mu(t_{\mathrm{P}})$
SL	$4.5 < \mu(t_{\mathrm{PI,SL}}) \leqslant 30$	$4.5 < \mu(t_{\mathrm{P,SL}}) \leqslant 30$

$\mu(t_{\mathrm{PI,SL}})$为 SL 的第一次维护使用时间,$\mu(t_{\mathrm{P,SL}})$为 SL 的周期循环使用时间。

可靠指标和状态指标在维护活动作用下的变化可根据第 3.4 节的公式计算,需满足的约束条件为:

(1)$\beta(t) \geqslant \beta_{\mathrm{target}}$;

(2)$C(t) \geqslant C_{\mathrm{target}}$。

其中:$\beta_{\mathrm{target}} = 3.7$ 和 $C_{\mathrm{target}} = 1.0$。

在优化过程中,各种参数的分布如表3.18所示。

维护参数的分布　表3.18

维护活动	t_{PI}	t_P
SL	$T(\mu(t_{PI,SL}),3.08)$	$T(\mu(t_{P,SL}),0.1)$
CR	当$C=3.5$	
TS	当$\beta=3.0$	
RB	当$\beta=3.7$	

主要比较以下几种维护组合策略,如表3.19所示。

维护组合优化　表3.19

维护类型	预防性维护活动	完全维护活动
A	SL	CR
B	SL	TS
C	SL	RB
D	SL	CR + TS
E	SL	CR + RB

3.7.2 算法描述

1)概述

粒子群优化算法[14](particle swarm optimization,简称PSO),是由Eberhart和Kennedy(1995年)[14]于1995年提出的一种进化计算技术。该算法从一组随机解出发,通过迭代搜寻最优解,但是它没有像遗传算法那样应用交叉和变异算子,而是粒子在解空间追随最优的粒子进行搜索。同遗传算法等智能算法比较,PSO的优势有以下三点[14]:

(1)容易实现并且没有许多参数需要调整;

(2)PSO采用基于邻域的搜索技术,能够利用较小的种群规模保持足够的多样性,从而降低种群规模;

(3)PSO与遗传算法的信息共享机制不同。在遗传算法中,个体间互相共享信息,整个种群比较均匀地向最优区域移动。

在PSO中,整个搜索过程是跟随当前最优解的过程,是一种单向的信息流动机制,在大多数情况下,所有粒子将更快地收敛到最优解。该算法与传统优化算法相比具有算法简单、高度并行、不需要梯度信息可进行全局搜索等优点。

PSO优化算法具备如下特征:

(1)用随机种群初始化算法;

(2)通过种群进化搜索最优解;

(3)基于历史种群信息进行种群进化。

在PSO算法中,每个优化问题的潜在解都是搜索空间中的一个“粒子”,粒子追随当前的最优粒子在解空间中搜索。在每次迭代中粒子通过跟踪两个“极值”来更新自己:一个是粒子本身找到的最优解,另一个是整个种群目前找到的最优解。

粒子群优化算法的基本思路如下:PSO初始化为一群随机粒子(随机解)。然后通过迭代找到最优解。在每一次迭代中,粒子通过跟踪两个“极值”来更新自己。第一个就是粒子本身所找到的最优解,这个解叫作个体极值p_{Best};另一个极值是整个种群目前找到的最优解,这个极值是全局极值g_{Best}。另外也可以不用整个种群而只是用其中一部分作为粒子的邻居,那么在所有邻居中的极值就是局部极值。

令d表示搜索空间的维数,即为设计变量的个数或粒子的维数,$\boldsymbol{x}_i=[x_{i1},x_{i2},\cdots,x_{id}]^{\mathrm{T}}$表示粒子$i$当前的位置,$\boldsymbol{p}_i=[p_{i1},p_{i2},\cdots,p_{id}]^{\mathrm{T}}$表示粒子$i$曾经达到的最好位置,粒子本身所找到的最优解,用以更新种群的最优解;另一个极值是整个种群目前找到的最优解g_{Best}。$\boldsymbol{v}_i=[v_{i1},v_{i2},\cdots,v_{id}]^{\mathrm{T}}$表示粒子$i$的速度,每个粒子根据式(3.40)来更新自己的速度和位置:

$$\left.\begin{aligned}v_{id}^{(k+1)}&=\omega^{(k)}\times v_{id}^{(k)}+c_1\times rand_1()\times(p_{id}^{(k)}-x_{id}^{(k)})+c_2\times rand_2()\times(g_{id}^{(k)}-x_{id}^{(k)})\\x_{id}^{(k+1)}&=x_{id}^{(k)}+\alpha v_{id}^{(k)}\end{aligned}\right\}\tag{3.40}$$

式中：k——表示迭代次数;

c_1、c_2——学习因子,通常$c_1=c_2=2$;

$rand_1$、$rand_2$——区间[0,1]上的随机数;

α——控制速度权重的约束因子;

ω——惯性权重;

$v_{id}^{(k)}$、$p_{id}^{(k)}$、$x_{id}^{(k)}$、$g_{id}^{(k)}$——v_{id}、p_{id}、x_{id}和g_{id}的第k次迭代值。

经研究发现[15]:惯性权重ω其对优化性能有很大的影响,ω较大算法具有较强的全局搜索能力,ω较小则算法有利于局部搜索。因此,蒋秀洁和乐良才(2005年)[16]提出自适应PSO算法调整ω的策略,如果让ω随算法迭代的进行而线性地减少,将显著改善算法的收敛性能,设$\omega_{\max}$为最大惯性权重,一般取为0.9,$\omega_{\min}$为最小惯性权重,一般取0.4,k为当前迭代次数,K为算法的总迭代次数,则ω由下式迭代[16]:

$$\omega^{(k+1)}=\omega_{\max}-\frac{\omega_{\max}-\omega_{\min}}{K}\times k\tag{3.41}$$

将ω设置为从0.9到0.4的线性下降,使得PSO算法在开始时搜索较大地区域,较快地确定最优解的大致位置,随着ω逐渐减小,粒子的速度减慢,开始精细地局部搜索。自适应PSO方法加快了收敛速度,提高了PSO算法的性能。

虽然,PSO算法有着明显的优越性,并在求解单目标优化问题中已经取得了一定的成功[17-18]。针对单目标粒子群优化算法局部搜索能力差,不能有效求解高维、复杂工程问题等缺点,安伟刚和李为吉(2005年)[19]提出了一种改进的粒子群优化算法,即单纯形—粒子群优化方法的混合算法。该算法在继承粒子群优化算法原有优点的同时,不但可减少计算规模,且有效地增强了粒子群优化算法的局部搜索能力,提高了算法的鲁棒性能。冯奇峰和李言(2005 年)[20]针对工程中的有约束的优化问题,将改进粒子群算法与函数法相结合进行求解。杨俊杰(2004 年)[21]用自适应罚函数法处理爬坡和出力限制区约束条件,加快了算法的收敛速度,对不活动粒子的处理使算法避免了“早熟”现象。仿真计算表明,改进粒子群优化算法是一种求解负荷经济分配问题的有效方法。本研究采用自适应 PSO 方法进行寻优。

2)算法程序实现

根据目标函数和边界条件,以及式(3.40)的迭代格式,得到如下的计算流程:

(1)根据维护策略的具体情况设置粒子群的规模 N,最大迭代次数和终止判据。

(2)随机地选择 m 个可行解 x,为每个 x 计算相应的 $\boldsymbol{p}$ 值,取 $\boldsymbol{p}_g$ 为所有 $\boldsymbol{p}_i$ 中最小的,即得到全局暂时的最优值 g_{Best},且设 $rand_1$ 和 $rand_2$ 是[0,1]范围内变化的随机数。

(3)计算粒子 i 的 v_{id}。

(4)计算目标函数,其中包括根据实际维护情况,计算维护直接和间接费用,可靠指标和状态指标值。

(5)如果粒子 i 的适应度比原来的 $\boldsymbol{p}_i$ 好,则将 $\boldsymbol{p}_i$ 设为该值,找到局部最优。

(6)如果最优的 $\boldsymbol{p}_i$ 值比 $\boldsymbol{p}_g$ 好,则将 $\boldsymbol{p}_g$ 设为 $\boldsymbol{p}_i$ 值,即找到全局最优值。如符合条件则终止迭代,$\boldsymbol{p}_i$ 就是最优解 $\boldsymbol{p}_g$,这就是在给定约束条件下的最佳维护组合状态。

(7)否则返回第(3)步进行下一次迭代,直到找到“最优解”。

根据计算流程,编制了相应的组合维护成本优化计算程序 OptimizationMain,程序框图如图 3.32 所示,程序分析模块如图 3.33 所示。

3.7.3 多目标的维护工况分析

在前面章节讨论了单个维护活动下结构的可靠指标、状态指标和寿命周期成本的变化。接着分析在组合维护活动下的可靠指标、状态指标和寿命周期成本随时间的变化。研究发现:在已知的维护使用时间和周期性维护活动下,结构的性能和成本的关系不是很合理,尽管可靠指标和状态指标都满足要求,但是所花费的成本代价较高。因此,本书引入智能优化算法——PSO 算法。结合维护工况的组合情况,进行优化分析。需要说明的是优化比较分析中暂不考虑折现率的作用。

1)SL + CR(灌浆处理 + 混凝土修复)

通过使用 PSO 优化算法,在 PSO 的优化算法中,粒子群规模 $N = 100$,迭代次数为 $k = 68$。将基于时间的预防性维护活动和基于状态指标的性能维护进行组合,优化分析发现:第一次使用灌浆处理维护活动的时间均值为:$\mu(t_{PI,SL}) = 29.45$ 年,随后连续使用该维护活动的时间均值为:$\mu(t_{P,SL}) = 30.01$ 年。结构服役到 2104 年,状态指标劣化到 3.49,根据维护要求,对结构进行混凝土修复维护,该维护策略对状态指标的效应非常明显。在第 2105 年,结构的可靠指标为 3.98,达到了 AS 维护活动发生的要求。状态指标为 5.6,远远高于目标状态值。在分析周期内结构的累计周期成本为 30.5 万元,其变异系数从 0.36 变化到 0.54,可以看出成本的变异性较大(图 3.34)。

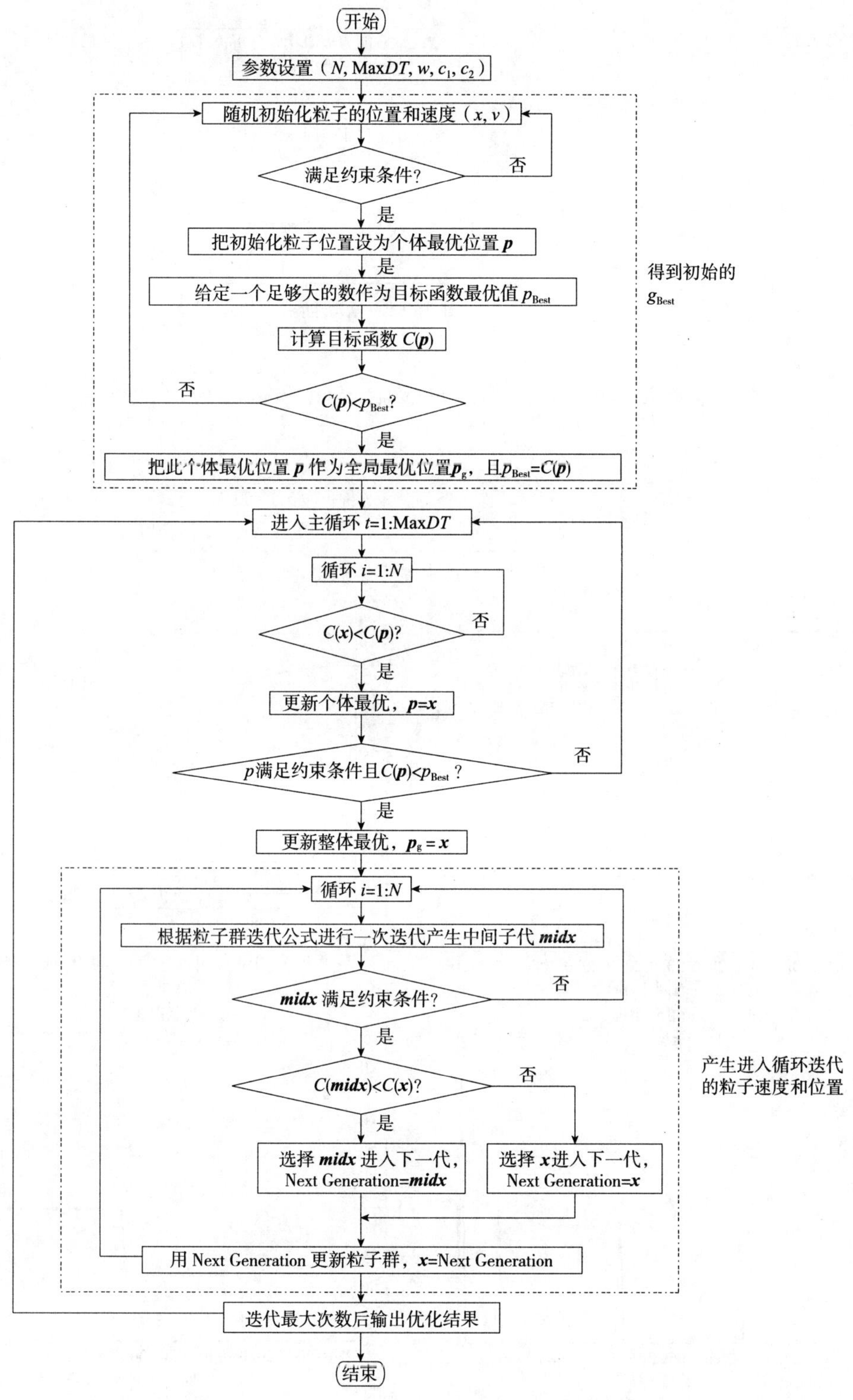

图 3.32　基于 PSO 的多目标维护方案优化的程序框图

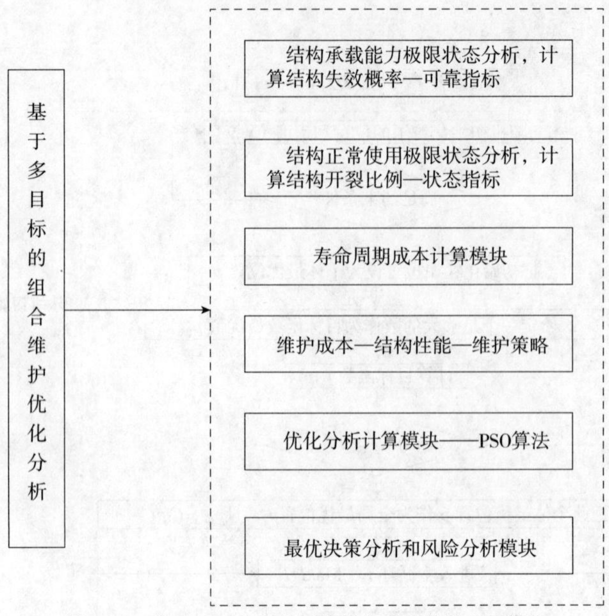

图 3.33　基于 PSO 的多目标维护方案优化的分析模块

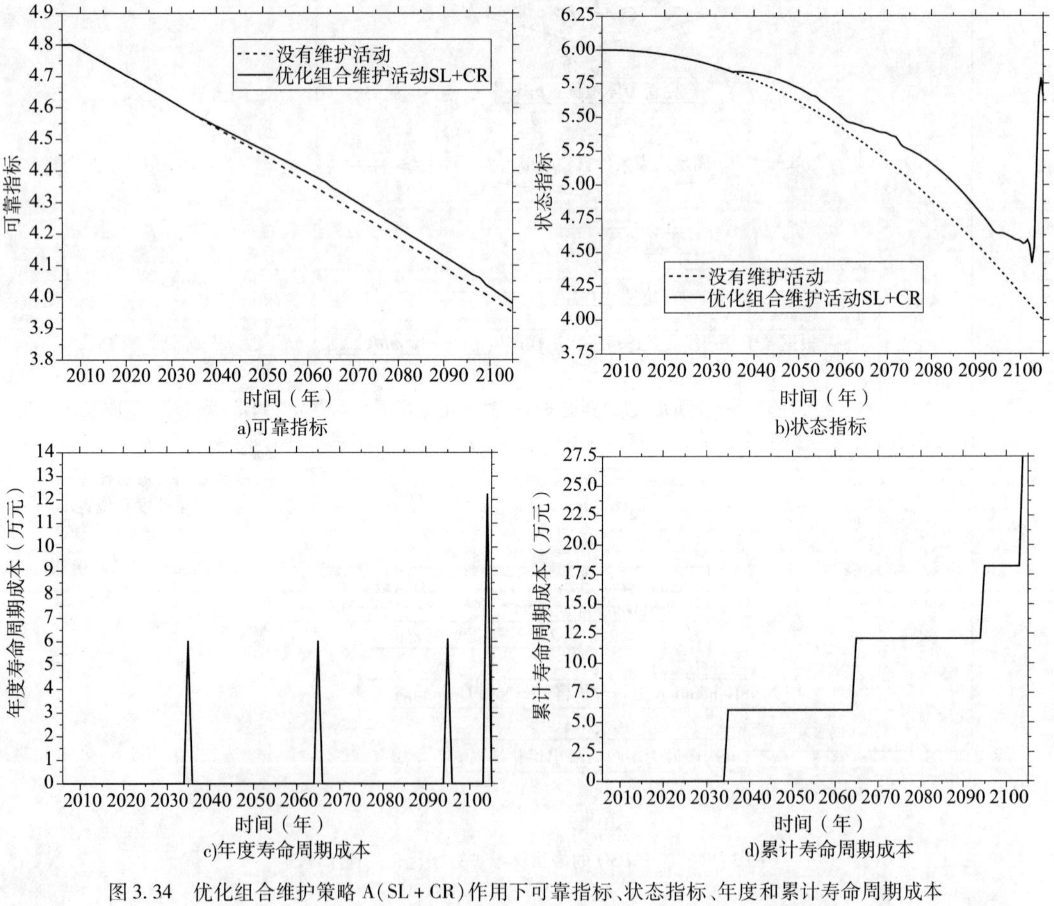

a)可靠指标

b)状态指标

c)年度寿命周期成本

d)累计寿命周期成本

图 3.34　优化组合维护策略 A(SL + CR)作用下可靠指标、状态指标、年度和累计寿命周期成本

2)SL+AS(灌浆处理+贴钢板)

将基于时间的预防性维护活动(时间控制的灌浆维护)和基于可靠指标(性能控制的贴钢板)的性能维护进行组合,PSO优化分析发现:第一次使用灌浆处理维护活动的时间均值为:$\mu(t_{PI,SL})=29.85$年,随后连续使用该维护活动的时间均值为:$\mu(t_{P,SL})=29.91$年。优化分析表明:所以结构在第29.98年、第59.65年和第90.02年进行了三次预防性灌浆维护,结构在第2102年,可靠指标劣化到3.99,根据维护方案的设置和管理要求,需要在该年进行贴钢板维护活动,该维护活动同时对可靠指标和状态指标有明显的提高效应。在第2105年,结构的可靠指标为3.27,有较大的提高。状态指标提高到为5.23,还远远高于目标状态值。在寿命周期内花费的寿命周期成本为43.9万元,其变异系数从0.29变化到0.41(图3.35)。

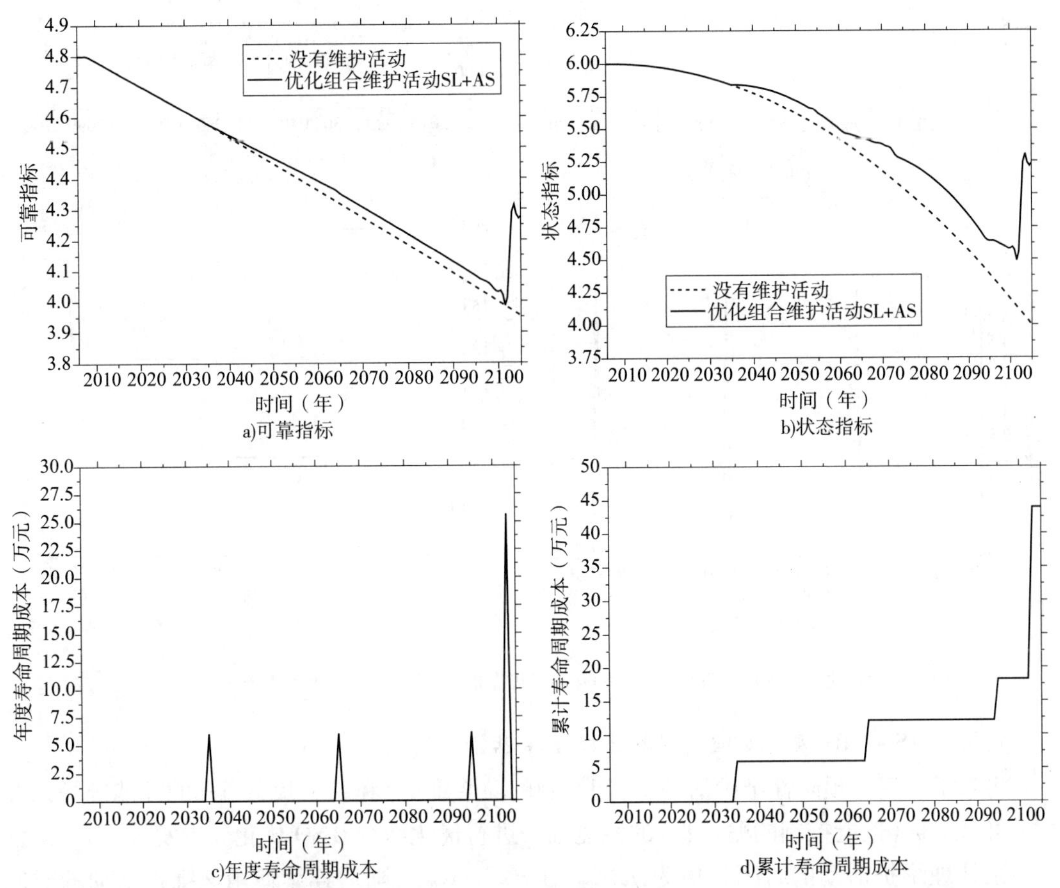

图3.35 优化组合维护策略B(SL+AS)作用下结构的可靠指标、状态指标、年度和累计寿命周期成本

3)SL+RB(灌浆处理+重建)

将基于时间的预防性维护活动(时间控制的灌浆维护)和基于可靠指标(性能控制的重建)的性能维护进行组合,PSO优化分析发现:第一次使用灌浆处理维护活动的时间均值为:$\mu(t_{PI,SL})=29.98$年,随后连续使用该维护活动的时间均值为:$\mu(t_{P,SL})=29.91$年。所以结构在第2 035.98年、第2 065.65年和第2 096.02年进行了三次预防性灌浆维护。在第2105年结构的可靠指标为3.98,结构的最低可靠指标值为3.98,高于目标可靠指标

值。同时,结构在第2105年的状态指标劣化3.485,结构的最低状态指标值为3.49,还远远高于目标状态值。结构在寿命周期内的累计寿命周期成本为18.2万元,其变异系数从0.31变化到0.38(图3.36)。

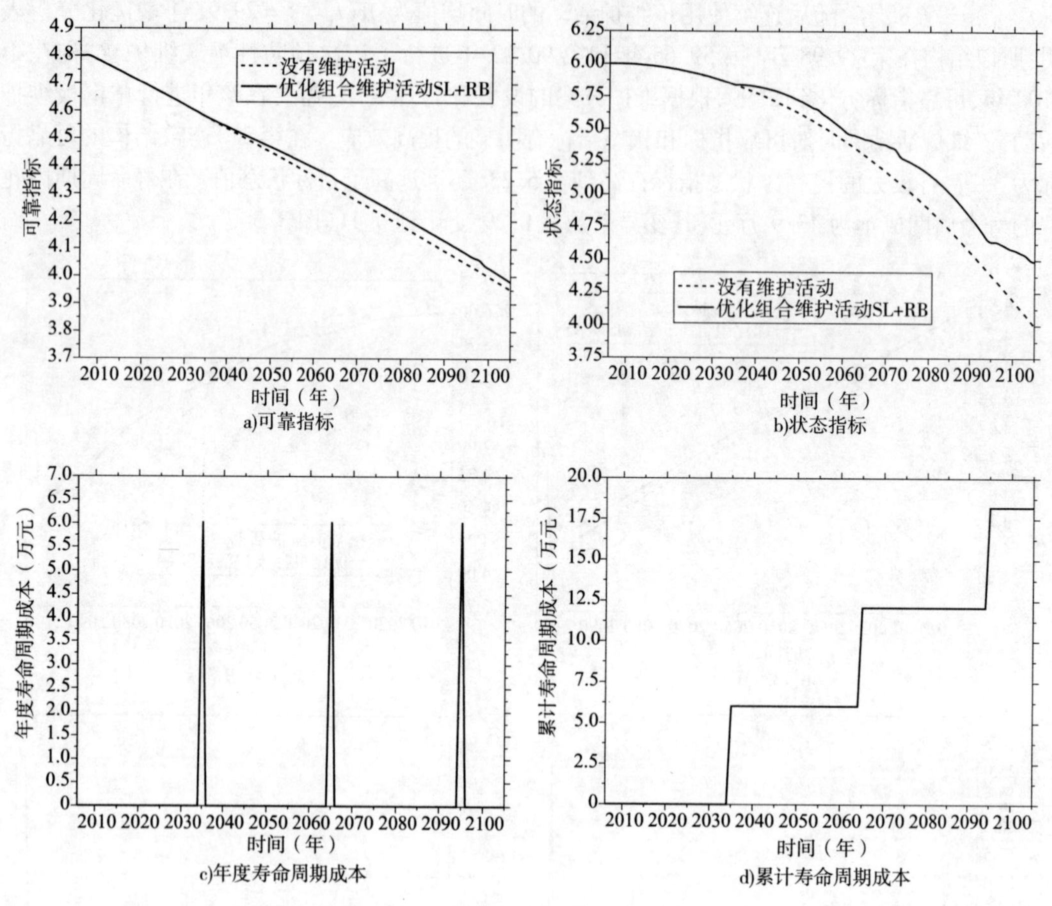

图3.36 优化组合维护策略C(SL+RB)作用下可靠指标、状态指标、年度和累计寿命周期成本

4)SL+AS+CR(灌浆处理+混凝土修复+贴钢板)

将基于时间的预防性维护活动(时间控制的灌浆维护)和基于状态指标的性能维护以及基于可靠指标(性能控制的贴钢板)的性能维护进行优化组合,PSO优化分析发现:第一次使用灌浆处理维护活动的时间均值为:$\mu(t_{PI,SL})=29.96$年,随后连续使用该维护活动的时间均值为:$\mu(t_{P,SL})=29.91$年。在100年的分析周期内,结构有三次灌浆维护活动,而且,在第2102年,结构进行了粘贴钢板维护活动,维护活动的发生,不但对可靠指标有较大幅度的提高,提高量为$\Delta\beta=0.29$;而且对状态指标也有较大幅度的提高,相应的提高量为$\Delta C=0.75$,这样,较大地降低了混凝土修复维护活动的使用概率。在第2105年,结构的可靠指标为3.27,高于目标可靠指标值,满足结构要求。同时,在2105年,状态指标为5.23,还远远高于目标状态值。在分析期100内,累计的寿命周期成本为43.9万元(不计折现),变异系数从0.40变化到0.66(图3.37)。

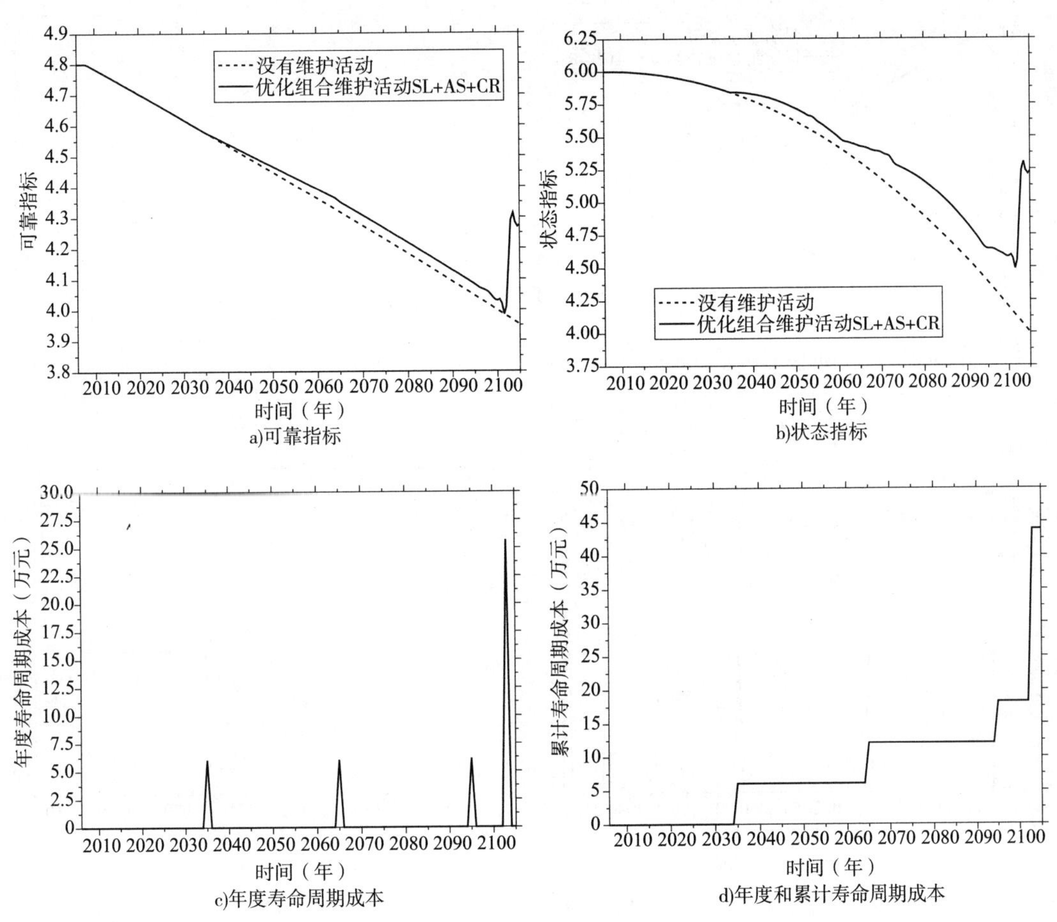

图3.37　优化组合维护策略D(SL + AS + CR)作用下结构的可靠指标、状态指标、年度和累计寿命周期成本

5) SL + CR + RB(灌浆处理 + 混凝土修复 + 重建)

通过使用PSO优化算法,在PSO的优化算法中,粒子群规模 $N = 100$,迭代次数为 $k = 68$。将基于时间的预防性维护活动和基于状态指标的性能维护以及基于可靠指标的性能维护进行组合,优化分析发现:第一次使用灌浆处理维护活动的时间均值为:$\mu(t_{\mathrm{PI,SL}}) = 29.36$ 年,随后连续使用该维护活动的时间均值为:$\mu(t_{\mathrm{P,SL}}) = 30.08$ 年。在100年的分析周期内,结构有三次灌浆维护活动。在第2105年,结构的可靠指标为3.98,高于结构的目标可靠值,所以看出在分析周期内不需要进行重建维护活动。这样在很大程度上降低了重建维护活动的发生概率,从而节约了寿命周期成本。结构在第2104年的状态指标为3.47,根据维护要求设置,需要对结构进行混凝土修复,该维护策略发生后,状态指标大幅度提高,状态指标提高到5.63。结构在2105年的状态指标劣化到5.6,远远高于目标状态值。在分析周期内结构的累计周期成本为30.5万元,其变异系数从0.36变化到0.54,可以看出成本的变异性较大(图3.38)。

根据上述分析,对五组组合策略的优化分析结果总结如表3.20所示。

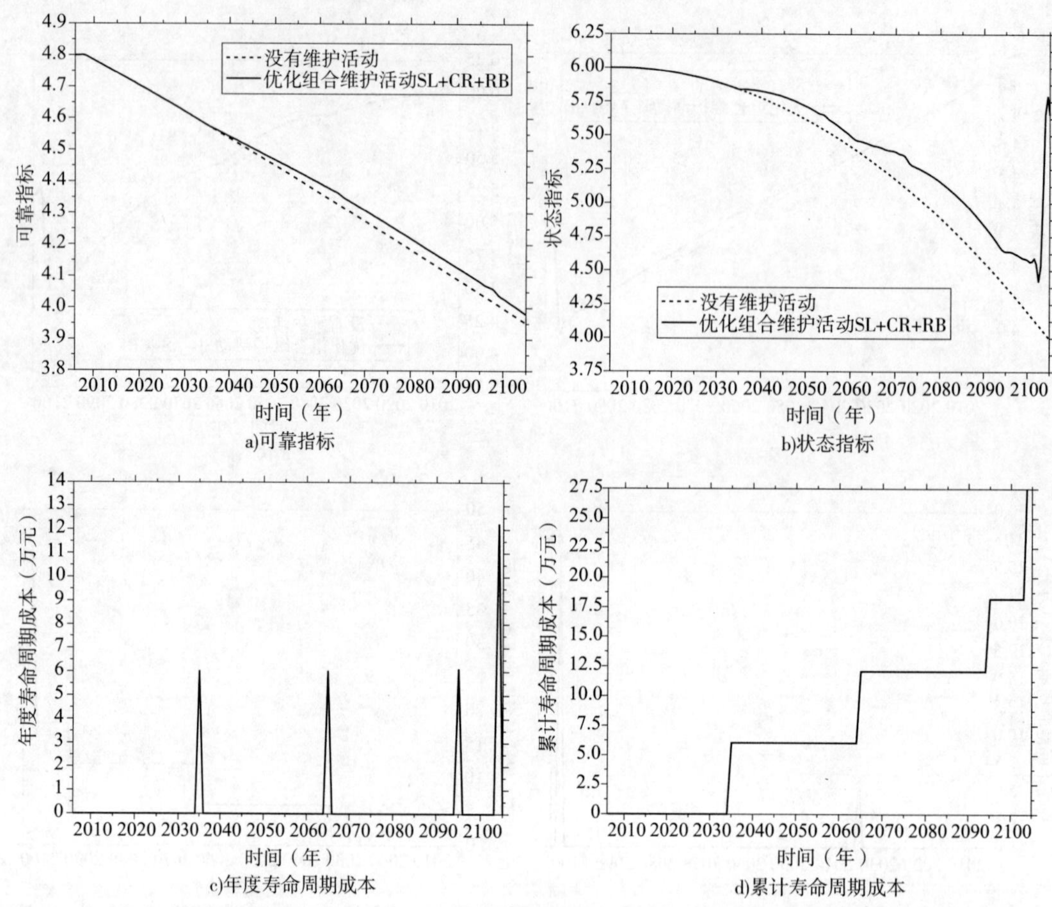

a)可靠指标

b)状态指标

c)年度寿命周期成本

d)累计寿命周期成本

图 3.38　优化组合维护策略 E(SL + CR + RB)作用下结构的可靠指标、状态指标、年度和累计寿命周期成本

组合优化分析　　表 3.20

维护方法	状态指标		可靠指标		维护成本(万元)	
	$t=100$	分析期最低值	$t=100$	分析期最低值	$r=0.0$	$r=3.0\%$
A	5.6	3.5	3.98	3.98	30.5	2.87
B	5.23	3.53	3.27	3.98	43.9	3.17
C	3.49	3.49	3.98	3.98	18.21	2.61
D	5.23	3.53	3.27	3.98	43.9	3.17
E	5.6	3.5	3.98	3.98	30.5	2.87

从表 3.20 可以看出，根据寿命周期内成本最小的原则，以及维护的目标要求，对于五种维护组合的比较分析可知：对于修改设计，由于由碳化腐蚀引起的结构劣化影响较小，结构服役期内重建和大规模的修复发生概率很低。组合维护策略 C 是最优的维护组合，其成本为 18.21 万元，如果考虑折现率的影响，$r=0.04$，其成本现值为 2.61 万元。结构的最低可靠指标和状态指标分别为 3.49 和 3.98。在第 2105 年的可靠指标和状态指标分别为 3.49 和 3.98。将此策略作用到结构，进行设计方案的参数必选。

3.8　原设计的组合维护策略优化分析

根据对修改设计的分析原理，劣化模型、成本计算模型、维护策略—结构性能—成本的组合关系以及基于粒子群的优化分析，将该思路运用到原设计桥梁结构中。其结构劣化性能指标的参数分布如表 3.21 所示。

原设计性能指标参数分布　　表 3.21

参　　数	均值	变异系数	分布类型	分布类型
初始可靠指标	3.66	0.1	对数正态分布	文献[1]
可靠指标劣化率	0.001 65	0.1	对数正态分布	文献[1]
开始劣化时间 t_1	2.94	0.2	对数正态分布	文献[1]
初始状态指标	6.0	0.1	对数正态分布	文献[3]
状态指标劣化率	1.65	0.2	对数正态分布	文献[1]
开始劣化时间 t_{CI}	0.000 255	0.1	对数正态分布	文献[1]

维护参数模型与修改设计的维护模型相同，其参数分布为表 3.22。参数分布参见文献[4]。

维护模型参数分布　　表 3.22

变量	物理意义	分布类型	分布特征参数
t_{PD}	混凝土修复	三角分布	$T(7.5,10,12.5)$
	灌浆处理		$T(7.5,10,12.5)$
	阴极保护		$T(7.5,10,12.5)$
	贴钢板		$T(10,17,25)$
t_{PDC}	混凝土修复	三角分布	$T(7.5,10,12.5)$
	灌浆处理		$T(7.5,10,12.5)$
	阴极保护		$T(7.5,10,12.5)$
	贴钢板		$T(10,17,25)$
r_e	混凝土修复	三角分布	$T(0.4,0.9,1.2)$
	阴极保护		$T(0.3,0.9,1.3)$
	贴钢板		$T(0.4,0.6,1.0)$
r	贴钢板	三角分布	$T(0.24,0.32,0.4)$

通过优化分析，原设计的最优维护策略为：结构在寿命周期内分别在第 2 035.35 年、第 2 063.89 年和第 2 095.45 年进行三次灌浆维护，而且在第 2 101.04 年对结构一次混凝土修复。桥梁在寿命周期内的累计寿命周期成本为 30.4 万元，变异系数从 0.48 变化到 0.65。

寿命周期内可靠指标的最低值为3.875,在第2105年的可靠指标为3.875;寿命周期内状态指标的最低值为3.50,在第2105年的状态指标为5.617。将此维护策略作用在原设计结构上,用以第7章的设计参数必选研究。

原设计结构在组合维护策略下的可靠指标和状态指标性能图见图3.39。

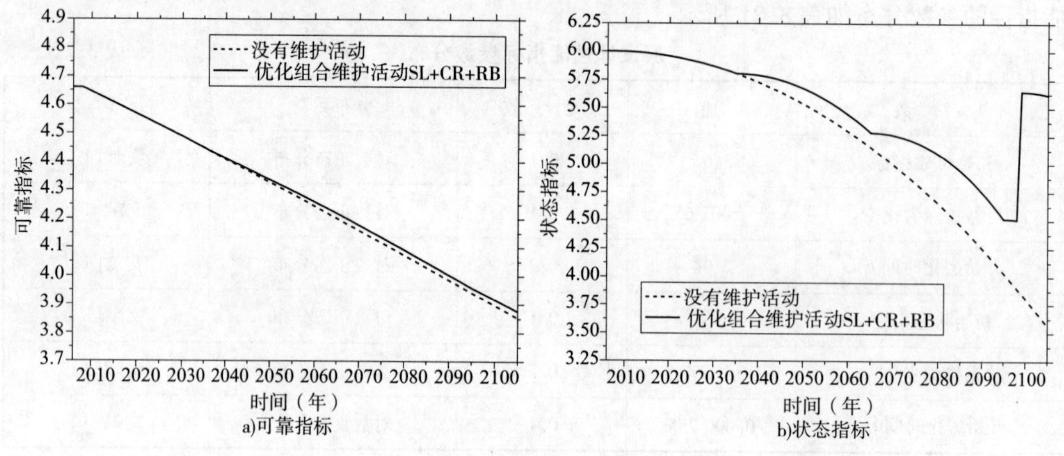

图3.39 优化组合维护策略(SL+CR+RB)作用下可靠指标和状态指标

原设计结构在组合维护策略下的年度寿命周期成本和累计寿命周期成本图见图3.40。

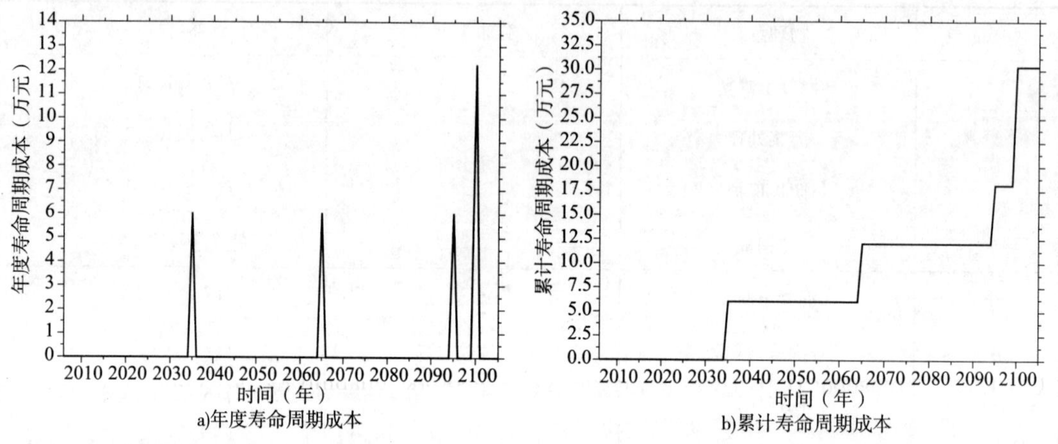

图3.40 优化组合维护策略E(SL+CR+RB)作用下年度和累计寿命周期成本

3.9 小结

本章提出了时变可靠指标作为桥梁承载能力状态下的性能指标和时变状态指标作为结构正常使用状态下的性能指标。推导了维护活动和桥梁结构时变性能指标以及全寿命成本的关系,并计算了在单一和组合维护活动下结构的时变性能指标值、年度和累计的寿命周期成本值。最后,使用粒子群优化算法进行多目标的组合维护策略优化,最大化桥梁结构的时变可靠指标和状态指标,最小化寿命周期内的累计成本,通过迭代,得到最优的维护组合策略。对于修改设计,优化的组合维护策略为在寿命周期内进行三次灌浆维护活动,而对于原设计,优化的组合维护策略为在寿命周期内分别进行三次灌浆维护和一次混凝土修复维护活动。

本章参考文献

[1] Hawk H,Small E P. The BRIDGIT Bridge Management System. Structural Engineering International,Zurich,1998,8(4): 309-314.

[2] Small E P,Philbin T,Fraher M,*et al.* The current status of bridge management system implementation in the United States//Proc of the Int Bridge Management Conference. Washington D C,1999:1-15.

[3] 邵旭东,彭建新,晏班夫. 基于结构可靠度的桥梁维护策略优化研究. 工程力学,2008,25(9):149-155.

[4] Kong J S,Frangopol D M. Evaluation of expected life-cycle maintenance cost of deteriorating structures. Journal of Structural Engineering,2003,129(5): 682-691.

[5] Kong J S,Frangopol D M. Life-cycle reliability-based maintenance cost optimization of deteriorating structures with emphasis on bridges. Journal of Structural Engineering,2003,129(6): 818-828.

[6] Kong J S,Frangopol D M. Prediction of reliability and profiles of deteriorating bridges under time-and performance-controlled maintenance. Journal of Structural Engineering, 2004, 130(12): 1865-1874.

[7] Pecherdchoo A. Maintaining condition and safety of deteriorating bridges by probabilistic models and optimization. Colorado: University of Colorado,2006:34-109.

[8] Van Noortwijk J M. Two probabilistic life-cycle maintenance models for deteriorating civil infrastructures. Probabilistic Engineering Mechanics,2004,19: 345-359.

[9] Frangopol D M,Kong J S,Gharaibeh E S. Reliability-based life-cycle management of Highway bridges. Journal of Computing in Civil Engineering,2001,15(1): 397-410.

[10] Liu M,Frangopol D M. Time-dependent bridge network reliability: a novel approach. Journal of Structural Engineering,2005,131(2): 329-337.

[11] Liu M,Frangopol D M. Optimal bridge maintenance planning based onprobabilistic performance prediction. Journal of Structural Engineering,2005,131(5): 833-842.

[12] Miyamoto A,Kawamura K,Nakamura H. Bridge management system and maintenance optimization foe existing bridge. Computer-aided Civil and Infrastructure Engineering,2000,15(6): 45-55.

[13] Liu C,Hammad A,Itoh Y. Multiobjective optimization of bridge deck rehabilitation using a genetic algorithm. Computer-aided Civil and Infrastructure Engineering, 1997, 12(1): 431-443.

[14] Kennedy J,Eberhart R C. Partical swarm optimization//Proc of the IEEE Int Conf on Neural

Network. Perth,1995：1-8.

[15] Clerc M,Kennedy J. The particle swarm explosion stability and convergence in a multi- dimensional complex space. IEEE Transactions on Evolutionary Computation,2002,6(1)：58-73.

[16] 蒋秀洁,乐良才．基于改进 PSO 算法的电力系统机组优化组合．三峡大学学报,2005,27(6)：504-508.

[17] Coello C A C, et al. MOPSO：a proposal for multiple objective particle swarm optimization. In：Proc of the IEEE World Congress on Computational Intelligence. Hawaii, 2002：23-56.

[18] Venter G, et al. Particle swarm optimization. Colorado：AIAA 2002 ~ 1235,2002:21-45.

[19] 安伟刚,李为吉．改进的粒子群优化算法及其工程应用．机械科学与技术,2005,24(4)：415-417.

[20] 冯奇峰,李言．改进粒子群优化算法在工程优化问题中的应用研究．仪器仪表学报,2005,26(9)：984-988.

[21] 杨俊杰,周建中,吴玮,等．改进粒子群优化算法在负荷经济分配中的应用．电网技术,2004:1-4.

第4章　基于寿命周期成本的桥梁全寿命优化设计框架体系

在交通仿真软件的基础上，推导了桥梁在维护过程中由于交通耽搁、交通堵塞以及改线所造成的燃油消耗成本、收费损失成本、驾驶员损失成本等用户成本以及社会成本的评估公式。基于改进的事件树模型，考虑维护活动的相关性以及维护时间的不确定性，建立了桥梁的维护方案发生时的直接维护成本和间接维护成本的概率计算模型，并结合第3章提出的指数指标劣化模型和状态指标劣化模型、最优组合维护策略模型，本章引入保护层厚度、混凝土等级、顶板厚度、底板厚度和梁高五个设计变量，基于概率成本计算模型、建立基于寿命周期成本的全寿命优化设计模型。在满足全寿命性能的前提下，根据全寿命成本现值最小的原则，决策出最优的全寿命设计方案。根据全寿命设计理论体系框架，编制了全寿命设计决策分析程序。

4.1　概述

土木工程中寿命周期成本分析的总目标是提供一个成本—效益分析的工程方法，能够用经济学的方法分配不同的成本，包括设计、营运、检测、养护、维护、改造和整个设计基准期的劣化与失效。这种将优化技术和概率方法结合在一起的分析方法能够为决策者提供一个有效的经济评估工具，在收支平衡的基础上判断维护方案的优劣。

基础设施对一个国家来说非常重要，桥梁是基础设施中的一个重要组成部分。自从混凝土应用于桥梁建设中，混凝土就成为桥梁建设的主导材料。开始，人们认为混凝土像岩石一样坚固耐用，但事实情况并非如此。已建桥梁常常有较大的变形，需要大量的维修和养护。美国联邦高速公路管理局(FHWA)：美国近60万座桥梁中50%以上出现钢筋腐蚀病害，每年需750亿美元的维修费，占年总建造费的1.25%。英国每年维修因腐蚀破坏钢筋混凝土结构的费用达4.5亿英镑，占年总建筑投资的1.1%。中国40万座桥梁中有1万多座受到损害，其中4千座已成危桥，如果维修这些桥梁，每年的维修费高达40亿，但目前每年只有10亿元的费用可供国家提供维修，修复和更换费用却是有限的，这样可能会严重影响未来的国家经济发展，所以，必然要求发展可持续性的基础设施。

所谓可持续性，就是要求工程师以经济、社会和环保的观点来考虑长远意义的设计。工程设计从来不只一种选择。优秀的工程师要在经济和效率的束缚中寻求最优的解决方案。地球上自然资源有限，工程师还要考虑结构物对环境产生的长期影响。如何评价一个工程的可持续性呢？每一个结构物都是试验，在造价、环境影响和社会影响方面的性能都是可估量的。人们从现有结构物中可知道什么是好的设计，什么是不好的设计。桥梁为这个问题提供了一个好的范例，因为桥梁是纯结构物，它们可以证明结构工程师的选择正确与否。对以往桥梁实例的研究可以为更永久的结构设计提供全面的思考。阐述目前设计方法,耐久性设计的研究现状和存在问题。

桥梁结构设计的基本原则是安全、适用和经济。传统的桥梁结构设计主要是采用定值设计的方法,追求的是一个满足设计规范条件下的最低水平设计[1]。

一般桥梁结构在正常维护的条件下,在设计基准内结构能够完好地工作,当桥梁结构使用超过服役期,服务水平会下降,人们并不轻易地将耐久性损伤的混凝土桥梁结构报废,而是一直在寻求合适、经济、科学的修理方法,来延长正在服役桥梁结构的寿命。而对桥梁结构维护时,除造成直接维护费用外,由于维护或更换构件导致交通堵塞、改道或交通事故带来的维护间接成本,一般超出直接成本的几倍。这使得决策者在桥梁设计阶段对桥型、桥宽和截面尺寸等参数的确定时,不但要考虑初始造价,还要考虑桥梁服役期的维护造成的直接成本和间接成本。

目前,有不少学者对桥梁优化设计方法进行研究。Frangopol 教授等(1997 年)[2]介绍了基于可靠度的桥梁结构优化设计方法的基本思想,讨论了其优化模型,综述了该研究方向的发展动态。禹智涛和韩大建(2002 年)[1]、屈文俊和张誉(1999 年)[3]、屈文俊和车惠民(1998 年)[4]提出了劣化结构的优化设计思想,讨论了成本的计算模型,并通过算例验证其可行性。邵旭东等(2008 年,2006 年)[5-6]研究了结构优化设计的寿命周期成本模型以及优化设计框架。Lee 和 Cho(2004 年)[7]研究了钢结构的全寿命设计方法,提出了部分间接用户成本模型。

基于此,本研究在已有研究的基础上[5-6,8],进一步提出基于寿命周期成本的劣化桥梁全寿命优化设计方法的设计框架和基本思路,即满足桥梁服务水平前提条件下,以寿命周期成本期望值总和最小的原则来决策最优的设计方案。提出了该设计方法的关键技术和设计框架,并以预应力混凝土空心板连续梁桥设计参数的决策为研究对象,证明该方法的有效性和合理性。

4.2 桥梁全寿命优化设计的设计框架

一座桥梁的规划设计所涉及的因素很多,特别对于大、中型桥梁,是一个综合性的系统工程,在我国,基本建设程序分为前期工作和正式设计两个大步骤,其相互关系见图 4.1。每一部分的含义和设计内容可参考邵旭东教授编著的教材(见参考文献[9])。

根据本书的研究,对原来的规划设计过程进行修改,将全寿命优化设计过程加入图 4.1 的常规设计过程,如图 4.2 所示。

如图 4.2 所示,将全寿命优化设计放在初步设计和技术设计之间,在初步设计完成后,即桥型方案、主要初步尺寸和工程投资确定后,进入全寿命优化设计阶段,引入桥梁劣化模型、维护策略等因素,在投资、可靠性能、力学指标多重约束作用下对桥梁截面尺寸进行重新确定,优化结果将修改初步设计和工程预算投资。有时,可以将初步设计和全寿命优化设计合并,同步进行。但是,在将来的桥梁设计过程中,桥梁设计人员必须引入全寿命设计理念。

根据目标函数,约束条件和前面章节的研究内容,提出劣化桥梁全寿命设计的设计步骤和设计框架,见图 4.3。

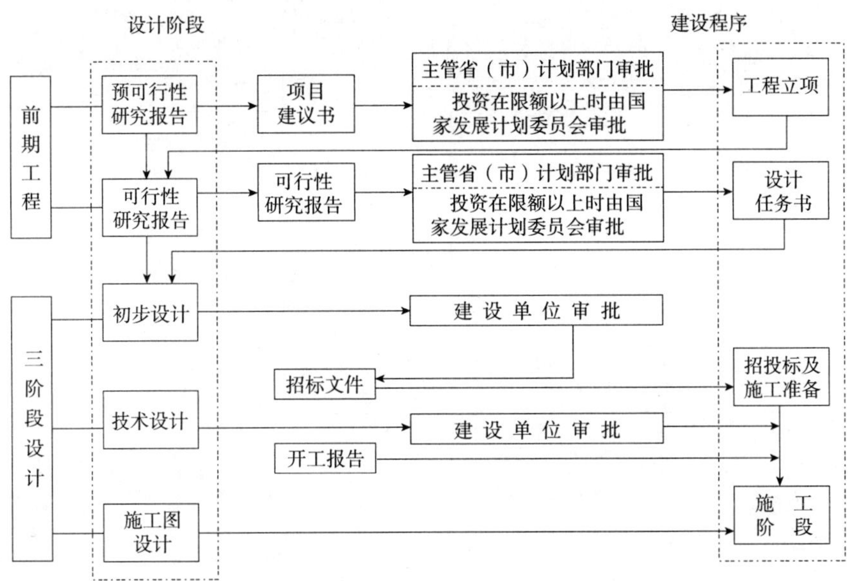

图4.1 设计阶段与建设程序关系图

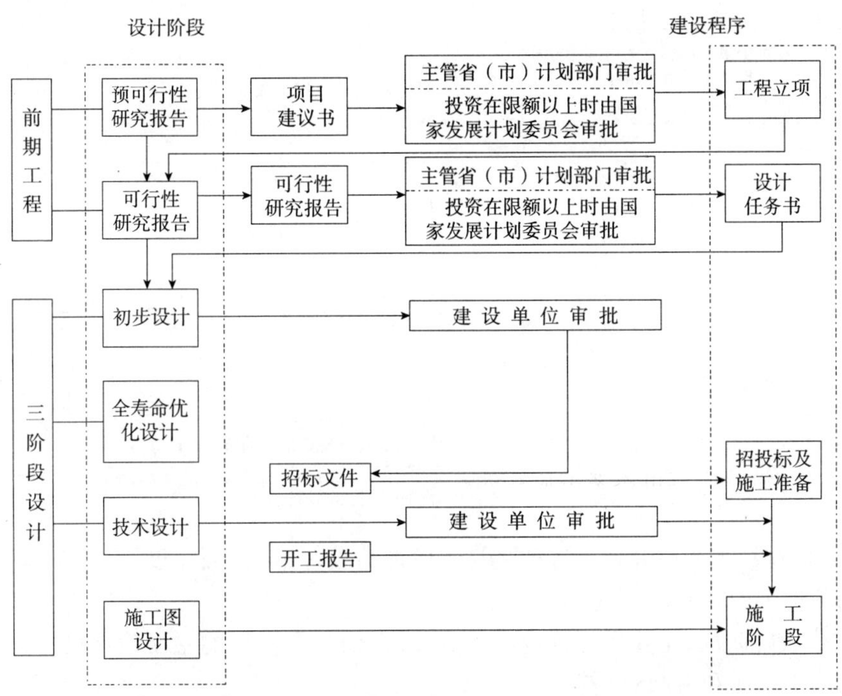

图4.2 基于全寿命优化设计的设计阶段与建设程序关系图

根据上述的桥梁建设过程和全寿命设计步骤，可以得出基于全寿命优化设计的桥梁建设步骤为：

(1)预可行性阶段，研究建桥的必要性和宏观经济上的合理性，主要解决建设项目的立项上报问题，在“预可报告”中，有桥型比选方案。

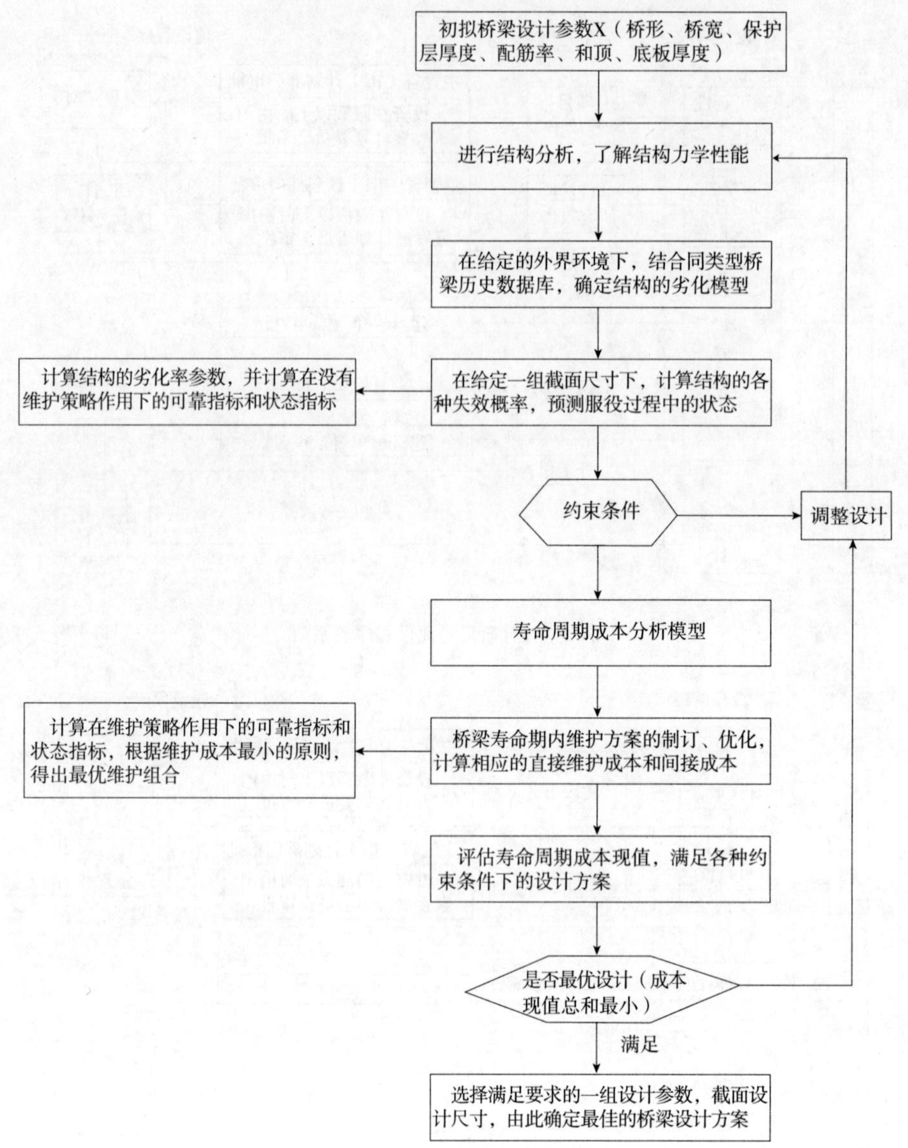

图 4.3　桥梁全寿命优化设计的设计框架

(2)工可阶段，主要研究技术标准，包括：设计荷载标准、桥面宽度、设计车速等，在这一阶段，应与其他部门共同协商确定。

(3)初步设计阶段，主要目标确定设计方案，提供各个桥形的主要设计尺寸，工程材料、工程数量、施工工法和编制概预算。

(4)全寿命设计阶段，主要对已经确定下来的桥形方案的主要截面尺寸进行优化设计，通过引入劣化模型、维护策略和成本计算，考虑桥梁设计、施工、服役和报废全寿命过程，并对结构进行详细的计算，将优化结果反馈给初步设计，进行必要的修改。

(5)技术设计，主要针对特大桥梁或新型桥梁结构，对重大、复杂问题进行可以试验、专题研究，进一步完善总体和细部的技术问题以及施工方法，并修正工程预算。

(6)施工图设计,对所确定的修桥原则、设计方案、技术标准加以具体和深化,对桥梁各个构件进行详细的结构分析,确保强度、刚度、裂缝、构造等各项技术指标满足规范要求,并编制详细的施工详图。

对于全寿命优化设计阶段,是本文的研究重点。目前,全寿命优化设计刚刚起步,相应的借鉴工程和理论依据比较缺乏,根据图 4.3 中提出的全寿命设计框架和位于湖南省衡炎高速公路的全寿命优化设计试验桥的设计实践,可以得出全寿命优化设计阶段的具体步骤为:

(1)根据初步设计,初拟设计参数的设计尺寸(保护层厚度、梁高、顶板厚度和底板厚度等设计参数);

(2)结构分析,确定主要力学指标;

(3)确定该桥形的失效模式,计算结构失效概率和平均损伤比例,确定结构的性能模型(可靠指标和状态指标);

(4)基于概率的寿命周期成本计算模型;

(5)组合维护策略的优化分析,得到结构的服役期内的维护策略;

(6)得到各组设计参数下的全寿命成本和性能指标,根据全寿命成本最小原则,决策出最优的一组设计参数;

(7)信息反馈给初步设计,修改初步设计阶段的设计尺寸和工程预算。

4.3　全寿命优化设计的研究内容

通过对优化目标函数,约束条件以及设计过程的分析,可以看出全寿命优化设计过程是一个包含多阶段、多参数、多学科的设计过程。在桥梁劣化模型、成本计算模型和维护策略模型中,含有大量的不确定性参数和模糊参数。为了能够构建混合全寿命优化模型,决策出一组最优的设计参数,提高该设计理念的可操作性,结合试验桥的设计实践,本研究认为应从以下几个方面展开系统研究:

(1)桥梁信息可视化数据库建立、研究,为时变失效概率计算和维护分析奠定基础;

(2)桥梁服役过程中的劣化机理研究,失效模式确定以及失效概率计算;

(3)基于时变可靠指标和状态指标的桥梁性能评价模型;

(4)桥梁维护—成本—服务水平的综合关系研究;

(5)智能优化算法研究;

(6)系统集成和软件开发研究。

根据以上分析,劣化桥梁全寿命优化设计方法有如下特点[10-12]:

(1)桥梁工程结构全寿命优化设计中的大量不确定性。如外部环境(荷载和结构所处场地类型等)的不确定性、结构本身的不确定性(结构材料性能、截面几何参数和计算模式的精度等不确定因素导致的结构构件抗力的不确定性)、结构整体分析中由于模型简化的误差而导致的不确定性以及维护策略和维护参数的不确定性等。为了充分考虑所涉及的各种不确定性因素,目前主要考虑随机性因素,必须采用结构可靠度理论。

(2)桥梁工程结构设计准则的多重性。包括承载能力(弯曲和剪切)极限状态设计、正常使用极限状态设计以及与其他特殊功能要求相联系的极限状态。

(3)结构优化目标的多样性。对桥梁工程来说,人们既要求在目标方面考虑结构造价,还要考虑不同功能的失效概率和失效损失造成的失效损失期望、结构运行和维修费用等在内的经济指标,还可以以某些特定结构功能为目标。另外,目标函数的性质也很复杂,既有设计变量的显式函数(结构的重量或造价),又有设计变量的非线性、高度隐式函数(结构的失效损失期望);而且由结构造价和结构损失期望的加权和所构成的统一目标函数不具有对设计变量的单调性。

(4)结构设计变量的离散性。由于施工条件的要求,桥梁工程结构设计中的设计变量都是离散的。另外,相对于数目庞大的约束条件,实际桥梁工程结构中的设计变量由于受施工条件的限制,其数量是相对较少的。

(5)约束条件数目的庞大性与性质的复杂性。为使结构优化设计应用于实际桥梁工程,必须保证设计符合现行规范的各项要求。现行的各种规范对许多类型结构及构件的设计都给出了具体详细的规定,这些规定涉及结构设计的各个方面,其性质相差很大,从尺寸约束到结构强度刚度约束,从构件单元约束到结构体系约束,从正常使用极限状态下的弹性约束到最终极限状态的弹塑性约束,从基于可靠度的约束到确定性约束,等等。

4.4 全寿命优化设计和基于现有规范设计的关系

全寿命优化设计是在已有设计基础上的改进,继承了已有规范的设计标准,又增加了部分新的设计内容。全寿命优化设计和基于现有规范的设计的关系如表4.1所示。

全寿命优化设计和基于现有规范的设计关系　　表4.1

内　容	设计基准期	荷　载	抗　力
基于现有规范的设计	100年	经过100年的随机过程分析,按95%的保证率获取	①提高混凝土品质,增大保护层厚度,提高混凝土结构的耐久性; ②没有涉及桥梁结构的劣化规律和维护策略
全寿命优化设计	100年	适当提高保证率以降低桥梁多因素损伤的风险。桥梁具有承担突发荷载的能力	①用定量方法总结国内外桥梁结构的劣化规律; ②用定量方法评估桥梁结构全寿命耐久性; ③定量计算桥梁维护过程中的直接维护成本和间接维护成本

在经过对大量既有服役的桥梁劣化规律和维护方法优化研究的基础上,通过优化分析,在相同的环境下和基于现有规范设计比较,全寿命优化设计有如下优点[5,8,13-14]:降低了桥梁在活载作用的应力水平,钢筋腐蚀开始时间得到有效的推迟,而且延缓了结构的劣化速率,进而桥梁的失效概率大大降低,必然减少在寿命期内的结构维护次数,甚至在设计基准期内出现零维护(服务水平一直保持较高),从而大大地减少了桥梁的直接维护成本和间接维护成本(用户成本和社会成本)。

4.5 全寿命优化设计的原则和注意事项

基于寿命周期成本的桥梁全寿命优化设计方法认为,桥梁规范是提供桥梁结构物应具有"最低"要求标准,桥梁规范应给出有关结构各方面的明确定义、规定和有关限值,并鼓励在设计和施工中采用和开发新材料和新技术。从桥梁结构功能和经济角度考虑,业主有权选择高于规范要求的性能目标。结构工程师也有责任给业主提供专业咨询,使业主对桥梁结构的性能有足够的了解,根据业主和规范的要求,与业主共同确定合理的桥梁性能目标。这就要求设计人员与开发业主不断地沟通与交流,相互合作,完成桥梁性能目标的选择。使所设计的桥梁性能既能满足业主要求,同时也满足桥梁规范的相关规定。

在基于寿命周期成本的桥梁全寿命优化设计方法中,设计人员也不是被动地根据规范的规定来设计结构,结构工程师可以充分地发挥其主动性与灵活性,根据所选择的性能目标,结合业主的意见与经济条件,综合选择最佳的结构设计方法、建筑材料以及施工方法。这有利于在结构设计中使用可以改变桥梁性能的新材料、新技术(高强混凝土与FRP的使用),促进建筑结构各个专业的发展。

总的来说,基于寿命周期成本的桥梁全寿命优化设计方法中桥梁的性能目标的确定大致包括以下几个原则:①业主首先依据桥梁功能、用途和经济条件,在给定的外界作用条件下,对建设项目提出初步的目标要求;②结构工程师向业主提供相应的技术支持,包括初始造价、维护费用、遭遇各种情况下的可能修复费用以及修复所耽搁的时间及其所造成的费用;③结构工程师在技术上确定桥梁的耐久性、服务水平等性能;④结构工程师与业主共同商定,确定桥梁的最终性能目标等级,并与业主签订合同;⑤根据所选择结构最终性能目标等级,结合业主的意见,结构工程师选择最佳的结构设计方法、建筑材料和施工方法;⑥设计完成后,结构工程师要检验所设计的建筑物是否满足所规定的结构性能的定量目标,仔细检查施工,使施工符合结构设计文件的要求。

要实现基于寿命周期成本的桥梁全寿命优化设计方法,控制各个等级所要求的结构耐久性、服务水平和桥梁结构全寿命成本,为社会和业主提供最优的性能目标,必须首先清楚各个性能等级目标为耐久性和服务水平的各种参数。但是,结构的性能目标是多因素综合作用后的一种量度,不同的性能等级目标要求不同的设计标准。有可能各种参数会冲突,这就决定了进行结构的截面参数设计必须反复验算和修改,直到满足设计目标为止。因此,基于寿命周期成本的桥梁全寿命优化设计方法十分强调验算的作用,验算是所设计出结构的性能目标能满足设计要求的重要步骤。每一步设计之后都要求进行验算,验算的内容因设计方法和性能目标不同而有差异。验算常包括结构系统和非结构系统两部分,对于简单、非重要的结构物,验算可以适当简化,而对于重要、复杂的结构物,需要经过正式验算。

目前的规范只倾向于重视结构,因为结构性能与人身安全关系最密切。然而,接受结构损失也就意味着导致服务水平的下降。随着经济的发展以及社会化程度的提高,人们对桥梁结构的服务水平的要求也更高。

基于寿命周期成本的桥梁全寿命优化设计方法是以结构设计和结构性能为基础的一种全新的桥梁优化设计方法。该设计理论与以往的设计理论有很大的区别,是在吸收以往桥梁设计方法的基础上对桥梁设计理念的一次变革。这一设计理论涉及桥梁设计的各个方面,它要求从项目提出开始,直到桥梁结构寿命结束的全过程都体现“性能”的理念,包括桥梁耐久性分析、服务水平分析、维护策略、桥梁性能目标的选择、场地适应性决策、基于寿命周期成本的分析、概念设计、初步设计、最终设计、桥梁结构性能评估和结构寿命周期内的使用维护,每一步都是全寿命优化设计理论应用的关键,因此,基于寿命周期成本的桥梁全寿命优化设计方法研究与开发是桥梁工程一个重要课题,对土木工程学科的发展具有重要意义。

在结构设计中,结构工程师是设计的主体,但是,基于寿命周期成本的桥梁全寿命优化设计体系不可能仅仅依靠结构工程师来建立。在用户成本和社会成本的评估中,要考虑社会因素和人为因素。基于寿命周期成本的桥梁全寿命优化设计方法需要社会各部门的参与协调。

如前所述,完整的基于寿命周期成本的桥梁全寿命优化设计方法包括设计、评估、施工、检验、服役、报废等桥梁工程的各个方面,因此需要各方面专业人士的密切合作。首先,设计方法是桥梁工程结构设计的基础,自从基于寿命周期成本的桥梁全寿命优化设计方法提出来之后,也引起桥梁工程界学者的极大兴趣,并逐渐展开系统的研究。

基于寿命周期成本的桥梁全寿命优化设计方法涉及桥梁施工与维修等内容。要保证施工质量,可以采用不同的施工方法,随着桥梁性能不同,要求也随之不同。另外,基于性能的工程项目并不因工程建设的结束而结束,桥梁设计是贯穿整个结构物寿命的一种结构性能,会受到结构物的使用、磨损、改造等影响,因此,需要不时地维修以使结构性能不致出现大的降低。基于寿命周期成本的桥梁全寿命优化设计方法应着眼于桥梁结构整个服役期。

4.6 折现率模型

寿命成本分析过程的一个关键特点是计算将来成本,将来成本的计算是以经济原则为基础,即货币的时间价值,也就是说将来的 1 美元在现在的值少于 1 美元。因此,为了考虑不同的时间投资决策,所有的成本和效益必须转化为在一个相同的时间域里比较。这个过程称为折现,通过折现率来体现,为每单元货币在一段时间内的百分比变化。

结合 LCCA 方法,定义为百分比值用于比较一段时间内各种货币的影响,通过对不同方案的将来成本进行折现,所有方案要有一个相同的比较时间。其基本公式为:

$$P=\frac{F}{(1+r_{\mathrm{d}})^{n}} \tag{4.1}$$

式中:P——将来成本的现值;

F——从现在开始,经过一段时间后的将来成本;

n——F 发生的年数;

r_{d}——折现率。

在寿命周期成本分析中,折现率是最为敏感的参数之一,折现率的取值对最后的输出有较大的影响。一个低的折现率表示项目有更大的初始投资,而更高的折现率表示有更高的将来成本,包括管理单位成本、用户成本和社会成本。

有很多因素影响货币的时间价值和折现率,其中最有意义的是货币利润率和通货膨胀。两个指标用于评估货币的价值变化,为市场利息率和通货膨胀、市场利息率表示本金的年度增值,受股票、期货和银行储蓄影响,而通货膨胀表示总体价格水平的变化。

通常使用常值折现率和名义折现率来计算将来成本的计算,常值折现率表示货币在一段时间内有相同的购买能力,而名义折现率表示货币购买能力的波动。目前已有文献对寿命周期成本分析中采用折现率以及通货膨胀进行研究。Circular A - 94[15]对真实折现率和名义折现率有一个明确的定义。实际工程中,折现率的选取是一件复杂的工作,因为项目资金的来源是通过各种渠道,每一种来源对应的折现率不一样。Hall 等(2001 年)[16]讲述了 4 种折现率的选取方法。在 Walls 和 Smith(1998 年)[17]的联邦公路管理技术报告中指出,在路面建设投资使用寿命周期成本方法时折现率的选择应该反应过去时间内的历史趋势影响。

4.7　全寿命设计的优化模型

劣化桥梁的全寿命设计优化模型的建立是一个非常复杂的过程,优化模型中包含桥梁结构分析模型、基于可靠指标和状态指标的评估模型、最优维护策略模型和基于概率的寿命周期成本模型,全寿命优化模型是混合的优化模型,涵盖了桥梁工程、工程经济,优化理论、可靠度理论和交通工程,是交叉学科的重要体现。

4.7.1　设计变量

在本文的优化分析中,有七个设计变量,分别为空心板保护层厚度 C_d,梁高 h,混凝土的等级 C_C,截面顶板厚度 t_t,截面底板厚度 t_b,第一次预防性维护使用时间均值 $\mu(t_{PI})$,随后预防性维护的使用时间间隔均值 $\mu(t_P)$。可用向量描述:

$$\boldsymbol{X}_i = [C_d, h, C_C, t_t, t_b, \mu(t_{PI}), \mu(t_P)]^T \tag{4.2}$$

4.7.2　优化目标函数

劣化桥梁全寿命成本主要包括建造成本、维护成本、维修成本和失效成本。本文通过成本的计算构造优化函数。为了能够进行全寿命设计理念的实现,本研究提出如下全寿命设计优化模型:

$$\begin{aligned} LCC(T) = {} & C_D + C_C + C_{ini}(C_d, h, C_C, t_t, t_b) + C_{ins}(T) + \sum_i C_{Rep,i}(T, C_d, h, C_C, t_t, t_b, \mu(t_{PI}), \\ & \mu(t_P)) \cdot P_{S,i}(T, C_d, C_C, h, t_t, t_b, \mu(t_{PI}), \mu(t_P)) + \sum_k P_{f,k}(T, C_d, C_C, h, t_t, t_b, \\ & \mu(t_{PI}), \mu(t_P)) \cdot C_{f,k}(T, C_d, C_C, h, t_t, t_b, \mu(t_{PI}), \mu(t_P)) + C_f(C_d, h, C_C, t_t, t_b) \end{aligned} \tag{4.3}$$

式中:LCC——全寿命成本;

C_D——设计成本;

C_C——业主成本;

C_{ini}——初始建造成本,是设计变量的函数;

C_{ins}——桥梁检测成本,是与桥梁寿命相关的函数;

$C_{Rep,i}$——桥梁服役期内第 i 次预防性维护成本,是设计变量的函数;

$P_{S,i}$——第 i 次劣化桥梁的正常使用状态下失效概率;

$P_{f,k}$——第 k 次劣化桥梁承载能力状态下的失效概率；

$C_{f,k}$——第 k 次失效后桥梁的维修成本，是设计变量的函数；

C_f——失效成本，为设计变量的函数；

T——桥梁寿命期。

C_D 为确定性成本，由第 4.8.1 节确定，在优化分析可以忽略。C_C 也为确定性成本，由 4.8.1 节确定，在优化分析可以忽略。

C_{ins}为桥梁在服役期的检测成本总和，可由式(4.16)计算。

C_{ini}是一个受多种因素影响的成本值，由桥梁类型、桥梁长度、施工工法和截面尺寸决定的成本，在本文分析中，认为桥梁类型、桥梁长度和施工工法都是已知确定的，在优化分析不考虑，建造成本只与截面参数有关。初始成本可由下式计算：

$$C_{ini} = C_{steel} \cdot A_{steel}(h, t_t, t_b) + C_{concrete} \cdot A_{concrete}(C_d, C_C, t_t, t_b) \tag{4.4}$$

式中：C_{steel}——单位面积钢材的价格；

A_{steel}——钢材面积；

$C_{concrete}$——单位面积混凝土的价格；

$A_{concrete}$——混凝土面积，由 C_d、C_C、t_t、t_b 决定。

C_{Rep}为预防性维护活动的直接成本和间接成本总和。在第 4.8.1 节中，详细地描述预防性维护活动的发生时间和使用间隔的设计参数 $\mu(t_{PI})$、$\mu(t_P)$。本章利用上一章的研究成果，认为优化分析中的预防性维护策略和基于性能的维护策略是最优的，则预防性维护成本计算公式为：

$$C_{Rep} = \sum_i C_{Rep,i}(T, C_d, h, t_t, t_b) \tag{4.5}$$

每一次预防性维护活动发生会产生直接成本和间接成本，间接成本可根据第 4.8.2 节提出的公式进行评估，而直接成本可用下式计算：

$$C_{Rep,i} = f(T, C_d, h, C_C, t_t, t_b) \tag{4.6}$$

第 i 次维护直接成本是设计变量 C_d、h、C_C、t_t、t_b 和寿命期 T 的隐式函数。根据经验，为建造成本的百分比。

$P_{S,i}$为由设计变量决定的结构失效概率，用于判断桥梁进行维修的时间，在优化分析中，可由第 2 章中推导的结构开裂比例以及第 3 章定义的结构性能状态，研究预防性维护对维修时间[$\mu(t_{PI})$,$\mu(t_P)$]的确定，这在第 3 章中已进行研究，使用最优化维护组合作用于分析结构上。

$C_{f,k}$包括桥梁维修活动的直接成本和间接成本总和，间接成本可根据第 4.8.5 节提出的公式进行评估，直接成本可由下式计算：

$$C_{f,k} = h(T, C_d, h, C_C, t_t, t_b) \tag{4.7}$$

第 i 次大修的直接成本是设计变量 C_d、h、C_C、t_t、t_b 和寿命期 T 的隐式函数。

$P_{f,k}$为由设计变量决定的结构倒塌失效概率，用于判断桥梁进行大修的时间，在优化分析中，用可由第 2 章中推导的结构倒塌以及结构可靠指标，对于预防性维护对维修时间确定的影响[$\mu(t_{PI})$,$\mu(t_P)$]在第 3 章中已进行研究，使用最优化的维护组合作用于分析结构上。

经分析，劣化桥梁寿命期内，维修总成本可用下式计算。

$$C_{\mathrm{M}}=\sum_{i}C_{\mathrm{Rep},i}(T,C_{\mathrm{d}},h,C_{\mathrm{C}},t_{\mathrm{t}},t_{\mathrm{b}},\mu(t_{\mathrm{PI}}),\mu(t_{\mathrm{P}}))\cdot P_{\mathrm{S},i}(T,C_{\mathrm{d}},C_{\mathrm{C}},h,t_{\mathrm{t}},t_{\mathrm{b}},\mu(t_{\mathrm{PI}}),\mu(t_{\mathrm{P}}))+\sum_{k}P_{\mathrm{f,k}}(T,C_{\mathrm{d}},C_{\mathrm{C}}、h,t_{\mathrm{t}},t_{\mathrm{b}},\mu(t_{\mathrm{PI}}),\mu(t_{\mathrm{P}}))\cdot C_{\mathrm{f,k}}(T,C_{\mathrm{d}},C_{\mathrm{C}},h,t_{\mathrm{t}},t_{\mathrm{b}},\mu(t_{\mathrm{PI}}),\mu(t_{\mathrm{P}}))\quad(4.8)$$

C_{f} 在分析中同理为建造成本的百分比。

综上所述,目标函数可用下式描述:

$$LCC(T)=[C_{\mathrm{steel}}\cdot A_{\mathrm{steel}}(h,t_{\mathrm{t}},t_{\mathrm{b}})+C_{\mathrm{concrete}}\cdot A_{\mathrm{concrete}}(C_{\mathrm{d}},C_{\mathrm{C}},t_{\mathrm{t}},t_{\mathrm{b}})]+\sum_{i}C_{\mathrm{Rep},i}(T,C_{\mathrm{d}},h,C_{\mathrm{C}},t_{\mathrm{t}},t_{\mathrm{b}},)\cdot P_{\mathrm{S},i}(T,C_{\mathrm{d}},C_{\mathrm{C}},h,t_{\mathrm{t}},t_{\mathrm{b}})+\sum_{k}P_{\mathrm{f,k}}(T,C_{\mathrm{d}},C_{\mathrm{C}},h,t_{\mathrm{t}},t_{\mathrm{b}})\cdot C_{\mathrm{f,k}}(T,C_{\mathrm{d}},C_{\mathrm{C}},h,t_{\mathrm{t}},t_{\mathrm{b}})\quad(4.9)$$

在计算中根据实际情况取值。

设计变量可重新定义为:

$$\boldsymbol{X}_i=[C_{\mathrm{d}},h,C_{\mathrm{C}},t_{\mathrm{t}},t_{\mathrm{b}}]^{\mathrm{T}}\quad(4.10)$$

4.7.3　约束条件

在式(4.9)中有五个设计变量,分别为空心板保护层厚度 C_{d},截面的高度 h,混凝土的等级 C_{C},截面顶板厚度 t_{t},截面底板厚度 t_{b},设计变量的取值如下:

$$\left.\begin{array}{l}C_{\mathrm{dmin}}<C_{\mathrm{d}}<C_{\mathrm{dmax}}\\h_{\mathrm{min}}<h<h_{\mathrm{max}}\\t_{\mathrm{tmin}}<t_{\mathrm{t}}<t_{\mathrm{tmax}}\\t_{\mathrm{bmin}}<t_{\mathrm{b}}<t_{\mathrm{bmax}}\end{array}\right\}\quad(4.11)$$

式中:C_{dmin}、C_{dmax}——分别为空心板保护层的下限值和上限值;

h_{min}、h_{max}——空心板配筋率的下限值和上限值;

t_{tmin}、t_{tmax}——分别为空心板顶板厚度的下限值和上限值;

t_{bmin}、t_{bmax}——分别空心板底板厚度的下限值和上限值,各种限值在算例实践中有具体体现。

在全寿命设计过程中,本研究主要是通过修改截面设计参数来体现所提出的设计理念,以及对结构形式也进行了相应的修改。所以,修改设计必须满足结构应力要求:

$$\left.\begin{array}{l}\sigma_{\mathrm{beam},ij}\leqslant[\sigma]_{\mathrm{beam}}\\\sigma_{\mathrm{dun},i}\leqslant[\sigma]_{\mathrm{dun}}\end{array}\right\}\quad(4.12)$$

式中:$\sigma_{\mathrm{beam},ij}$——第 i 跨第 j 块空心板的应力(MPa);

$\sigma_{\mathrm{dun},i}$——第 i 跨墩身的应力(MPa);

$[\sigma]_{\mathrm{beam}}$——梁体混凝土的应力限值;

$[\sigma]_{\mathrm{dun}}$——墩身混凝土的应力限值。

另外,在优化分析中还有两个重要参数为可靠指标 β 和状态指标 C,这两个指标要满足如下约束:

$$\left.\begin{array}{l}\beta\geqslant\beta_{\mathrm{target}}\\C\geqslant C_{\mathrm{target}}\end{array}\right\}\quad(4.13)$$

式中:β_{target}——目标可靠指标;

C_{target}——目标状态指标,具体取值在算例中体现。

4.8 寿命周期成本的构成以及计算模型

寿命周期成本主要由业主成本、用户成本和社会成本组成，其中业主成本包括初始造价、将来改造和维护成本、周期养护成本、日常管理成本、设计费用成本以及荷载试验成本等，用户成本包括汽车运行成本、交通耽搁成本和其他（不舒适成本）等，社会成本包括事故成本、环境影响成本以及其他（图 1.1）。

对于新建桥梁，在设计基准期内发生的成本可用下式计算：

$$LCC(T)=C_{\mathrm{D}}+C_{\mathrm{C}}+C_{\mathrm{L}}+\sum_{i=1}^{K}C_{i,\mathrm{ins}}(T)+C_{\mathrm{main}}(T)+\sum_{j=1}^{N}P_{\mathrm{s},j}C_{j,\mathrm{REP}}(T)+\sum_{i=1}^{M}P_{\mathrm{f},i}(T)C_{i,\mathrm{F}}+C_{\mathrm{k}} \tag{4.14}$$

式中：LCC——寿命周期成本现值总和；

C_{D}——设计成本；

C_{C}——施工建造成本；

$C_{i,\mathrm{ins}}$——第 i 次桥梁检测成本；

C_{main}——常规预防性维护活动发生的直接维护成本和间接维护成本；

$C_{j,\mathrm{REP}}$——第 j 次正常使用失效时的直接维护成本和间接维护成本；

$P_{\mathrm{s},j}$——第 j 次正常使用失效概率；

$C_{i,\mathrm{F}}$——第 i 次结构失效发生时的直接维护成本和间接维护成本；

$P_{\mathrm{f},i}(T)$——第 i 次失效发生的概率；

C_{k}——桥梁失效时报废回收处理成本；

K——检测次数；

N——正常使用状态失效次数；

M——承载能力状态失效次数；

T——设计基准期，本研究取 100 年。

同理，寿命周期成本可以用概率公式表达，对于单座桥梁 i，其寿命周期成本现值可以写成：

$$\begin{aligned}NPV&=C_{\mathrm{Mi}}+C_{\mathrm{Ui}}+C_{\mathrm{Si}}\\&=c_{\mathrm{M0}}+\sum_{t=1}^{T}\{(1+r)^{-1}\cdot[c_{\mathrm{Mi}}(t)\cdot P_{\mathrm{Mi}}(t)+c_{\mathrm{Ui}}(t)\cdot P_{\mathrm{Ui}}(t)+c_{\mathrm{Si}}(t)\cdot P_{\mathrm{Si}}(t)]\}\end{aligned} \tag{4.15}$$

式中：NPV——寿命周期成本现值总和；

C_{Mi}、C_{Ui}、C_{Si}——分别为业主成本、用户成本和社会成本；

c_{M0}——初期建设成本；

$c_{\mathrm{Mi}}(t)$、$c_{\mathrm{Ui}}(t)$、$c_{\mathrm{Si}}(t)$——分别为桥梁在服役期中第 t 年的业主成本、用户成本和社会成本；

r——折现率；

T——结构寿命分析年限，即设计基准期；

$P(\cdot)$——每种成本发生的概率。

4.8.1　业主成本

在寿命周期成本计算中，业主成本 C_{ac} 的期望值为：

$$E[C_{ac}] = E[C_c] + E[C_{ini}] + E[C_D] + E[C_L] + E[C_{ins}] + E[C_{Mai}] + E[C_{Rep}] + E[C_F] + E[C_k] \tag{4.16}$$

其中：$E[C_c]$ 为管理成本期望值，一般为桥梁管理人员的工资和维持管理单位的日常运作成本，为确定性成本；

$E[C_{ini}]$ 为桥梁建设所需的初始造价成本期望值，由钢筋、水泥材料费、人工费以及工程机械费等组成，该项成本的得到可由建设单位提供一个确定性的值；

$E[C_D]$ 为设计成本期望值，根据行业规定，一般为初始造价的 $c\%$，即 $E[C_D] = C_{ini} \times c\%$；

$E[C_L]$ 为荷载试验成本，由荷载试验承担单位与业主单位签订的合同确定，该成本是一个确定性的值；

$E[C_{ins}]$ 为桥梁常规检查成本期望值。

按照一定的时间间隔对桥梁定期进行检查，时间间隔的长度和一次检查和养护的成本根据不同的桥形是不相同的，秦权（2002 年）[18] 提出了与时间相关的计算方法。本研究采用如下公式计算检测成本 $E[C_{ins}]$：

$$E[C_{ins}] = \sum_{i=1}^{K} C_{i,ins}(T) \tag{4.17}$$

式中：K——寿命基准期内桥梁检测的总次数；

$C_{i,ins}(T)$——第 i 次检测时的费用，本文假设桥梁的每次检测费用与桥梁状态相关，检测费用逐次增加，则 $C_{i,ins}(T)$ 可用下式计算：

$$C_{i,ins}(T) = C_{i-1,ins}(T) \times (1+\alpha) \tag{4.18}$$

式中：α——比例常数，由桥梁的劣化状态确定。

$E[C_{Mai}]$ 为桥梁常规预防性维护直接成本期望值。按照一定的时间间隔对桥梁定期进行养护，时间间隔的长度和一次养护的直接成本根据不同的桥形是不相同的，与桥梁形式、桥梁宽度等参数有关，则直接维护成本可用下式计算：

$$C_{Main,i} = f_1(x_1, x_2, \cdots, x_n) \tag{4.19}$$

式中：$C_{Main,i}$——时间控制的预防性维护直接成本；

x_1、x_2……x_n——设计参数，与桥梁状态有关。

$E[C_{Rep}]$ 为维修成本期望值。当桥梁结构正常使用功能退化到 $C \leqslant C_{target}$ 时，对桥梁进行维修加固，而每一次维修成本与桥梁所处的状态、维修方案以及状态指标的提高目标有关，这是一项非常复杂而又难以精确估计的成本。$E[C_{Rep}]$ 用下式评估：

$$E[C_{Rep}] = P_s f_2(\beta, C, t) \tag{4.20}$$

式中：P_s——结构正常使用失效的概率；

f_2——一次维护直接成本函数，为可靠指标、状态指标和维护方案的函数，可以根据相同环境下桥梁维修资料统计得到。

$E[C_F]$ 为失效成本期望值。当桥梁结构由于劣化等原因发生失效时，即 $\beta \leqslant \beta_{target}$ 时，对桥梁进行翻新维修，而每一次维修成本与桥梁所处的状态和维修方案有关，C_F 用下式评估：

$$E[C_F] = P_f f_3(\beta, t) \tag{4.21}$$

式中：P_f——结构倒塌失效概率；

f_3——倒塌成本函数，为可靠指标和维护方案的函数，可以根据相同环境下桥梁维修历史资料统计得到。

$E[C_k]$为桥梁失效时报废回收处理成本期望值，假设 C_k 桥梁初始建造成本的比例，即：

$$E[C_k] = C_{ini} \times k\% \tag{4.22}$$

4.8.2 用户成本

桥梁在维护时造成交通中断或者车辆改道行驶，由此产生间接维护成本为用户成本，包括收费损失成本、燃油消耗成本和驾驶员耽搁成本。本文通过对交通流的仿真研究，在交通仿真软件 TSIS 的基础上[8]，提出了下列用户成本模型。

用户成本期望值 $E[C_{uc}]$为：

$$E[C_{uc}] = E[C_{user,toll}] + E[C_{user,oil}] + E[C_{user,driver}] \tag{4.23}$$

$E[C_{user,toll}]$为桥梁维护时由于交通堵塞、延迟或路线改道造成收费效益损失成本期望值，可由下式计算：

$$E[C_{user,toll}] = \sum_{i=1}^{N}\left[\sum_{h=1}^{H}\frac{L_n m_h k_{hm} t_w (n_h - n_{hi})}{n_h}\right]\cdot\frac{1}{(1+r)^{t_i}} \tag{4.24}$$

式中：N——维护总的次数；

H——车辆类型数，包括货车、公交车和私家车等；

L_n——设计变量；

m_h——每一种类型车的收费单价；

k_{hm}——某一类型车的交通量；

t_w——维护时交通延误耽搁时间；

n_h——不维护时的正常运行车速；

n_{hi}——维护时某一种车型的车速；

r——折现率；

t_i——计算时间。

$E[C_{user,oil}]$为桥梁维护时由于交通堵塞、延迟或路线改道造成燃油消耗成本期望值，可由下式计算：

$$E[C_{user,oil}] = \sum_{i=1}^{N}\left[\sum_{h=1}^{H} L_n p_h t_w (L_{yhi} - L_{yh})\right]\cdot\frac{1}{(1+r)^{t_i}} \tag{4.25}$$

式中：p_h——每一种车型所耗油的类型单价；

L_{yh}——某一车型不维护时总的耗油量；

L_{yhi}——某一车型维护时总的耗油量；

其他参数意义见式(4.24)。

$E[C_{user,driver}]$为桥梁维护时由于交通堵塞、延迟或路线改道造成驾驶员成本期望值，可由下式计算：

$$\mathrm{E}[C_{\mathrm{user,driver}}]=\sum_{i=1}^{N}\left[\sum_{h=1}^{H}w_h k_{hm} t_{\mathrm{w}} l\left(\frac{1}{n_h}-\frac{1}{n_{hi}}\right)\right]\cdot\frac{1}{(1+r)^{t_i}} \tag{4.26}$$

式中：w_h——每某一种车型的驾驶员单价；

l——维护施工影响长度；

其他参数意义见式(4.24)。

4.8.3 社会成本

桥梁在维护时造成交通中断或者车辆改道行驶，由此产生间接维护成本中的另一项成本为社会成本，其包括事故成本和环境成本。本研究通过对交通流的仿真研究，在交通仿真软件 TSIS 的基础上[8,19]，同理提出了下列社会成本模型。

社会成本期望值 $\mathrm{E}[C_{\mathrm{sc}}]$，可用下式计算：

$$\mathrm{E}[C_{\mathrm{sc}}]=E[C_{\mathrm{society,acc}}]+\mathrm{E}[C_{\mathrm{society,env}}] \tag{4.27}$$

$\mathrm{E}[C_{\mathrm{society,acc}}]$ 为桥梁维护时由于交通堵塞、延迟或路线改道造成交通事故，由于交通事故引发生命损失，造成社会成本损失，事故损失的大小可由下式计算：

$$\mathrm{E}[C_{\mathrm{society,acc}}]=\sum_{i=1}^{N}\left[\sum_{h=1}^{H}C_{ha}t_{\mathrm{w}}(A_{ha}-A_h)\right]\cdot\frac{1}{(1+r)^{t_i}} \tag{4.28}$$

式中：C_{ha}——某一车型发生事故的成本损失；

A_{ha}——某一车型在维护时的事故率；

A_h——正常行驶的事故率；

其他参数意义见式(4.24)。

$\mathrm{E}[C_{\mathrm{society,env}}]$ 为考虑桥梁维护时由于交通堵塞、延迟或车辆改道造成对环境的影响，由于汽车排放造成空气污染，净化空气，治理污染所需要的社会成本，排放损失成本的大小可由下式计算：

$$\mathrm{E}[C_{\mathrm{society,env}}]=\sum_{i=1}^{N}\left\{\sum_{h=1}^{H}\left[\sum_{j=1}^{E_N}C_{\mathrm{j,ea}}t_{\mathrm{w}}(Index_{\mathrm{j,ea}}-Index_{\mathrm{j,h}})\right]\right\}\cdot\frac{1}{(1+r)^{t_i}} \tag{4.29}$$

式中：$C_{\mathrm{j,ea}}$——治理某一种排放所花费的成本，该成本较难评估；

$Index_{\mathrm{j,ea}}$——维护时的排放指标；

$Index_{\mathrm{j,h}}$——正常运行时的排放指标；

其他参数意义见式(4.24)。

4.8.4 失效成本

发生在桥梁寿命周期的最后，包括拆除费用和残余价值[20]。无论混凝土桥还是钢桥，拆除费用为初期建设费用的 $k\%$，与桥梁所处的位置有关，叶文亚等(2006 年)[20]取 10%。混凝土桥梁没有残值；钢桥的残值为初期建设费用的 2%[20]。该项成本研究较少。

4.8.5 基于概率模型的用户成本

$\mathrm{E_P}[C_{\mathrm{uc}}]$ 为用户成本概率期望值。当桥梁结构正常使用功能退化到需要维护加固时，对桥梁进行维修加固活动，由此导致的间接概率用户成本为：

$$E_p[C_{uc}] = P_r \cdot \{E[C_{user,toll}] + E[C_{user,oil}] + E[C_{user,driver}]\} \tag{4.30}$$

式中： P_r——结构失效的概率；

$E[C_{user,toll}]$、$E[C_{user,oil}]$、$E[C_{user,driver}]$——分别为间接维护成本，可由式(4.24)～式(4.26)计算得到。

$E_P[C_{sc}]$为社会成本概率期望值。当桥梁结构正常使用功能退化到$C \leqslant C_{target}$或者$\beta \leqslant \beta_{target}$时，对桥梁进行维修加固，由此导致的间接社会成本概率期望值为：

$$E_p[C_{sc}] = P_r \cdot \{E[C_{society,acc}] + E[C_{society,env}]\} \tag{4.31}$$

式中： P_r——结构失效的概率；

$E[C_{society,acc}]$、$E[C_{society,env}]$——分别为间接维护社会成本期望值，可由式(4.28)和(4.29)计算得到。

4.9 算例分析

4.9.1 维护概率的计算

各种桥梁在服役期内均需进行适当的维护以保持良好的营运功能，维护管理人员必须决定什么时间和怎样进行维护、养护、改造或更换劣化结构，这就需要有效的成本评估方法。通常劣化结构寿命周期成本分析中的施工成本、检测成本、维护成本和用户成本的计算依赖于该成本的发生时间，而检测和维护的时间和持续时间是不确定的。因此，不同维护活动的发生时间和持续时间必须用概率分布来描述。本节通过事件树模型，得出维护概率，用以验证上述提出的寿命周期成本模型的可行性。

根据 Kong 和 Frangopol(2003 年)[21]的研究，先定义一组随机变量$T_i, i=1,\cdots,n$，这里T_i表示$i-1$和i两个活动的时间间隔。这些随机变量由相对时间刻度来表示，也就是说，不同维护方案的维护时间不同，随机变量也可以由绝对时间刻度来表示，在这种情况下，时间由一个已知的区域确定，一个具体的固定时间点，变量根据绝对时间和相对时间的关系为：

$$T_i^* = \sum_{j=1}^{i} T_j \tag{4.32}$$

式中：T_i^*——维护活动i基于绝对时间刻度的维护时间；

T_j——基于相对前一次维护的维护时间，为了便利，用随机变量R_n代替T_n^*，R_n表示第n个维护活动基于绝对时间刻度的维护时间，其中R_n和随机变量t_1的关系为

$$R_n = T_1 + T_2 + \cdots + T_n = \sum_{i=1}^{n} t_i \tag{4.33}$$

假如T_i的分布是已知的，则R_n的分布是可知的。

通常，任何一个连续的概率密度分布能够转化为离散概率函数，维护活动i在t_1^*发生的概率能够用离散的时间轴表示，可以用年、月进行表示。假设一个系统在t_1^*和t_2^*上各维护一次，维护时间能够用两个相对时间变量T_1和T_2来描述：

$$\left.\begin{aligned} T_1^* &= R_1 = T_1 \\ T_2^* &= R_2 = T_1 + T_2 \end{aligned}\right\} \tag{4.34}$$

R_2 的概率块函数可以表示为：

$$P[R_2(t_2^*)] = P_{T_1,T_2}(t_1,t_2) = P(T_1 = t_1 \text{ 和 } T_2 = t_2) \tag{4.35}$$

$P[R_2(t_2^*)]$ 为第二次维护活动在 t_2^* 时的概率；$P_{T_1,T_2}(t_1,t_2)$ 表示在第一次维护基础上进行第二次维护的条件概率，t_i^* 为第 i 次维护活动基于绝对时间轴的发生时间，为随机变量 T_i^* 的值，t_i 为随机变量 t_i 的值。

引入一个新的设计变量 t_L^*，为一个基于绝对时间轴的时间变量，用于计算各种可能维护路径，这些可能的维护组合满足边界条件：$t_L^* = t_1 + t_2 + \cdots + t_n$。

例如，第二次维护在 t_L^* 的概率，包括所有可能的路径可以计算为：

$$P[R_2(t_2^*)] = P(R_2 = t_L^*) = \sum_{t_1+t_2=t_L^*} P_{(T_1,T_2)}(t_1,t_2) = \sum_{t_1,t_2} P_{(T_1,T_2)}(t_1,t_2 \mid t_1+t_2=t_L^*) \tag{4.36}$$

这里 $\sum\limits_{t_1+t_2=t_L^*}$ 为所有满足 $t_1+t_2=t_L^*$ 的维护活动总和。

对于一系列的维护活动，第 n 次维护活动在 t_L^* 时的维护概率为：

$$\begin{aligned} P[R_n(t_n^*)] &= P(R_n = t_L^*) = \sum_{t_1+t_2+\cdots+t_n=t_L^*} P_{(T_1,T_2,\cdots,t_n)}(t_1,t_2,\cdots,t_n) \\ &= \sum_{t_1,t_2,\cdots,t_n} P_{T_1,T_2,\cdots,T_n}(t_1,t_2,\cdots,t_n \mid t_1+t_2+\cdots+t_n=t_L^*) \end{aligned} \tag{4.37}$$

在这种情况下，需要设计变量 T_1、T_2……T_n 的联合概率块函数。结合具体的维护计划和维护活动的概率分布，详细的计算过程见图 4.1 和表 4.1。

为了得到在 t_L^* 时间任何可能的维护信息，在 t_L^* 的所有可能维护概率都要加起来。在一个已知点 $t = t_L^*$，所有维护活动的叠加概率可以根据离散的维护概率获得，即年度的叠加维护概率：

$$\sum_i P[R_i(t=t_L^*)] = \sum_i P[R_i(t_L^*)] \tag{4.38}$$

为了评估从 0 到 t_L^* 的系列维护活动的叠加概率，累计的叠加概率可由下式计算：

$$\sum_i P[R_1(t \leqslant t_L^*)] = \sum_{t \leqslant t_L^*} \sum_l P[R_i(t_L^*)] \tag{4.39}$$

4.9.2　维护成本的计算

1）直接维护成本

新结构的服役寿命的开始年为折现的基准期，在时刻 t 时第 i 个预防性维护活动发生的成本考虑折现的影响可用下式表示：

$$C_{\text{Mai},i}(t) = \frac{C_{\text{Mai},i}}{(1+r)^t} \tag{4.40}$$

式中：$C_{\text{Mai},i}$——第 i 个预防性维护活动的直接成本，假设在时间 t_1^*、t_2^*……t_n^*（基于绝对时间轴）有 n 个预防性维护活动，因此 $t_i^* = \sum\limits_{m=1}^{i} t_m$，$t_m$ 为基于相对时间轴的时间参数。

所以，$t_n^* = t_1 + t_2 + \cdots + t_n = t_L^*$，这个情况下的总维护成本为：

$$\begin{aligned} C_{\text{Mai},n}^T(t_L^*) &= C_r^T(t_1^*, t_2^*, \cdots, t_n^*) \\ &= C_{\text{Mai},1}(t_1^*) + C_{\text{Mai},1}(t_1^*) + \cdots + C_{\text{Mai},1}(t_n^*) \end{aligned}$$

$$=\frac{C_{\mathrm{Mai},1}}{(1+r)^{t_1}}+\frac{C_{\mathrm{Mai},2}}{(1+r)^{t_2}}+\cdots+\frac{C_{\mathrm{Mai},n}}{(1+r)^{t_n}} \tag{4.41}$$

根据公式(4.37),那么在 t_{L}^* 时间内的期望维护成本为:

$$\mathrm{E}[C_{\mathrm{Mai},n}^T(t_{\mathrm{L}}^*)]=P_{(T,n)}(t)\cdot C_{\mathrm{Mai},n}^T(t_{\mathrm{L}}^*)=P_{(T_1,T_2,\cdots,T_n)}(t_1,t_2,\cdots,t_n)\cdot C_{\mathrm{Mai},n}^T(t_{\mathrm{L}}^*) \tag{4.42}$$

根据边界条件 $t_{\mathrm{L}}^*=t_1+t_2+\cdots+t_n$,可以计算在绝对时间 t_1^*、t_2^*……t_n^* 的维护活动1、2……n 的成本。

通过式(4.38)和式(4.42),在一个已知点 $t=t_{\mathrm{L}}^*$,所有维护活动的期望维护成本可以用下式计算:

$$\mathrm{E}[C_r(t_{\mathrm{L}}^*)]=\sum_i C_{ri}^T=\sum_i P_{(T,i)}(t)\times C_{ri}^T(t_{\mathrm{L}}^*) \tag{4.43}$$

同理,使用式(4.49)和式(4.42)可以得到在$(0,t_{\mathrm{L}}^*]$内所有维护成本的期望值:

$$\mathrm{E}[C_{r,\mathrm{cummul}}(t\leqslant t_{\mathrm{L}}^*)]=\sum_{t\leqslant t_{\mathrm{L}}^*}[\sum_i P_{(T,i)}(t)\times C_{ri}^T(t_{\mathrm{L}}^*)] \tag{4.44}$$

2)用户成本

劣化结构在维护时,在一个已知点 $t=t_{\mathrm{L}}^*$,根据式(4.43)计算维护活动造成收费损失成本的期望值为:

$$\mathrm{E}[C_{\mathrm{user,toll}}^T(t_{\mathrm{L}}^*)]=\sum_i C_{\mathrm{toll},i}^T=\sum_i P_{(T,i)}(t)\times C_{\mathrm{user,toll}}^T(t_{\mathrm{L}}^*) \tag{4.45}$$

式中: t_{L}^*——维护时间;

$C_{\mathrm{user,toll}}^T(t_{\mathrm{L}}^*)$——由式(4.24)计算获得。

劣化结构在维护时,同理,由维护造成的燃油消耗成本期望值评估为:

$$\mathrm{E}[C_{\mathrm{user,oil}}^T(t_{\mathrm{L}}^*)]=\sum_i C_{\mathrm{oil},i}^T=\sum_i P_{(T,i)}(t)\times C_{\mathrm{user,oil}}^T(t_{\mathrm{L}}^*) \tag{4.46}$$

式中,$C_{\mathrm{user,oil}}^T(t_{\mathrm{L}}^*)$由式(4.25)计算获得。

劣化结构在维护时,在一个已知点 $t=t_{\mathrm{L}}^*$,维护活动造成驾驶员损失成本的期望值为:

$$\mathrm{E}[C_{\mathrm{user,drive}}^T(t_{\mathrm{L}}^*)]=\sum_i C_{\mathrm{drive},i}^T=\sum_i P_{(T,i)}(t)\times C_{\mathrm{user,drive}}^T(t_{\mathrm{L}}^*) \tag{4.47}$$

式中,$C_{\mathrm{user,drive}}^T(t_{\mathrm{L}}^*)$由式(4.26)计算获得。

所以,在 $t=t_{\mathrm{L}}^*$ 时,用户成本 C_{user}的期望值可表示为:

$$\mathrm{E}[C_{\mathrm{user}}(t_{\mathrm{L}}^*)]=\mathrm{E}[C_{\mathrm{user,toll}}(t_{\mathrm{L}}^*)]+\mathrm{E}[C_{\mathrm{user,oil}}(t_{\mathrm{L}}^*)]+\mathrm{E}[C_{\mathrm{user,drive}}(t_{\mathrm{L}}^*)] \tag{4.48}$$

在$(0,t_{\mathrm{L}}^*]$内用户成本的期望值计算公式为:

$$\mathrm{E}[C_{\mathrm{user,cummul}}(t\leqslant t_{\mathrm{L}}^*)]=\sum_{t\leqslant t_{\mathrm{L}}^*}\{\sum_i P_{(T,i)}(t)\times[C_{\mathrm{user,toll}}^T(t_{\mathrm{L}}^*)+C_{\mathrm{user,oil}}^T(t_{\mathrm{L}}^*)+C_{\mathrm{user,drive}}^T(t_{\mathrm{L}}^*)]\} \tag{4.49}$$

3)社会成本

在一个已知点 $t=t_{\mathrm{L}}^*$,劣化结构维护活动发生时造成事故成本的期望值为:

$$\mathrm{E}[C_{\mathrm{society,acc}}(t_{\mathrm{L}}^*)]=\sum_i C_{\mathrm{acc},i}^T=\sum_i P_{(T,i)}(t)\times C_{\mathrm{society,acc}}^T(t_{\mathrm{L}}^*) \tag{4.50}$$

式中,$C_{\mathrm{society,acc}}^T(t_{\mathrm{L}}^*)$可从式(4.28)计算获得。

同理,劣化结构维护活动发生时造成环境成本损失的期望值为:

$$\mathrm{E}[C_{\mathrm{society,env}}(t_{\mathrm{L}}^{*})] = \sum_{i} C_{\mathrm{env},i}^{T} = \sum_{i} P_{(T,i)}(t) \times C_{\mathrm{society,env}}^{T}(t_{\mathrm{L}}^{*}) \tag{4.51}$$

式中，$C_{\mathrm{society,env}}^{T}(t_{\mathrm{L}}^{*})$可从式(4.29)计算获得。

所以，在 $t=t_{\mathrm{L}}^{*}$ 时，社会成本 C_{society} 的期望值可表示为：

$$\mathrm{E}[C_{\mathrm{society}}(t_{\mathrm{L}}^{*})] = \mathrm{E}[C_{\mathrm{society,acc}}(t_{\mathrm{L}}^{*})] + \mathrm{E}[C_{\mathrm{society,env}}(t_{\mathrm{L}}^{*})] \tag{4.52}$$

所以，在$(0,t_{\mathrm{L}}^{*}]$内社会成本的期望值计算公式为：

$$\mathrm{E}[C_{\mathrm{society,cummul}}(t \leqslant t_{\mathrm{L}}^{*})] = \sum_{t \leqslant t_{\mathrm{L}}^{*}} \left\{ \sum_{i} P_{(T,i)}(t) \times [C_{\mathrm{society,acc}}^{T}(t_{\mathrm{L}}^{*}) + C_{\mathrm{society,env}}^{T}(t_{\mathrm{L}}^{*})] \right\} \tag{4.53}$$

在$(0,t_{\mathrm{L}}^{*}]$内由于有预防性维护活动发生造成的直接维护成本和间接维护成本的总和期望值计算公式为：

$$\begin{aligned}\mathrm{E}[C_{\mathrm{cummul}}(t \leqslant t_{\mathrm{L}}^{*})] = & \sum_{t \leqslant t_{\mathrm{L}}^{*}} \left[\sum_{i} P_{(T,i)}(t) \times C_{\mathrm{Mai},i}^{T}(t_{\mathrm{L}}^{*}) \right] + \sum_{t \leqslant t_{\mathrm{L}}^{*}} \left\{ \sum_{i} P_{(T,i)}(t) \times \right. \\ & \left. [C_{\mathrm{user,toll}}^{T}(t_{\mathrm{L}}^{*}) + C_{\mathrm{user,oil}}^{T}(t_{\mathrm{L}}^{*}) + C_{\mathrm{user,dri}}^{T}(t_{\mathrm{L}}^{*})] \right\} + \\ & \sum_{t \leqslant t_{\mathrm{L}}^{*}} \left\{ \sum_{i} P_{(T,i)}(t) \times C_{\mathrm{society,acc}}^{T}(t_{\mathrm{L}}^{*}) + C_{\mathrm{society,env}}^{T}(t_{\mathrm{L}}^{*}) \right\}\end{aligned} \tag{4.54}$$

4.9.3 交通仿真软件

使用美国FHWA的交通仿真软件TSIS对桥面维护（小规模的混凝土修补措施和桥面翻新）时的交通流情况进行模拟，进而确定维护过程中的交通耽搁时间，交通堵塞、燃油消耗和维护时的车速。

桥面施工要求翻新车道在封闭交通的情况下进行，具体的封闭范围为当前施工位置所在车道200 m内的区域，影响路段长度为2 km。每一个设计方案都对应相应的交通组织，具体的交通组织方案可参见文献[5,19]。以四车道和五车道为例说明交通组织概况，如图4.4所示。

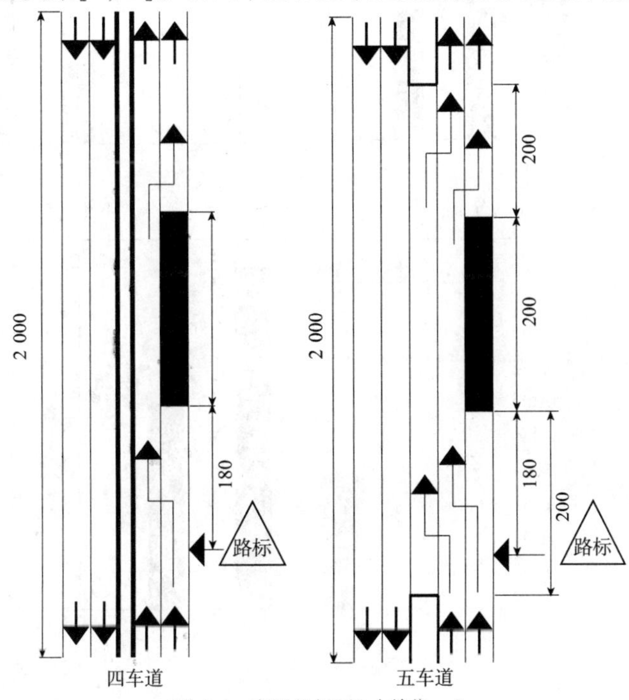

图4.4 交通组织（尺寸单位：m）

对两个方案在桥面翻新时交通组织如下。

方案1:施工段所在车道(200m范围)封闭交通,此车道上的车辆由相邻的车道通过,如图4.4所示。依据《道路交通标志和标线》(GB 5768—2009)的规定,在施工段前180m处设置警告标志。

方案2:施工段所在车道(200m范围)封闭交通,拆除施工段前后各200m内的中央护栏作为临时车道,车辆通行如图4.4所示。在施工段前180m处设置警告标志。

通过交通仿真软件TSIS,可以得到用以上述提出模型的计算参数,例如:交通延误时间,维护时的车速,维护时的耗油量以及交通不良状态下的各种排放指标。这些系数用以计算各种间接维护成本。

4.9.4 成本计算

1)维护概率

为了说明该方法的使用,对某桥的桥面进行维护规划,根据以往桥梁检测和维修历史资料,可以制订维护计划,如图4.5所示。假设在分析周期内共进行三次维护活动,且每一次维护活动的基于相对时间刻度的维护时间和概率是已知的。

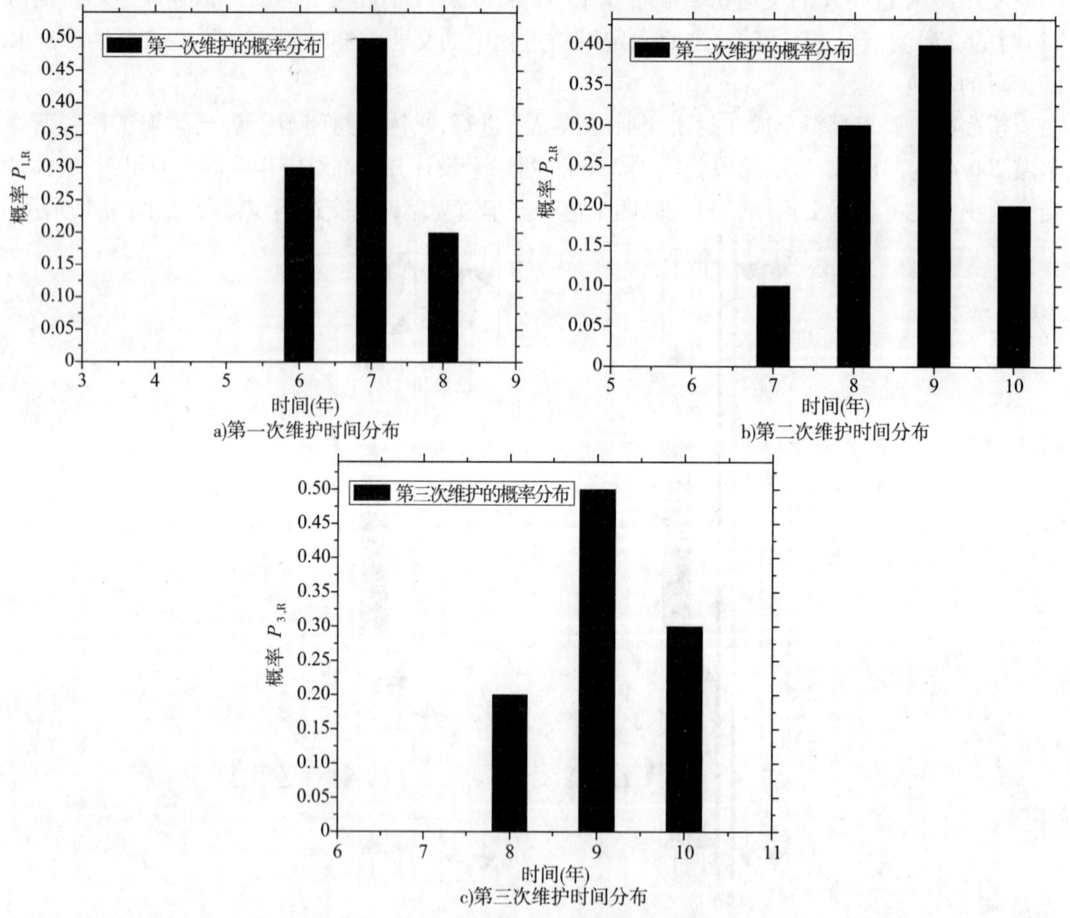

a)第一次维护时间分布

b)第二次维护时间分布

c)第三次维护时间分布

图4.5 维护计划的三次维护活动的概率分布

为了进一步说明 4.4.1 节的计算过程，结合维护计划中的维护活动的概率分布，用改进的事件树模型计算，如图 4.6 所示，参数意义见表 4.2。

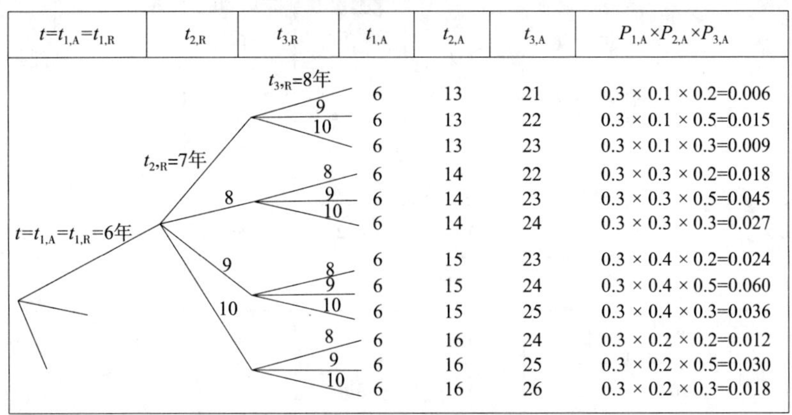

图 4.6　改进的事件树模型

根据图 4.6 的计算方法以及图 4.5 的分布规律，利用式(4.36)可以得到维护活动 i 在 t_L^* 的维护概率，如表 4.2 所示。

维护概率计算　　表 4.2

第一次维护的绝对时间 $T_{1,A}$	第一次维护的联合概率	第二次维护的相对时间 $T_{2,R}$	第二次维护的概率	第二次维护的绝对时间 $T_{2,A}$	第二次维护联合概率	第三次维护活动的相对时间 $T_{3,R}$	第三次维护的概率	第三次维护的绝对时间 $T_{3,A}$	第三次维护的联合概率
6	0.3	7	0.1	13	0.03	8	0.2	21	0.006
6	0.3	7	0.1	13	0.03	9	0.5	22	0.015
6	0.3	7	0.1	13	0.03	10	0.3	23	0.009
6	0.3	8	0.3	14	0.09	8	0.2	22	0.018
6	0.3	8	0.3	14	0.09	9	0.5	23	0.045
6	0.3	8	0.3	14	0.09	10	0.3	24	0.027
6	0.3	9	0.4	15	0.12	8	0.2	23	0.024
6	0.3	9	0.4	15	0.12	9	0.5	24	0.06
6	0.3	9	0.4	15	0.12	10	0.3	25	0.036
6	0.3	10	0.2	16	0.06	8	0.2	24	0.012
6	0.3	10	0.2	16	0.06	9	0.5	25	0.03
6	0.3	10	0.2	16	0.06	10	0.3	26	0.018
7	0.5	7	0.1	14	0.05	8	0.2	22	0.01
7	0.5	7	0.1	14	0.05	9	0.5	23	0.025
7	0.5	7	0.1	14	0.05	10	0.3	24	0.015
7	0.5	8	0.3	15	0.15	8	0.2	23	0.03

续上表

第一次维护的绝对时间 $T_{1,\mathrm{A}}$	第一次维护的联合概率	第二次维护的相对时间 $T_{2,\mathrm{R}}$	第二次维护的概率	第二次维护的绝对时间 $T_{2,\mathrm{A}}$	第二次维护联合概率	第三次维护活动的相对时间 $T_{3,\mathrm{R}}$	第三次维护的概率	第三次维护的绝对时间 $T_{3,\mathrm{A}}$	第三次维护的联合概率
7	0.5	8	0.3	15	0.15	9	0.5	24	0.075
7	0.5	8	0.3	15	0.15	10	0.3	25	0.045
7	0.5	9	0.4	16	0.2	8	0.2	24	0.04
7	0.5	9	0.4	16	0.2	9	0.5	25	0.1
7	0.5	9	0.4	16	0.2	10	0.3	26	0.06
7	0.5	10	0.2	17	0.1	8	0.2	25	0.02
7	0.5	10	0.2	17	0.1	9	0.5	26	0.05
7	0.5	10	0.2	17	0.1	10	0.3	27	0.03
8	0.2	7	0.1	15	0.02	8	0.2	23	0.004
8	0.2	7	0.1	15	0.02	9	0.5	24	0.01
8	0.2	7	0.1	15	0.02	10	0.3	25	0.006
8	0.2	8	0.3	16	0.06	8	0.2	24	0.012
8	0.2	8	0.3	16	0.06	9	0.5	25	0.03
8	0.2	8	0.3	16	0.06	10	0.3	26	0.018
8	0.2	9	0.4	17	0.08	8	0.2	25	0.016
8	0.2	9	0.4	17	0.08	9	0.5	26	0.04
8	0.2	9	0.4	17	0.08	10	0.3	27	0.024
8	0.2	10	0.2	18	0.04	8	0.2	26	0.008
8	0.2	10	0.2	18	0.04	9	0.5	27	0.02
8	0.2	10	0.2	18	0.04	10	0.3	28	0.012

利用式(4.39)进行叠加,可以得到在 t_{L}^{*} 的所有维护活动发生的概率。例如:第22年维护活动发生的概率为:$P_{1,6} \cdot P_{2,7} \cdot P_{3,9} + P_{1,6} \cdot P_{2,8} \cdot P_{3,8} + P_{1,7} \cdot P_{2,7} \cdot P_{3,8} = 0.043$。

根据表4.2中的计算结果,利用式(4.38)和式(4.39),可以计算各年度的维护概率以及累计维护概率,计算结果如图4.7、图4.8所示。

2)直接维护成本计算

假设单位面积的桥面维护成本为 $C_1 = 2\,000$ 元[17],折现率假设为 $r = 0.04$,桥宽为16.0m,双向四车道,桥长为100m,分析周期为30年。计算在图4.5维护计划下的年度维护成本和累计维护成本,计算结果如图4.9和图4.10所示。

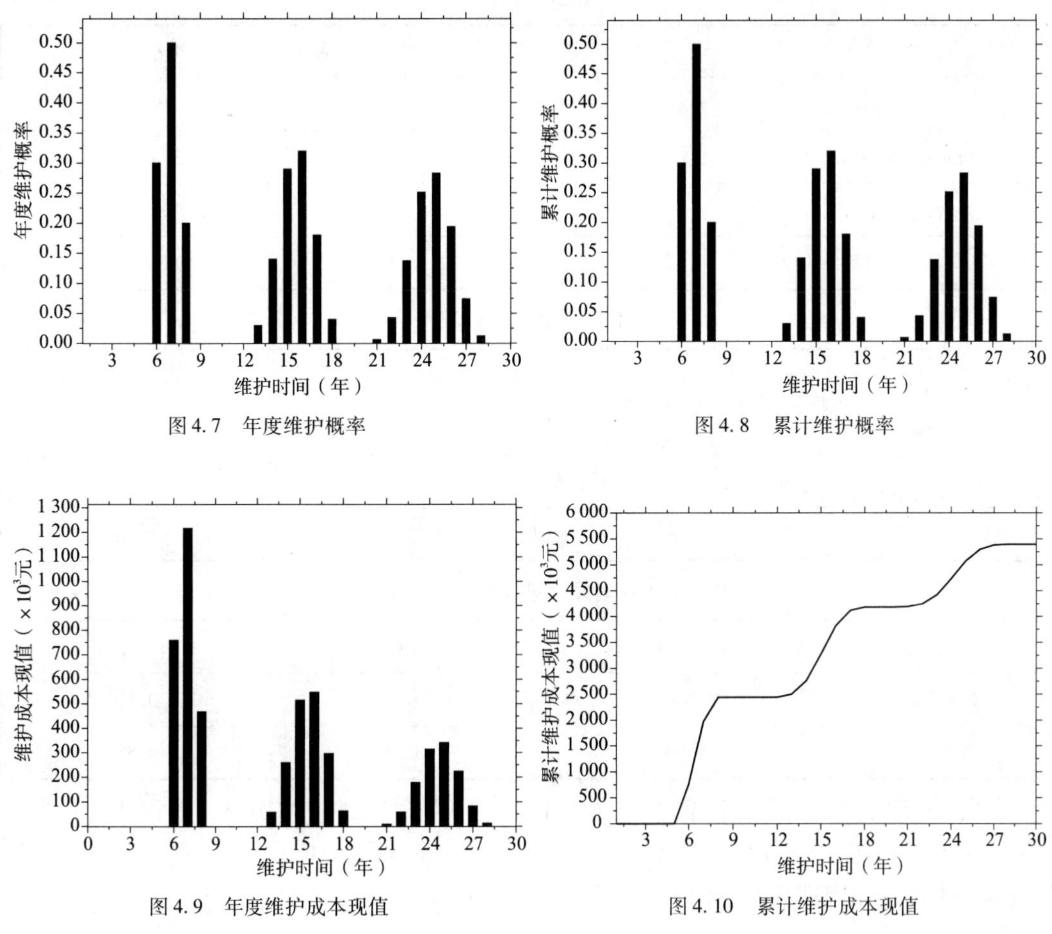

图4.7 年度维护概率

图4.8 累计维护概率

图4.9 年度维护成本现值

图4.10 累计维护成本现值

3)用户成本和社会成本计算

用户成本和社会成本采用式(4.24)～式(4.29)以及式(4.48)、式(4.53)进行计算，公式中的参数采用美国交通仿真软件TSIS[8,19]模拟维护施工过程中对交通耽搁的影响进行确定，用于用户成本计算的参数见表4.3和4.4，计算结果如表4.5所示，排放指标如表4.6所示。

用于用户成本评估分析参数 表4.3

项　目	符号	参数
车辆过桥收费	m	10元/辆
燃油价格	p	4元/L
折现率	r	4%
平均车速	v	80km/h
单向交通量	k	1 600辆/h
大车与小车比例		3:7

社会成本评估参数　　表 4.4

参　　数	符号	大小
平时事故率	A_n	1.9
维护过程中的事故率	A_a	3.0
每次事故平均成本	C_a	1 000 000
每次降低排放指标平均成本	C_{ea}	10 000

TSIS 仿 真 结 果　　表 4.5

指标 / 方案	平均车速(km/h)	行程时间(s/车)	延误(s/车)	15min 燃油消耗(L/h)
不维护施工	80.0	90.1	0.59	701.72
维护施工	39.8	180.9	90.91	1 018.92

单个车道维护时尾气排放指标[g/(km·h)]　　表 4.6

组织方案	CO	HC	NO_x
不维护施工	2.58	0.15	0.42
维护施工	3.80	0.23	0.55

利用 TSIS 的仿真结果，得出在图 4.6 维护方案下的每次维护的用户成本和社会成本总和为 364.2 万元，而寿命周期总成本为 1 153.7 万元。叠加维护成本，可以得出年度寿命周期成本和累计寿命周期成本，如图 4.11 和图 4.12 所示。

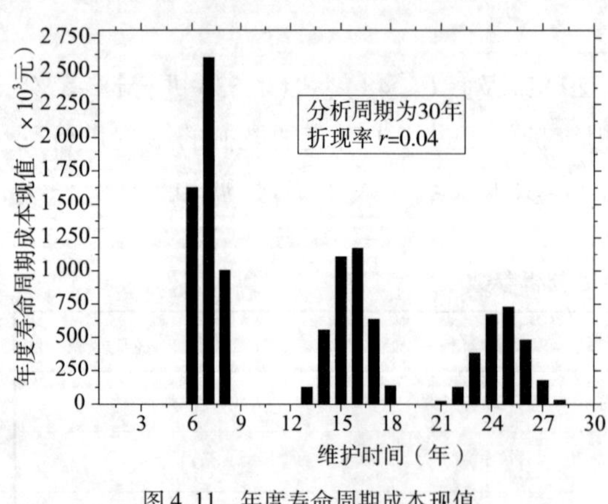

图 4.11　年度寿命周期成本现值

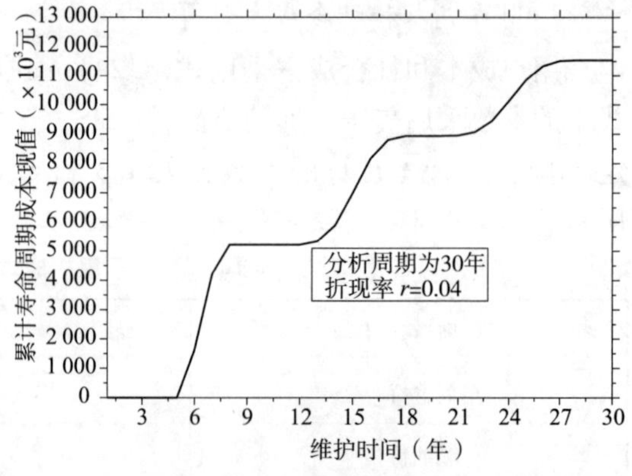

图 4.12　累计寿命周期总成本现值

从图 4.11 和图 4.12 可以看出：年度寿命周期成本和累计寿命周期成本的分布图与图 4.9 和 4.10 的分布是一致的，这说明叠加用户成本和社会成本后，没有改变成本的分布规律，但用户成本和社会成本在寿命周期总成本中占有很大比例，根据本文的计算，为 31.6%。

4.9.5　参数研究

1)考虑折现率的影响

在寿命周期成本分析中要考虑将来成本,折现率是一个非常重要的参数,而且对寿命周期成本分析非常敏感。笔者分别取折现率 $r=0.02$、$r=0.05$、$r=0.08$、$r=0.10$,对成本计算(不考虑用户成本)的影响,假设 $C_{ri}=1\ 000$ 进行分析。

从图 4.13 可以看出,随着折现率增加,寿命周期总成本的折现值降低。考虑成本的时间因素,越后期的维护活动发生的成本对方案评估的影响越小。

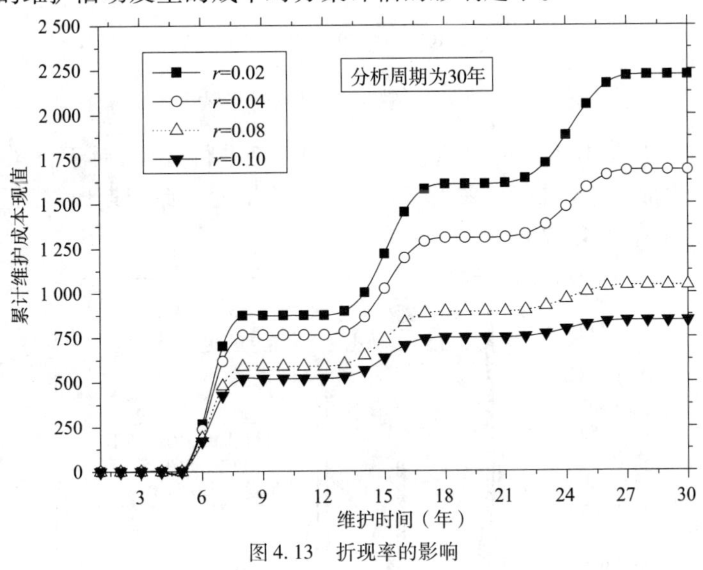

图 4.13　折现率的影响

2)考虑不同的分析基准年

考虑两座桥梁,假设桥梁一建于 2000 年,桥梁二建于 2015 年。桥梁一和桥梁二采用相同的维护方案(图 4.5),桥梁一的分析基准年为 2000 年,而桥梁二的分析基准年为 2015 年。则年度寿命周期成本和累计寿命周期成本的分布如图 4.14 和图 4.15 所示。

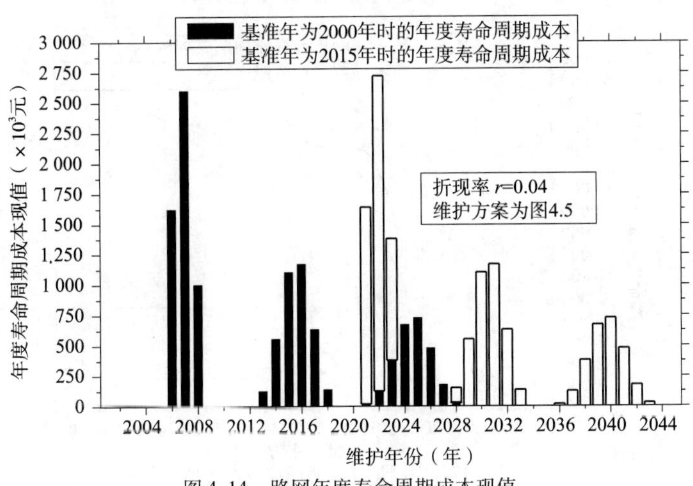

图 4.14　路网年度寿命周期成本现值

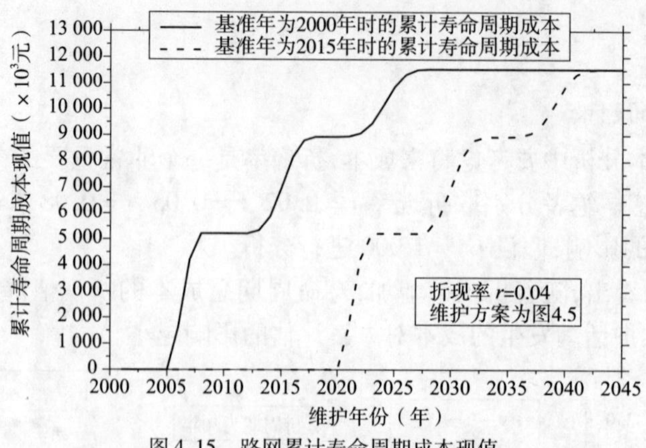

图 4.15　路网累计寿命周期成本现值

桥梁一和桥梁二采用相同的分析基准年 2015 年进行分析，对于桥梁一在 2000 年与 2015 年之间的发生成本不用折现，采用相同基准年的年度寿命周期成本和累计寿命周期成本的分布如图 4.16 和图 4.17 所示。

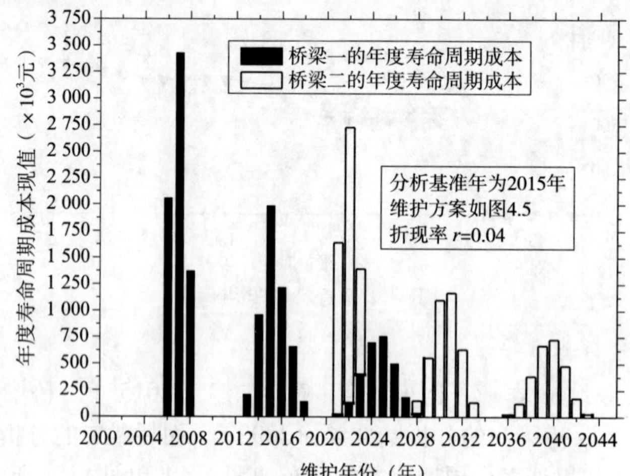

图 4.16　路网年度寿命周期成本现值

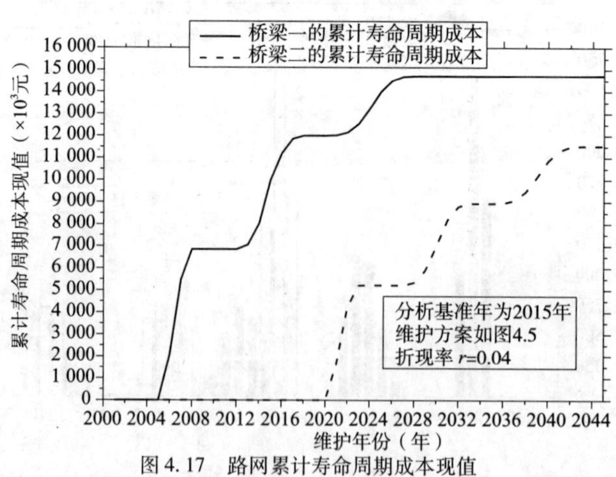

图 4.17　路网累计寿命周期成本现值

从图 4.14、图 4.16 和图 4.15、图 4.17 可以看出，分析基准年不同，年度寿命周期成本和累计寿命周期成本的分布不同，累计寿命周期成本的差别比较大，在成本计算时，分析基准年的选取对寿命周期成本分析非常重要。

4.10　小结

在交通仿真软件的基础上，对寿命周期成本的计算进行了新的探讨，建立了劣化桥梁维护成本计算公式，推导了用户成本（收费成本、油耗成本和驾驶员成本）和社会成本（事故成本和环境成本）的概率评估公式，建立各项成本的概率计算模型。通过算例研究，使用基于维护概率模型，考虑了维护时间的不确定性，验证了提出用户成本模型的可行性。建立的基于概率模型维护成本模型能够较好计算桥梁维护活动的相应成本，可以用于维护方案的制定和桥梁的成本管理。推导了用户成本和社会成本的计算模型，该模型可以用于桥梁管理系统中进行维护活动时造成的交通耽搁或交通事故等所造成的成本损失。敏感性分析发现折现率是一个重要的影响参数，对于相同的维护方案，折现率越大，寿命周期成本越低；而且对于同一个维护策略来说，对于排在越后面的维护活动，在寿命周期总成本评估时的贡献越小。各种方案评估时，分析基准年的选取对成本现值的计算影响比较大，方案比较时，都应该对应相同的分析基准年。根据本章的计算分析，用户成本和社会成本在寿命周期总成本中占有较大比例，对于交通密集型区域，在维护方案评估时必须记入其贡献。本章的研究向桥梁管理人员提供了一个桥梁成本管理方法，如果能利用桥梁数据库标定、确认计算方法中的参数，则可以为基于成本的桥梁管理提供支持。桥梁维护成本、用户成本和社会成本的计算方法适用于新建的或既有的桥梁劣化结构，同时该方法适用于在可预见的维护策略下的一座或一组桥梁的成本计算。以上的分析对全寿命设计过程中全寿命成本的计算有指导作用，能够用于桥梁设计方案的决策使用，这将在后面继续阐述。该研究成果在湖南大学学报的 2009 年第 36 卷第 4 期上发表。

在概率全寿命成本研究的基础上，本章系统地提出了基于寿命周期成本的桥梁全寿命设计方法的体系框架，包括全寿命优化设计的设计变量、目标函数和约束条件，提出了全寿命优化设计方法的设计框架、设计步骤和实现这一方法的主要研究内容，同时研究了全寿命优化设计方法和基于现行规范的设计的主要区别和联系，最后，讨论了全寿命优化设计方法的注意事项，为第 5 章和第 6 章的试验桥全寿命优化设计提供总的指导思想和理论体系。

本章参考文献

[1] 禹智涛，韩大建. 基于可靠度的桥梁结构优化设计. 广东工业大学学报，2002，19(3)：50-55.

[2] Frangopol D M，Lin K Y，Estes A C. Life-cycle cost design of deteriorating structures. Journal of Structural Engineering，1997，123(10)：1390-1401.

[3] 屈文俊，张誉. 混凝土桥梁结构的耐久性优化设计. 中国公路学报，1999，12(1)：62-70.

[4] 屈文俊，车惠民. 混凝土桥梁的优化等耐久性设计. 土木工程学报，1998，31(4)：23-30.

[5] 邵旭东，彭建新，晏班夫，等. 基于全寿命成本优化的桥梁车道数决策研究. 土木工程学

报,2008,41(10): 46-52.

[6] 邵旭东,彭建新,晏班夫. 桥梁全寿命设计方法框架性研究. 公路,2006,26(1): 44-49.

[7] Lee K M, Cho H N. Life-cycle cost-effective optimum design of steel bridges. Journal of Constructional Steel Research, 2004, (60): 1585-1613.

[8] 邵旭东,彭建新. 基于寿命周期成本(LCC)的桥梁设计方法研究//全国桥梁学术会议论文集. 北京:人民交通出版社,2005:840-845.

[9] 邵旭东. 桥梁工程. 北京:人民交通出版社,2007:3-56.

[10] Nowak A S, Szerszen M M, Szeliga E K, et al. Reliability based Calibration for structural Concrete. Report No: Unlce 05-03: University of Nebraska, 2005:23-56.

[11] Mirza S A, Kikuchi D K, MacGregor J G. Flexural strength reduction factor for bonded prestressed concrete beams. ACI Materials Journal, 1980, 77(4): 237-246.

[12] Parameswaran L, Kumar R, Sahu G K. Effect of carbonation on concrete bridge service life. Journal of Bridge Engineering, 2008, 13(1): 75-82.

[13] Peng J, Shao X. Research framework of lifetime performance based bridge design method. In: Proc of the 2nd Int Conf of Structural Health Monitoring of Intelligent Infrastructure. Shenzhen, 2005:1431-1434.

[14] Peng J, Shao X, Stewart M G. Design planning decision for deteriorating wearing surfaces based on whole-life design considering Life-cycle cost//Proc of 4th Int Conf on Bridge Maintenance, Safety and Management. Seoul, 2008:2163-2170.

[15] Circular A-94: Guidelines and discount rates for benefit-cost analysis of federal program. OMB, 1992:1-35.

[16] Hall K, Corra C, Carpenter S, et al. Rehabilitation strategies for highway pavement. Final Report: NCHPP project CI-38, 2001:1-23.

[17] Walls J, Smith M. Life-cycle cost analysis in pavement design-in search of better investment. Publication No FHWA-SA-98-079: Federal Highway Administration, 1998:43-45.

[18] 秦权. 基于时变可靠度的桥梁检测与维修方案优化. 公路,2002,9: 17-25.

[19] 彭建新,邵旭东,晏班夫. 基于概率模型的桥梁维护成本计算方法研究. 湖南大学学报,2009,36(4): 13-18.

[20] 叶文亚,李国平,范立础. 桥梁全寿命成本初步分析. 公路,2006,6:101-104.

[21] Kong J S, Frangopol D M. Evaluation of expected life-cycle maintenance cost of deteriorating structures. Journal of Structural Engineering, 2003, 129(5): 682-691.

第 5 章　试验桥全寿命设计

运用第 4 章提出的桥梁全寿命设计体系，结合湖南省衡炎高速公路第十三合同段窑背大桥，对桥梁全寿命优化设计理念进行实践。通过引入基于时变可靠指标和状态指标的劣化模型，多目标优化组合维护策略，进行参数组合优化分析，确定试验桥的截面设计参数，并验证了本文提出的桥梁全寿命优化设计方法的合理性和可操作性。

5.1　工程概况

窑背大桥是 2006 年度湖南省交通科技进步与创新项目"桥梁全寿命设计理论方法和决策支持系统研究"课题的依托工程之一，位于衡阳至炎陵高速公路第十三合同段，里程桩号 K96 +052。湖南省交通规划勘察设计院对窑背大桥进行施工图设计，本文称之为"原设计"，为配合"桥梁全寿命设计理论方法和决策支持系统研究"科研课题，湖南大学桥梁工程研究所根据桥梁全寿命设计理念和全寿命设计决策系统对原设计进行了改进，本文称之为"修改设计"。窑背大桥为预应力混凝土先简支后连续空心板桥[图 5.1a)]，上部结构为6 ×20m预应力混凝土先简支后连续空心板，半幅为 7 块空心板[图 5.1b)]，原设计和修改设计的空心板构造图见图 5.2，桥台为肋式轻型桥台，桥墩为柱式墩，墩直径为 1.2m，采用桩基础，桩直径为 1.5m。设计荷载为公路—I 级，该桥为上下行双幅桥，每幅宽为(净 11m +2 ×0.5m)。桥梁全长为 120m，抗震设防采用简易设防。

根据耐久性设计原则，在原设计的基础上，针对现有空心板的病害的调查，从混凝土强度、结构整体性出发，进行了如表 5.1 所示的修改。

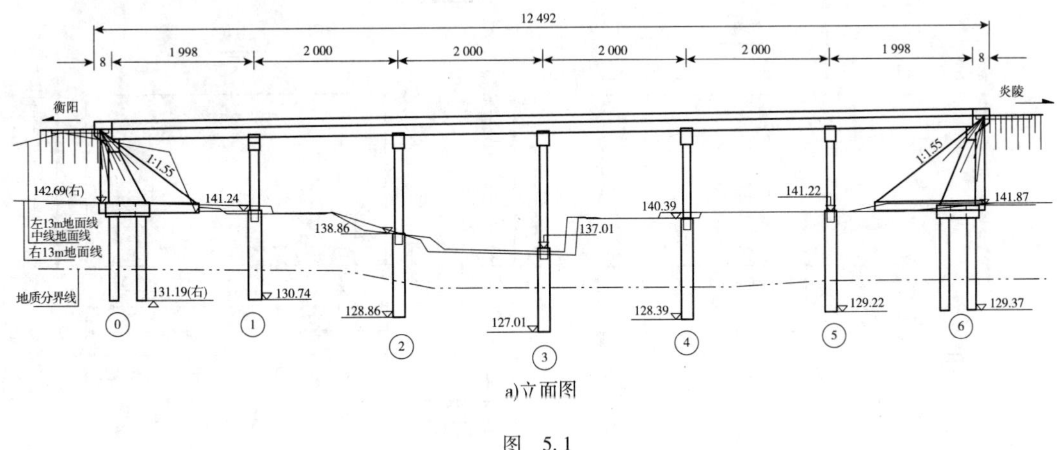

图　5.1

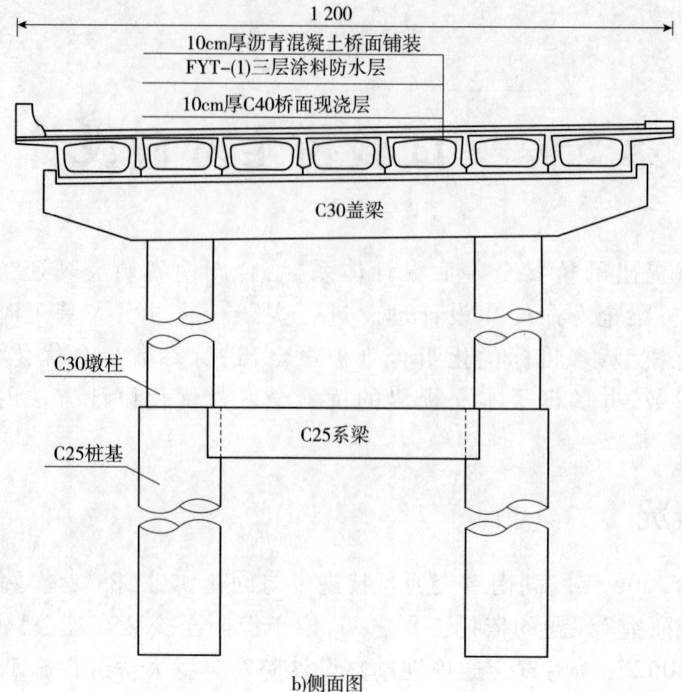

b)侧面图

图 5.1　窑背大桥(尺寸单位:cm)

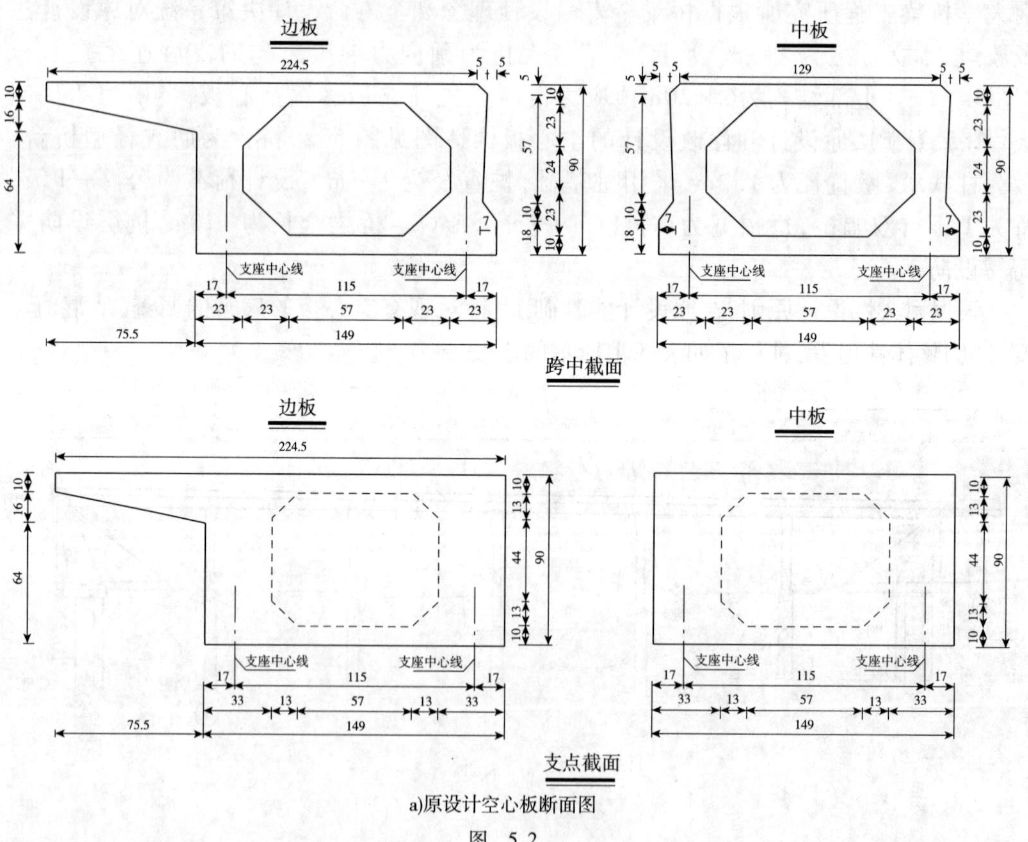

a)原设计空心板断面图

图　5.2

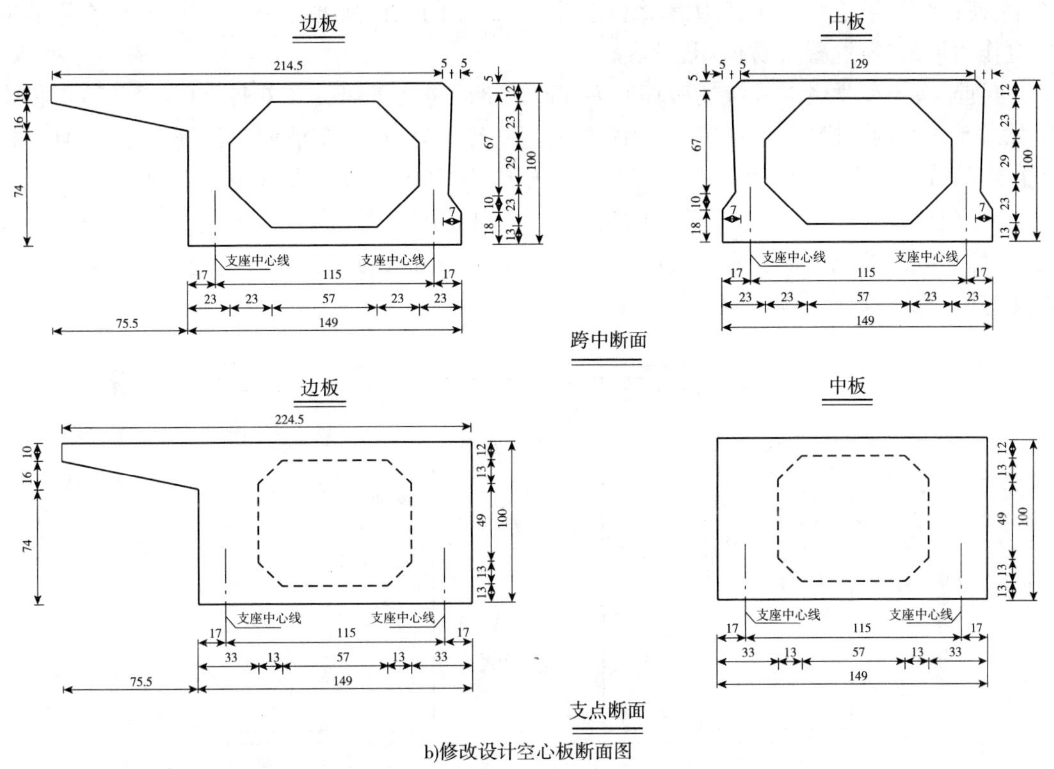

b)修改设计空心板断面图

图5.2　窑背大桥空心板断面图(尺寸单位:cm)

基于桥梁耐久性的修改措施　　表5.1

比较项目	原 设 计	修改设计
混凝土强度	40号混凝土	50号混凝土,并掺入3%微硅灰
连接方式	连续支承	连续—固结体系
下部结构钢筋	2、4号墩身22根N1钢筋	2、4号墩身26根N1钢筋,并墩身混凝土掺入3%的微硅灰,混凝土强度保持不变

5.2　试验桥定性全寿命优化设计

5.2.1　铰缝的处理提高桥梁的横向稳定性

随着经济发展,大吨位载重车的数量在逐年增加,尤其是在运煤路线上,载重车的载重量可达100t左右。超载车辆的反复作用,造成桥面铰缝过早地损坏,形成单板受力,缩短桥面的使用寿命。如何在设计方面解决这个问题,是摆在桥梁设计者面前的一个重要课题。

铰缝破坏的原因是多方面的。铰缝位于行车道板中间、桥面铺装层以下。由于行车荷载作用,铰缝、现浇板、铺装层均产生瞬时变形。虽然桥面铺装层分散了部分荷载,但作用在铰缝上的荷载仍很大。因其断面面积较行车道板小,故产生的挠度较行车道板大,在荷载作用下,使铰缝混凝土与行车道板混凝土分离。混凝土的抗拉强度远小于抗压强度,在重载的反复作用下,铰缝混凝土易损坏、脱落。

目前,有不少学者对铰缝的破坏原因和改进措施进行了研究。刘丹等(2005 年)[1]提出了如图 5.3 的构造措施,增加了一个钢筋网,但是经过分析,该钢筋网为浮筋,是否能真正提高铰缝的抗剪能力有待于进一步实践验证。柴广等(2005 年)[2]在有关专家的指导下,经过反复研究、比较,在大型运煤车辆多的道路上,提出使用如图 5.4 所示的方法对铰缝进行设计,来增加铰的抵抗变形能力及抗剪能力。并通过 1 年的跟踪观测,铰缝处的桥面混凝土未产生纵向裂缝,保证了桥梁的正常使用。

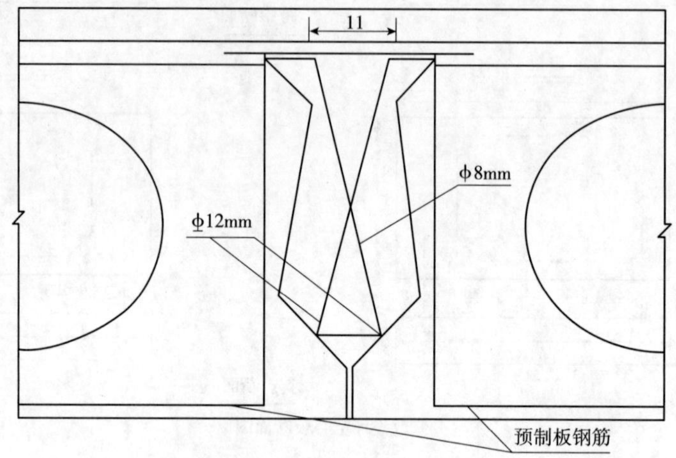

图 5.3　铰缝配筋构造处理(尺寸单位:cm)

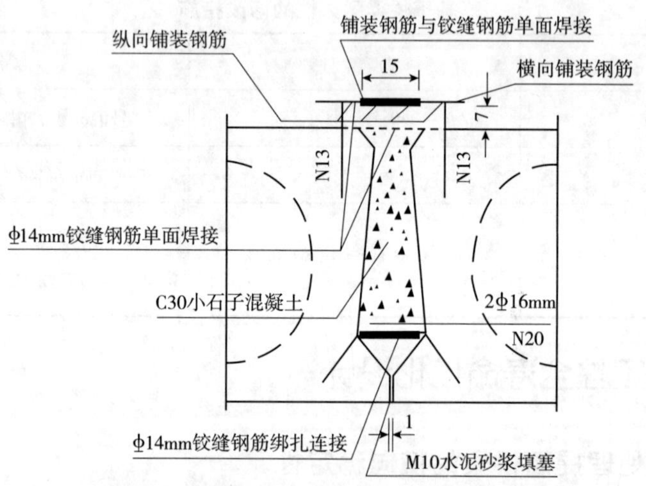

图 5.4　新型铰缝构造示意图(尺寸单位:cm)

从以上分析可知,如何提高铰缝抵抗变形的能力及抗剪能力,是设计的关键技术之一。如果使铰缝混凝土与空心板、行车道板结合紧密,铰缝混凝土、行车道板及桥面铺装层形成一体,就可以达到提高铰缝的抗变形能力。本文结合桥梁全寿命设计理念,通过对原标准设计(图 5.5)和新标准图(图 5.6)的研究分析,如图 5.5 所示,原设计在铰缝中没有配筋,只有预制板内的顶部和底部撑出钢筋,铰缝的抗剪能力比较弱;在图 5.6 中,在铰缝中进行相应的配筋(钢筋网)设计,但是这种形式为“浮筋”。其钢筋网能否真正起到抗变形的作用有待于进一步检验。经过对现有大量空心板梁桥的绞缝病害调查分析的基础上,课题组提出了一种新型铰缝构造形式,如图 5.7 所示。在预制空心板的顶板和底板每隔 20cm 同时撑出 ϕ10 钢筋,在铰缝中每隔 20cm 配交叉钢筋和纵向钢筋,特别值得一提的是,铰缝中的交叉钢筋和纵向钢筋放在底板撑出钢筋的下面,是通过与铰缝中的钢筋绑扎连在一起,构成了一个整体。铰缝混凝土与空心板、行车道板结合紧密,铰缝混凝土、空心板及桥面铺装层形成一体,就可以达到提高铰缝的抗变形能力。经过理论计算分析,计算结果如表 5.2 所示,采用新型铰缝配筋形式,空心板的横向应力大大降低,横向整体性提高很多。

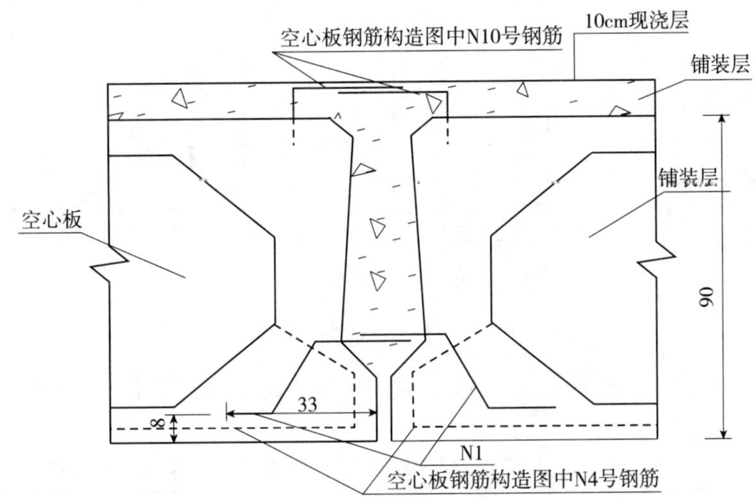

图 5.5 原标准设计构造示意图(尺寸单位:cm)

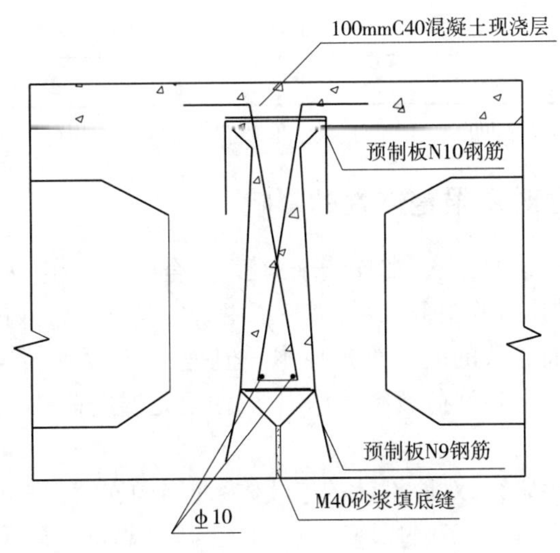

图 5.6 新标准图设计的铰缝构造(试用)

采用这种形式的铰缝的施工工艺流程为:

(1)空心板吊装就位后,将铰缝中交叉钢筋和纵向钢筋绑扎成钢筋网,放入铰缝;

(2)将空心板顶板、底板撑出的钢筋扳成如图 5.7 所示的构造;
(3)铰缝混凝土与桥面铺装底层一起浇筑。

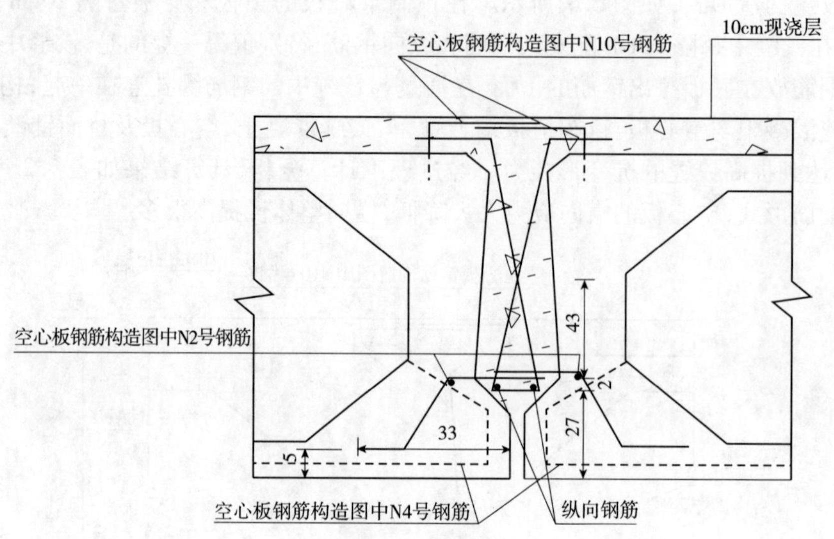

图 5.7 新型铰缝构造示意图(尺寸单位:cm)

通过对不同绞缝形式的模拟,计算在活载作用下边跨中板和边板的横向应力,计算结果如表 5.2 所示。

不同铰缝配筋形式计算结果(受拉为正,单位:MPa) 表 5.2

铰缝形式	边跨中板	边跨边板
原标准设计(图 5.5)	0.58	0.66
新标准图(图 5.6)	0.52	0.61
新型铰缝构造形式(图 5.7)	0.42	0.46

文献[1]的铰缝构造处理如图 5.3 所示。

5.2.2 墩梁固结处理对桥梁整体性的影响

目前很多桥梁采用固结的方法,如连续刚构桥,完全取消支座,采用墩梁固结的形式,保持交通的畅通,维持桥梁较高的服务水平,减少了由于更换支座带来的直接维护成本和由于更换支座引起交通堵塞而导致的间接维护成本。但是,对于矮墩桥梁,例如,对于预应力空心板桥,采取固结形式后,在各种荷载组合作用下,主要是温度荷载,应对桥墩进行各种荷载组合工况下应力验算。

结合全寿命设计课题研究,对原设计的连续体系(结构连续)进行修改设计,修改后的设计方案为简支—刚构组合体系。经过计算分析,由于桥墩高度不够,在最不力组合荷载(恒载+活载+温度荷载+制动力)作用下,桥墩的应力超过规范允许应力限值。所以采用简支—刚构连续组合体系,最大限度内地减少支座的数量,又提高了桥梁结构的整体耐久性和全寿命经济性,具体的定量的计算结果如表 5.3 所示。原设计中的连续体系和修改后的简支—刚构连续体系以及固结处的构造配筋如图 5.8 ~ 图 5.10 所示。

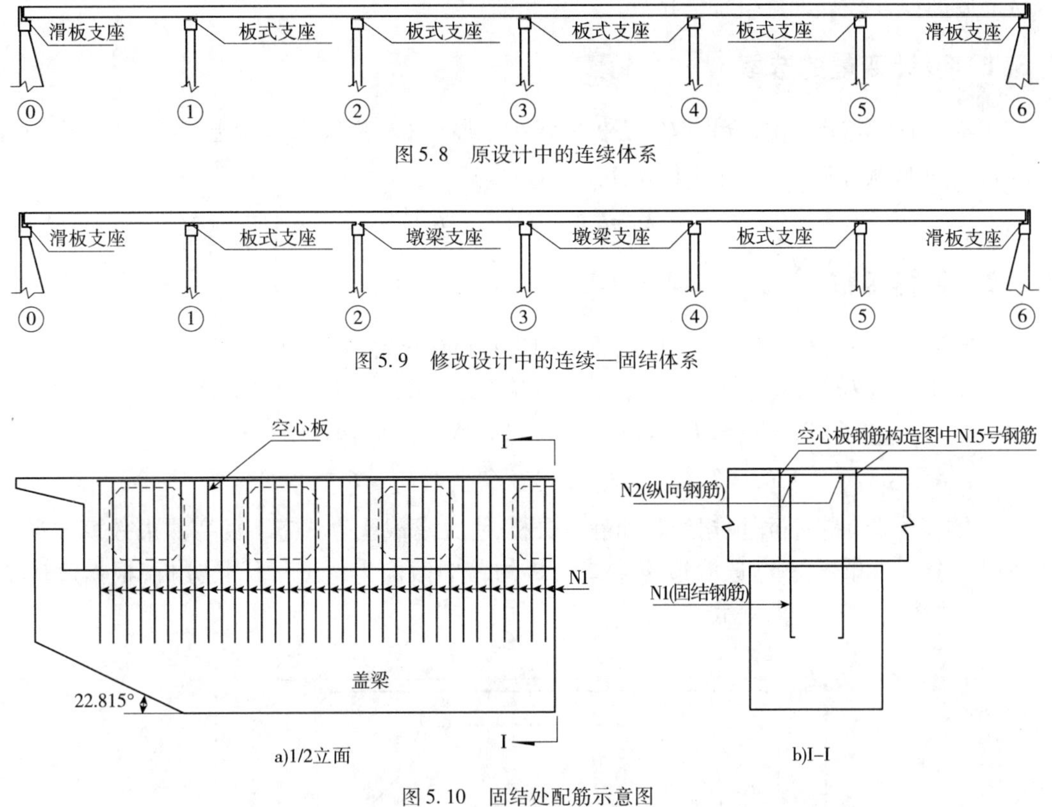

图 5.8　原设计中的连续体系

图 5.9　修改设计中的连续—固结体系

图 5.10　固结处配筋示意图

连续体系和简支—刚构连续体系的全寿命经济性　　表 5.3

比较项目		连续体系	简支—刚构连续体系
桥墩应力验算		需要	特别需要
支座个数	板式支座	56 个	140 个
	滑板支座	56 个	56 个
初始成本(万元)		67 620	38 640
用户成本(万元)		600 000	442 857
累计全寿命成本(万元)		667 620	481 794

注:假设支座每 15 年更换一次;分析周期为 100 年;购买支座按当时的市场价计算;不考虑折现的影响。

从表 5.3 可以看出,如果只考虑初始投入的费用,采用简支—刚构连续体系,可以省出 84 个支座,即可以省大约 3 万元。但是如果考虑后期维护,计算用户成本的影响,则可以节约大约 20 万元(不考虑成本折现的影响),而且结构的整体性和强健性大幅度提高。

5.3　试验桥全寿命优化设计

根据第 4 章提出的劣化桥梁全寿命优化设计体系和基于概率模型的全寿命成本模型,结合试验桥的设计实践,利用第 2 章提出的基于可靠指标的时变劣化模型和正常使用状态下的基于开裂的时变状态评估、第 3 章基于粒子群算法的多目标组合维护优化结果,对窑背大桥的截面设计参数进行组合优化分析。

5.3.1 设计变量的选取

在全寿命优化分析中，分别取空心板的保护层厚度 C_d，梁高 h，混凝土等级 C_C，截面顶板厚度 t_t，截面底板厚度 t_b，为设计参数，可用向量描述：

$$\boldsymbol{X}_i = [C_d, C_C, h, t_t, t_b]^T \tag{5.1}$$

5.3.2 目标函数

根据第 4 章的分析，基于寿命周期成本的劣化桥梁全寿命优化设计模型为：

$$\begin{aligned} LCC(T) = & [C_{steel} \cdot A_{steel}(h, t_t, t_b) + C_{concrete} \cdot A_{concrete}(C_C, C_d, t_t, t_b)] + \\ & \sum_i C_{Rep,i}(T, C_d, h, C_C, t_t, t_b) \cdot P_{S,i}(T, C_d, h, C_C, t_t, t_b) + \\ & \sum_k P_{f,k}(T, C_{d,h}, C_C, t_t, t_b) \cdot C_{f,k}(T, C_{d,h}, C_C, t_t, t_b) \end{aligned} \tag{5.2}$$

本书结合试验科研桥，根据经验和静力分析，考虑承载能力状态下的弯曲失效模式和正常使用状态下的开裂失效，选取边跨第 2 块板的跨中截面为例进行优化分析，根据设计变量，其截面形状如图 5.11 所示。

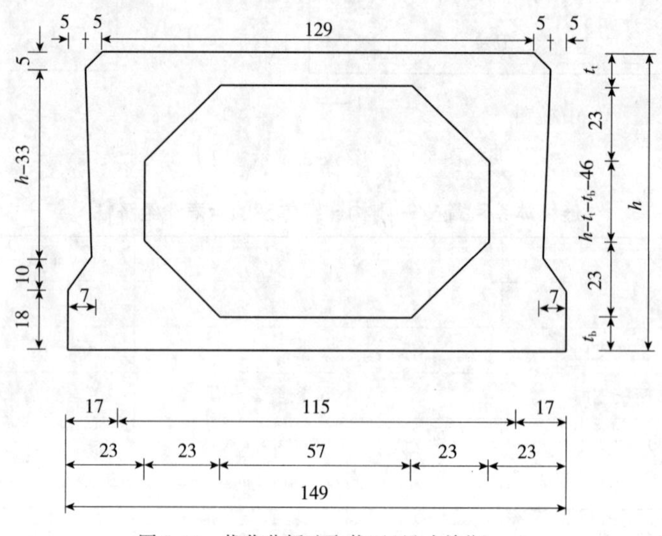

图 5.11 优化分析选取截面(尺寸单位：cm)

根据截面特点，可以用设计变量描述截面混凝土面积为：

$$A_{concrete} = 1475.9 + 32.7h + 105.9t_t - 153.7t_b - t_b^2 \tag{5.3}$$

考虑纵向钢筋和预应力筋对弯矩的抵抗，钢筋的面积为：

$$A_{steel} = n_s \frac{\pi D^2}{4} + n_p \pi r^2 \tag{5.4}$$

式中：n_s——纵向受力钢筋的根数；

D——纵向受力钢筋的直径；

n_p——预应力筋的根数；

r——预应力丝的半径。

在目标函数中，预防性维护活动和基于性能的维护策略作用结构后，对结构的影响与设计变量是隐式函数的关系，通过极限状态方程，求得该板的时变可靠指标和状态指标，再利用拟合的方法，得到劣化率与设计变量的关系，利用本文提出的用结构劣化率描述的指数劣化模型和二次非线性状态劣化模型，就可以获得设计变量与桥梁可靠指标和状态指标的关系。

式(5.2)中，$C_{steel}=5\ 000$ 元/t，对于 C40 混凝土，$C_{concrete}=415$ 元/m^3，对于 C50 混凝土，$C_{concrete}=470$ 元/m^3。经过上述分析，空心板的优化目标函数为：

$$
\begin{aligned}
LCC(T) = & C_{concrete} \cdot (1475.9 + 32.7h + 105.9t_t - 153.7t_b - t_b^2) \cdot \rho_{concrete} + \\
& C_{steel} \cdot \rho_{steel} \cdot \left(n_s \frac{\pi D^2}{4} + n_p \pi r^2 \right) + \sum_i P_{S,i} C_{Rep,i}(T, C_{d,h} C_C, t_t, t_b) + \\
& \sum_k P_{f,k}(T, C_{d,h}, C_C, t_t, t_b) \cdot C_{f,k}(T, C_{d,h}, C_C, t_t, t_b)
\end{aligned}
\tag{5.5}
$$

5.3.3　约束条件

根据湖南省勘测设计院提供的原设计资料，以及本文对原设计的静力分析，分几个方面对约束条件进行分析。

1）截面尺寸要求

原设计梁高为 90cm，目前新标准图的梁高为 95cm，根据路面接线要求，梁高上限为 110cm，所以梁高 h 的取值范围为：

$$90 \leqslant h \leqslant 110 \tag{5.6}$$

原设计净保护层厚度为 2.5cm，底板要配纵向钢筋和预应力束，所以保护层厚度上限要小于底板厚度 t_b：

$$2.5 \leqslant C_d \leqslant t_b \tag{5.7}$$

原设计空心板底板厚度为 10cm，根据空心板的构造要求，空心板底板上限为 $h-t_t-46$，所以空心板的底板厚度 t_b 约束条件为：

$$10 \leqslant t_b \leqslant h - t_t - 46 \tag{5.8}$$

原设计空心板顶板厚度为 10cm，根据空心板的构造要求，空心板顶板上限为 $h-t_b-46$，所以空心板的底板厚度 t_t 约束条件为：

$$10 \leqslant t_t \leqslant h - t_b - 46 \tag{5.9}$$

2）可靠指标和状态指标

根据规范要求，桥梁可靠指标 β 用于描述桥梁的性能，其可靠指标目标值取 3.7，当桥梁的可靠指标低于这一目标值，则需要进行基于性能的维护策略，即对桥梁进行大修。单块空心板的可靠指标的约束方程为：

$$\beta \geqslant \beta_{target} = 3.7 \tag{5.10}$$

根据本书的定义使用状态指标描述桥梁外观状态，其目标取值为 1.0，当桥梁状态指标低于这一目标值，则需要对桥梁进行基于状态的维护策略，对桥梁进行外观维护，例如混凝土修复和灌浆处理，保证桥梁处于较好的状态，单块空心板的状态指标的约束方程为：

$$C \geqslant C_{target} = 1.0 \tag{5.11}$$

3)应力限制要求

在桥梁全寿命设计过程中,主要是通过优化截面设计参数来体现所提出的设计理念,以提高桥梁抵抗外界自然灾害(2007 年特大雪灾)和人为灾害(超载)的能力,使结构性能始终处于较高的安全性能储备区域;对结构形式也进行了相应的改进,以提高结构的牢固性和强健性。所以,桥梁全寿命设计必须满足结构应力要求,空心板为 C50 混凝土,桥墩为 C30 混凝土,结构要满足如下应力要求:

$$\left.\begin{aligned}\sigma_{\mathrm{bl},ij}\leqslant[\sigma]_{\mathrm{bl}}=1.83\\ \sigma_{\mathrm{by},ij}\leqslant[\sigma]_{\mathrm{by}}=22.4\\ \sigma_{\mathrm{dl},i}\leqslant[\sigma]_{\mathrm{dl}}=1.39\\ \sigma_{\mathrm{dy},i}\leqslant[\sigma]_{\mathrm{dy}}=13.8\end{aligned}\right\}\tag{5.12}$$

式中:$\sigma_{\mathrm{bl},ij}$——第 i 跨第 j 块空心板的跨中拉应力(MPa);

$\sigma_{\mathrm{by},ij}$——第 i 跨第 j 块空心板的跨中压应力(MPa);

$\sigma_{\mathrm{dl},i}$——第 i 跨墩身的拉应力(MPa);

$\sigma_{\mathrm{dy},i}$——第 i 跨墩身的压应力(MPa);

$[\sigma]_{\mathrm{bl}}$——梁体混凝土的拉应力限值;

$[\sigma]_{\mathrm{by}}$——梁体混凝土的拉应力限值;

$[\sigma]_{\mathrm{dl}}$——墩身混凝土的应力限值;

$[\sigma]_{\mathrm{dy}}$——墩身混凝土的压应力限值。

5.4 试验桥劣化模型

5.4.1 可靠指标

在第 3 章式(3.15)中提出了能够反映桥梁劣化的可靠指标模型,如下式所示。

$$\beta(t)=\begin{cases}\beta_0 & ,0\leqslant t\leqslant t_I\\ \beta_0\left[2-\mathrm{e}^{\alpha_1(t-t_1)}\right] & ,t>t_1\end{cases}\tag{5.13}$$

式中:α_1——桥梁劣化率,由于桥梁劣化与桥梁的设计变量相关,为隐式函数关系,在第 3 章计算桥梁的性能,研究了劣化率与设计参数的关系。

根据第 3 章的研究,式(5.13)中的参数分布如表 5.4 所示。

可靠指标随机变量　　表 5.4

变量	均值		变异系数	分布类型	文献
β_0	原设计	4.8	0.1	对数正态分布	文献[3]
	修改设计	4.66			
β_{target}	3.7				
t_1	3		0.2	对数正态分布	文献[4]
α_1	原设计	0.001 65	0.1	对数正态分布	文献[3]
	修改设计	0.001 68			

5.4.2　状态指标

用桥梁状态指标公式描述桥梁外观，由于腐蚀引起的开裂，第 3 章提出如下使用状态指标模型：

$$C(t)=\begin{cases}C_0 & ,0\leqslant t\leqslant t_{CI}\\ C_0-\alpha_2(t-t_{CI})^2 & ,t>t_{CI}\end{cases} \tag{5.14}$$

上式中参数的主要意义与分布规律在第 3 章中有详细的描述。在本章的优化分析中 α_2 为状态劣化率，服从对数正态分布，对于相似的桥梁可以通过大量的统计分析以及结合专家经验参考得出该参数。式(5.14)中参数分布规律见表 5.5。

状态指标随机变量　　表 5.5

变量	均值		变异系数	分布类型	文　献
C_0	6.0		0.1	对数正态分布	文献[3]
C_{target}	1.0		0.1	正态分布	文献[3]
t_{CI}	2		0.2	对数正态分布	文献[5]
α_2	原设计	0.000 255	0.1	对数正态分布	文献[3]
	修改设计	0.000 21			

利用式(5.13)和(5.14)，可以建立维护策略和基于可靠指标和状态指标的桥梁性能的综合关系，并由此建立设计变量和桥梁服役期的性能评估和维护成本的关系，在多目标优化分析过程中作为优化目标加以考虑。

5.5　最优组合维护策略

在第 3 章，深入研究了多目标最优组合维护策略问题，在本章的优化中，只考虑设计变量的优化，在每组设计变量的选取过程中，都采用最优的维护策略各自作用在试验桥的原设计和修改设计上。对于原设计，使用粒子群的优化算法，基于多目标的优化组合维护策略，可以得出在优化策略下的可靠指标和状态指标的变化性能，如图 5.12 所示，某一跨的年度寿命周期成本和累计寿命周期成本(不考虑间接维护成本)如图 5.13 所示。

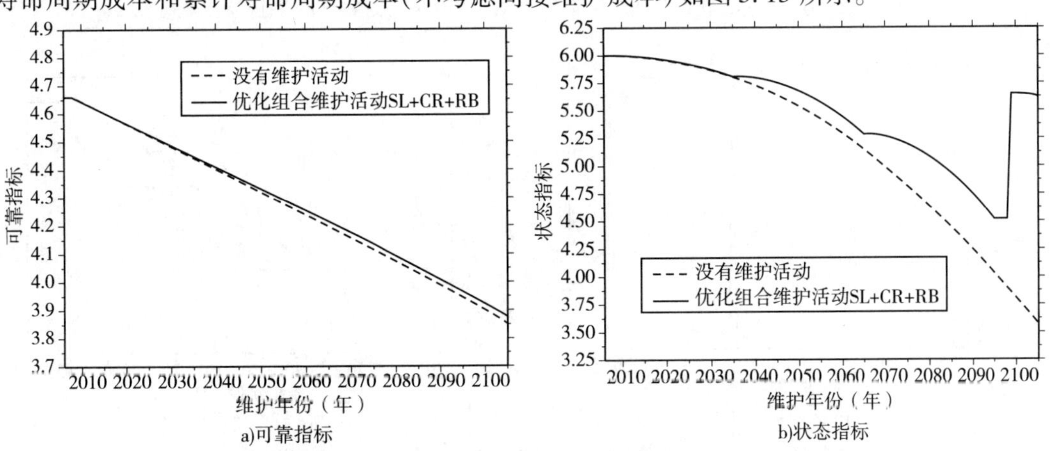

图 5.12　优化组合维护策略(SL + CR + RB)作用下可靠指标和状态指标

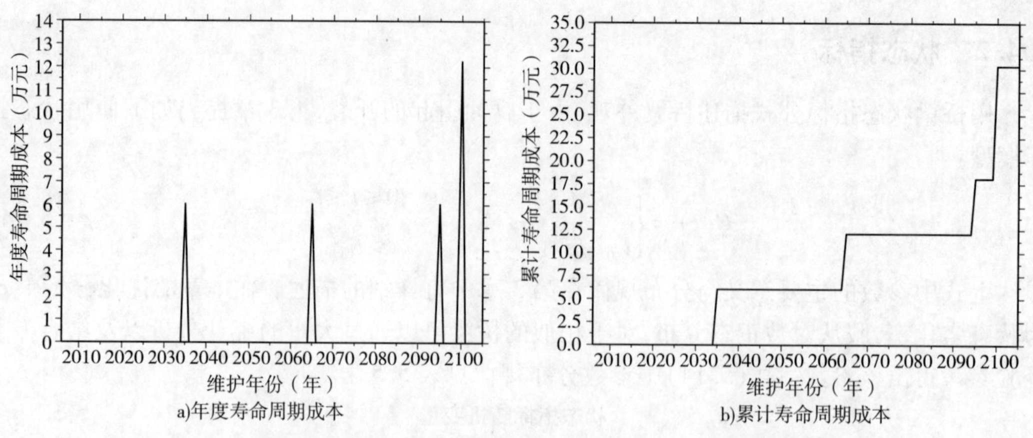

a)年度寿命周期成本　　b)累计寿命周期成本

图 5.13　优化组合维护策略 E(SL + CR + RB)作用下年度和累计寿命周期成本

通过优化分析，原设计的最优维护策略为：结构在寿命周期内分别在第 25.35 年、第 60.25 年和第 90.01 年进行三次灌浆维护，而且在第 95.04 年对结构一次混凝土修复。桥梁某一跨在寿命周期内的累计寿命周期成本为 30.4 万元。全桥的累计寿命周期维护成本为 184.2 万元。将此维护策略作用在原设计结构上，用以设计参数优化分析。

对于修改设计，同理可以得出在优化策略下的可靠指标和状态指标的变化性能，如图 5.14 所示，某一跨的年度寿命周期成本和累计寿命周期成本(不考虑间接维护成本)如图 5.15 所示。

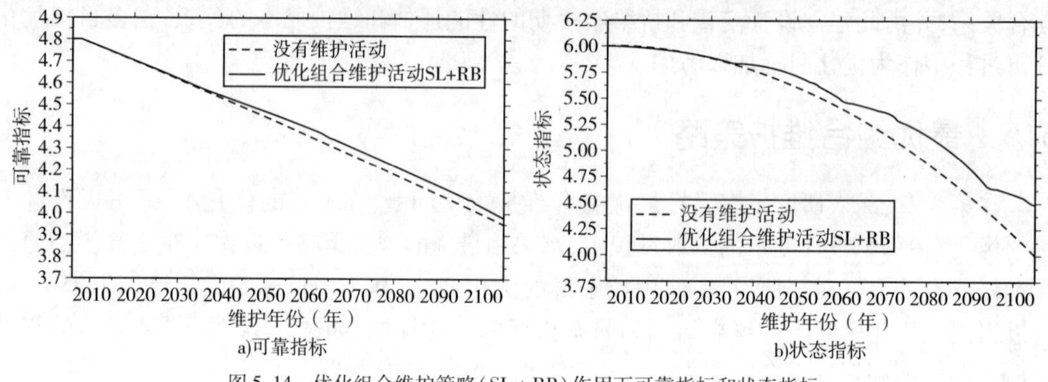

a)可靠指标　　b)状态指标

图 5.14　优化组合维护策略(SL + RB)作用下可靠指标和状态指标

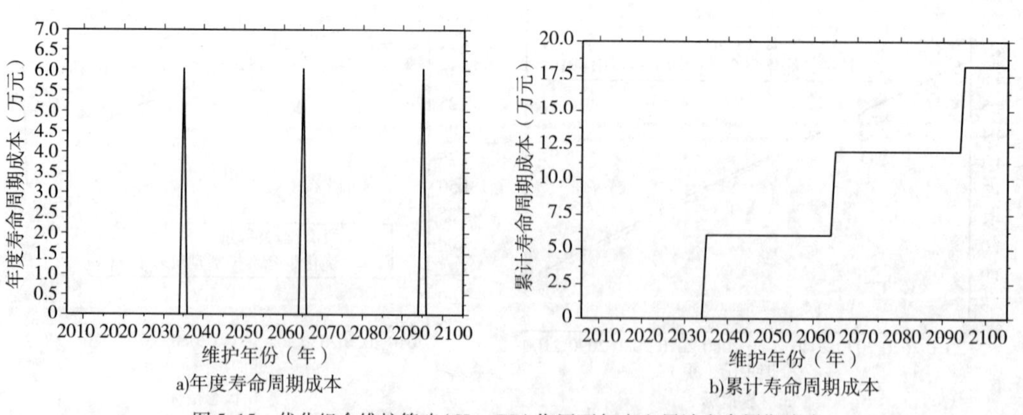

a)年度寿命周期成本　　b)累计寿命周期成本

图 5.15　优化组合维护策略(SL + RB)作用下年度和累计寿命周期成本

将基于时间的预防性维护活动(时间控制的灌浆维护)和基于可靠指标(性能控制的重建策略)的性能维护进行组合,PSO 优化分析发现:第一次使用灌浆处理维护活动的时间均值为:$\mu(t_{PI,SL})=25.98$ 年,随后连续使用该维护活动的时间均值为:$\mu(t_{P,SL})=25.91$ 年。所以结构在第 25.98 年、第 55.65 年和第 90.02 年进行了三次预防性灌浆维护。在第 2105 年,结构的可靠指标为 3.98,高于目标可靠指标值。同时,结构状态指标劣化 4.485,还远远高于目标状态值。某一跨结构在寿命周期内的累计寿命周期成本为 18.2 万元,全桥的寿命周期维护成本为 105.2 万元。其成本变异系数从 0.31 变化到 0.38。在优化分析中,只考虑直接维护成本,没有考虑用户成本和社会成本。

5.6 试验桥的静力分析

5.6.1 原设计

对原设计进行静力分析,全桥分为五个施工步骤,每一个施工步骤说明如表 5.6 所示。静力分析将按照表 5.6 的施工工况进行。

原设计施工步骤说明　　表 5.6

工　况	工 况 说 明
工况一	简支梁预制,梁体吊装就位,并张拉预应力
工况二	安装永久支座
工况三	简支变连续,现浇固结段
工况四	现浇桥面系
工况五	徐变计算时间

根据表 5.6 的施工工况,每一个施工步骤的计算简图如图 5.16 所示。

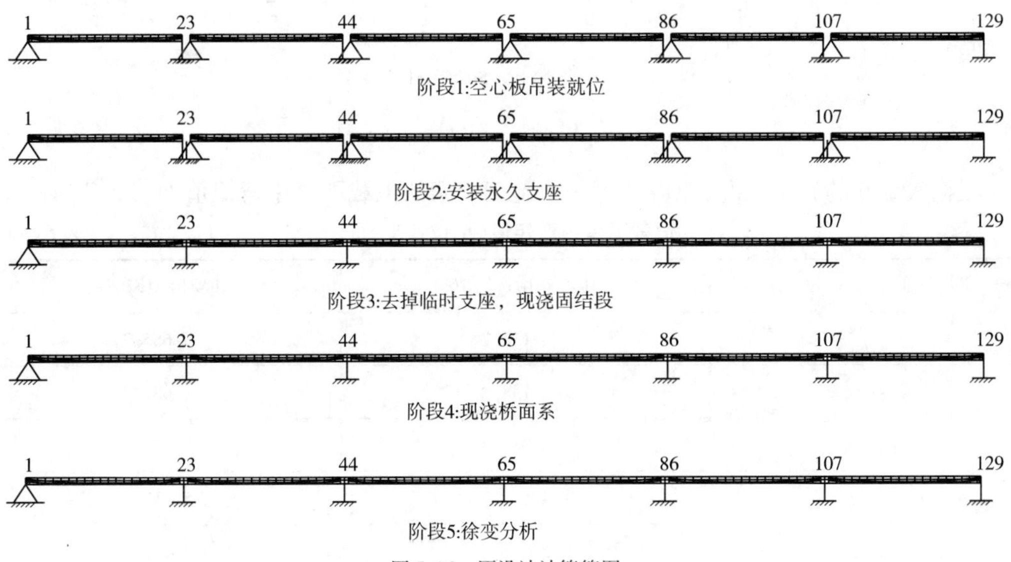

图 5.16　原设计计算简图

根据表 5.6 的施工工况，每一个施工步骤的弯矩图如图 5.17 所示。

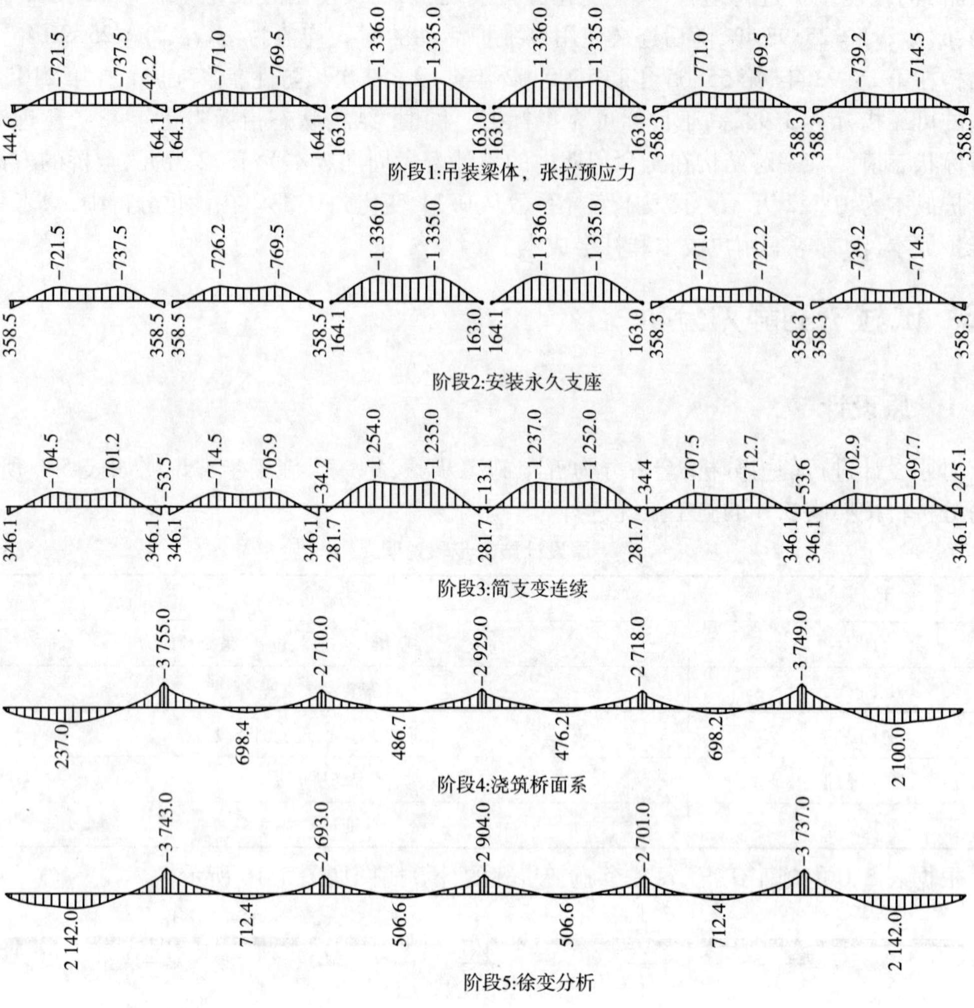

阶段1:吊装梁体，张拉预应力

阶段2:安装永久支座

阶段3:简支变连续

阶段4:浇筑桥面系

阶段5:徐变分析

图 5.17　原设计弯矩图(单位:kN · m)

根据表 5.6 的施工工况，原设计每一个施工步骤的恒载下跨中弯矩值如表 5.7 所示。

恒载下跨中弯矩值(单位:kN · m)　　表 5.7

工　　况	中跨跨中弯矩值	边跨跨中弯矩值
工况一	-1 158.7	-685.7
工况二	-1 158.7	-685.7
工况三	-1 085.9	-652.9
工况四	486.7	2 135.0
工况五	506.6	2 442.0

根据表 5.6 的施工工况，原设计的每一个施工步骤的挠度图如图 5.18 所示。

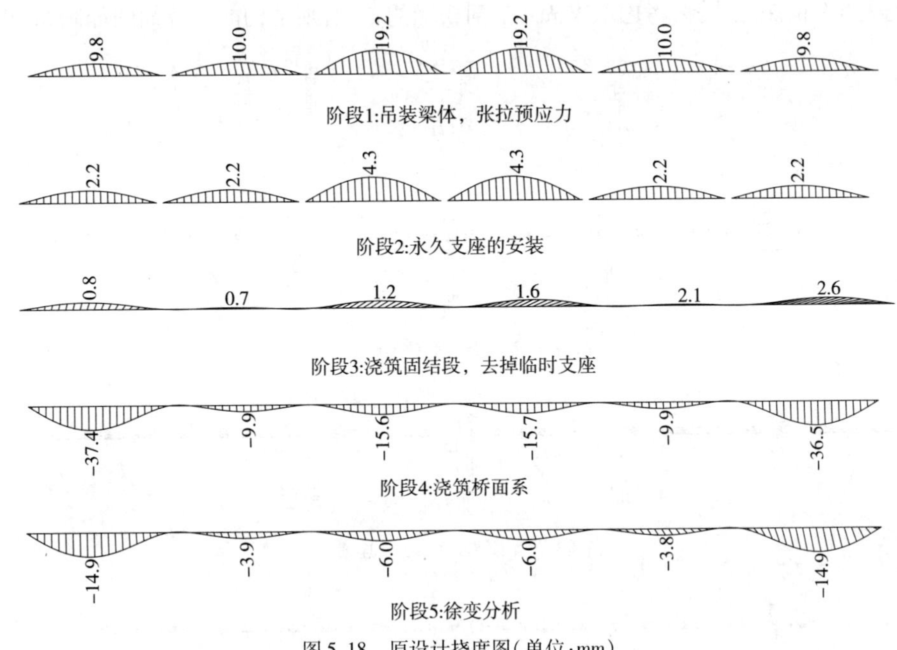

图 5.18　原设计挠度图(单位:mm)

根据图 5.16 的计算简图的计算工况,原设计施工步骤的跨中挠度如表 5.8 所示。

恒载下跨中挠度增量值(单位:mm)　　表 5.8

工　　况	中跨跨中挠度值	边跨跨中挠度值
工况一	15.2	5.8
工况二	4.3	2.2
工况三	1.2	0.8
工况四	-15.6	-35.4
工况五	-6.0	-14.9

注:向上为 +。

5.6.2　修改设计

根据桥梁全寿命设计理念,为提高桥梁的整体牢固性,本书研究中将三个中间桥墩固结,表 5.9 为部分墩—梁固结下的施工步骤。本节列出在某一组设计参数下的计算图式、计算弯矩值和挠度值,分别见图 5.19 ~ 图 5.21。

修改设计施工步骤说明　　表 5.9

工　　况	工 况 说 明
工况一	下部结构施工
工况二	梁体吊装就位,并张拉预应力
工况三	浇筑固结段,简支变连续,并现浇桥面系
工况四	徐变计算时间

根据表5.9的施工步骤,考虑墩梁固结后对桥墩的影响,则结构的计算简图如图5.19所示。

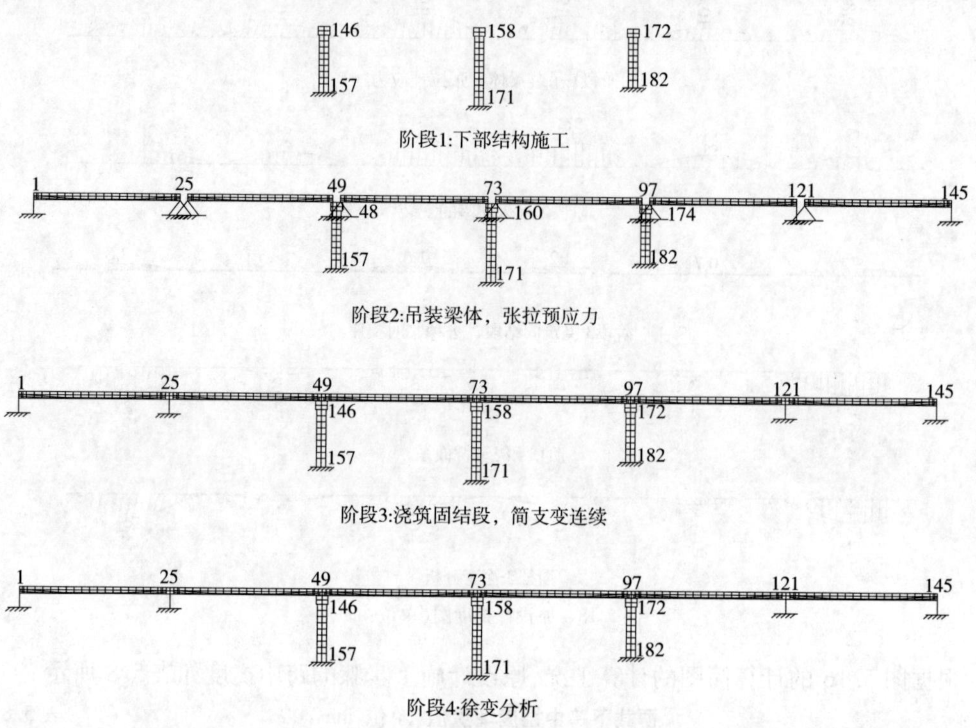

图5.19　修改设计计算简图

根据表5.9的施工工况,修改每一个施工步骤对应的弯矩图如图5.20所示。

根据表5.9的施工工况,修改设计每一个施工步骤的跨中弯矩值如表5.10所示。

跨中弯矩值(单位:kN·m)　　表5.10

工　况	中跨跨中弯矩值	边跨跨中弯矩值
工况一	0.0	0.0
工况二	-3 785.0	-3 785.0
工况三	-1 675.0	-1 645.0
工况四	-755.5	-718.6

根据表5.9的施工工况,修改设计每一个施工步骤的跨中挠度值如表5.11所示,对应的挠度图如图5.21所示。

跨中挠度增量值(单位:mm)　　表5.11

工　况	中跨跨中挠度值	边跨跨中挠度值
工况一	0.0	0.0
工况二	13.5	13.5
工况三	2.1	2.1
工况四	3.1	3.1

注:向上为正。

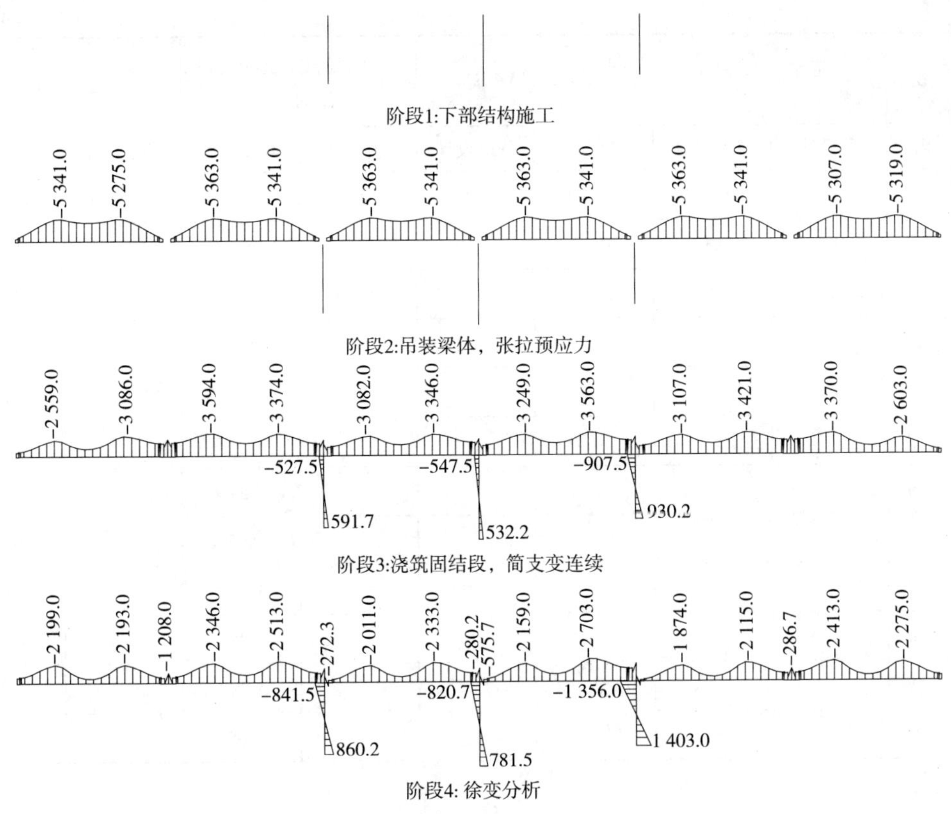

图 5.20 修改设计弯矩图(单位:kN·m)

上述结果是原设计和修改在恒载作用下的计算结果。在考虑极限承载力状态,在最不利荷载组合(恒载+汽车活载+温度活载+制动力)的作用下,结构的原设计和修改设计的内力比较如表 5.12 所示。

极限承载力状态下结构的内力比较表(单位:kN·m) 表 5.12

工况		上梁		浇 10cm 厚桥面		活载(汽车、温度、制动等)		总计	
部位	内力	原设计	修改设计	原设计	修改设计	原设计	修改设计	原设计	修改设计
2 号支点	M	0.0	0.0	0.0	0.0	-8 363.0	-8 510.0	-8 363.0	-8 510.0
	N	0.0	0.0	0.0	0.0	70.5	70.5	70.5	70.5
	Q	1 561.0	1 736.0	354.6	354.6	-2 865.0	-2 878.0	-953.4	-785.4
4 号支点	M	0.0	0.0	0.0	0.0	-7 294.0	-7 061.0	-7 294.0	-7 061.0
	N	0.0	0.0	0.0	0.0	211.4	-415.2	211.4	-415.2
	Q	1 561.0	1 736.0	354.6	354.6	-2 793.0	-2 648.0	-875.4	-555.4
1 号跨中	M	7 062.0	7 860.0	1 574.0	1 574.0	9 860.0	9 773.0	18 496.0	19 205.0
	N	0.0	0.0	0.0	0.0	24.9	26.2	24.9	26.2
	Q	0.0	173.6	15.0	15.0	744.8	735.4	763.8	930.0

续上表

工况		上梁		浇10cm厚桥面		活载(汽车、温度、制动等)		总计	
部位	内力	原设计	修改设计	原设计	修改设计	原设计	修改设计	原设计	修改设计
3号跨中	M	7 062.0	7 860.0	1 574.0	1 574.0	7 850.0	7 293.0	16 486.0	16 725.0
	N	0.0	0.0	0.0	0.0	181.9	463.7	181.9	463.7
	Q	0.0	173.6	15.0	15.0	963.5	1 010.0	982.5	1 202.6
3号固结	M						3 596.0		3 596.0
	N						-123.8		-123.8
	Q						333.7		333.7
3号墩顶	M						2 754.0		2 754.0
	N						-605.0		-605.0
	Q						333.7		333.7
3号墩底	M						-2 984.0		-2 984.0
	N						-5 390.0		-5 390.0
	Q						-605.6		-605.6

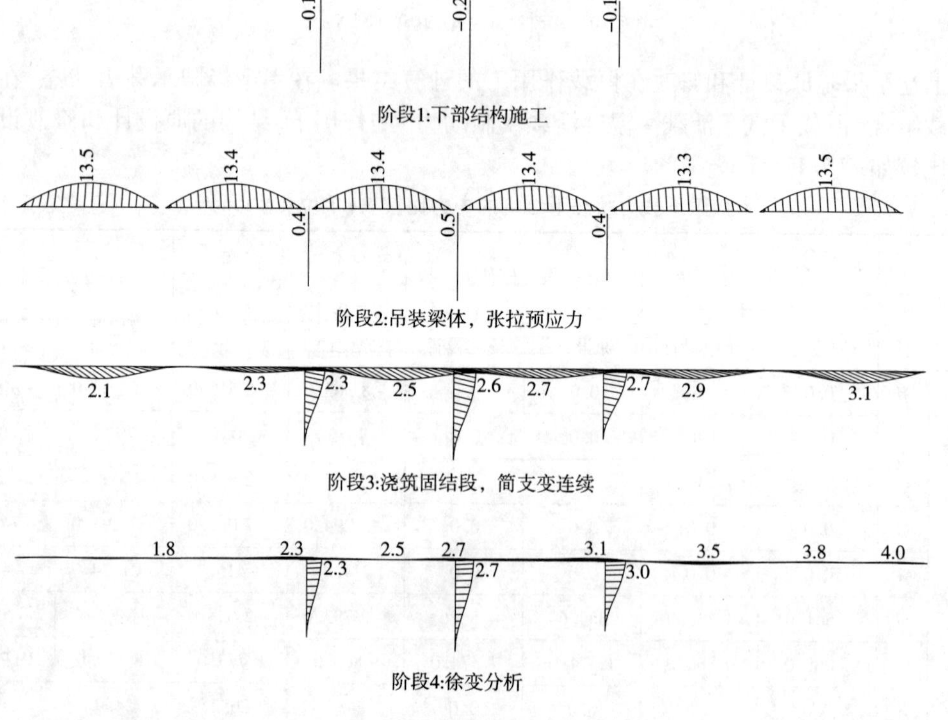

图5.21 修改设计挠度图(单位:mm)

5.7 试验桥参数优化分析

5.7.1 参数设置

根据上述的研究成果,另外,修改设计分为 5 组设计参数,利用第 2 章研究的时变可靠度模型和时变开裂比例模型、第 3 章讨论的维护策略、全寿命成本和时变性能以及第 5 章的概率寿命周期成本模型以及全寿命设计框架和本章的全寿命优化设计计算模型,计算原设计和修改设计的 5 组设计参数的初始成本,结构的失效概率和开裂比例,直接维护成本和间接维护成本,其主要包括用户成本和社会成本。原设计和修改设计的 5 组设计参数如表 5.13 所示。

设计参数 表 5.13

设计参数	原设计	修改设计				
		A 组	B 组	C 组	D 组	E 组
梁高(cm)	90	95	98	98	100	100
混凝土等级(MPa)	40	40	45	45	45	50
顶板厚度(cm)	10	11	12	12	12	12
底板厚度(cm)	10	10	12	13	13	13
普通钢筋	13ϕ10	13ϕ12	13ϕ12	13ϕ16	13ϕ16	13ϕ16
保护层厚度(mm)	25	25	30	30	35	35

原设计和修改设计结构的几何和材料参数如表 5.14 所示。

材料和几何参数 表 5.14

设计参数	原设计	修改设计				
		A 组	B 组	C 组	D 组	E 组
混凝土弹性模量(10^4MPa)	3.25	3.25	3.35	3.35	3.35	3.45
边梁面积(m^2)	0.820 2	0.821 4	0.895 7	0.899 4	0.908 8	0.908 8
边梁惯性矩(m^4)	0.078 56	0.079 08	0.084 25	0.084 79	0.087 54	0.087 54
中梁面积(m^2)	0.642 9	0.657 9	0.702 4	0.706 4	0.717 8	0.717 8
中梁惯性矩(m^4)	0.065 489	0.066 58	0.069 57	0.069 84	0.070 98	0.070 98

5.7.2 成本计算

1)初始成本计算

根据原设计施工图,可以计算原设计的材料用量,全桥上部结构的混凝土的用量为 1 334.3m^3,混凝土的价格为:对于 C40 混凝土,$C_{concrete}$ = 415 元/m^3;对于 C50 混凝土,$C_{concrete}$ =470 元/m^3。全桥钢筋的用量为 564.84t,其价格为:C_{steel} =5 000 元/t。在本文的分析中,为了简化起见,所有的劳动力价格和管理费用不考虑,只考虑上部构造的建造材料费用。根据第 5.2 节的计算,可以得到建造桥梁的初始成本。而对于修改设计 5 组设计参数,材料用量计算方法同原设计。初始成本见表 5.15。

初始成本计算 表5.15

项　目	原设计	修改设计				
		A组	B组	C组	D组	E组
混凝土(m^3)	1 334.3	1 398.6	1 485.2	1 512.8	1 512.8	1 512.8
钢筋(t)	564.84	601.46	601.46	636.42	646.42	646.42
初始成本(万元)	335.80	358.78	366.09	383.78	384.78	389.30

2)直接维护成本计算

根据第2章的计算和第3章的优化分析和成本计算数据,对于原设计,分别在第2 035.35年、第2 064.89年和第2 095.45年进行三次灌浆维护,在第2 101.04年进行一次混凝土修复。修改设计同理利用第2章的计算和第3章的优化分析和成本计算模型,维护活动的类型和发生时间和结构的性能指标如表5.16所示。

维护活动发生的时间 表5.16

项　目		原设计	修改设计				
			A组	B组	C组	D组	E组
第一次灌浆维护时间		2 035.35	2 035.35	2 035.59	2 035.59	2 035.98	2 035.98
第二次灌浆维护时间		2 064.89	2 064.65	2 065.17	2 065.17	2 065.95	2 065.95
第三次灌浆维护时间		2 095.45	2 095.58	2 095.89	2 095.89	2 096.02	2 096.02
混凝土修复时间		2 101.04	2 102.72	2 104.1	2 104.3	—	—
可靠指标	β_{min}	3.875	3.89	3.94	3.96	3.97	3.98
	β_{100}	3.875	3.89	3.94	3.96	3.97	3.98
可靠指标	C_{min}	4.50	4.50	4.50	4.50	4.46	4.49
	C_{100}	5.617	5.56	5.64	5.64	4.46	4.49

从表5.16中修改设计的第D组设计参数和第E组设计参数的结果比较可以看出:基于状态指标的预防性维护和混凝土修复主要还是受混凝土保护层厚度控制,当保护层厚度一致时,维护活动发生时间基本相同。

从表5.16中修改设计的第B组设计参数和第C组设计参数的结果比较可以看出:在该两组设计参数下,结构的维护策略一致,而且结构的状态指标的变化相同。但是,由于受力钢筋的参数不同,导致结构最后的可靠指标不同,第C组设计参数的可靠指标略高于第B组设计参数。

根据第3章的维护成本分布分析,进行一次单跨灌浆维护的成本为6.318万元,一次混凝土修复的成本为12.5万元,全桥6跨。所以,全桥进行一次灌浆维护活动的直接成本为35.9万元。全桥进行一次混凝土修复的直接成本为75.8万元。所有设计方案在服役期内预测发生的成本如表5.17所示,折现率的取值为4%。

直接维护成本计算(万元)　　表 5.17

项　目	原设计	修改设计				
		A 组	B 组	C 组	D 组	E 组
第一次灌浆维护	35.9	35.9	35.9	35.9	35.9	35.9
第二次灌浆维护	35.9	35.9	35.9	35.9	35.9	35.9
第三次灌浆维护	35.9	35.9	35.9	35.9	35.9	35.9
混凝土修复	75.8	75.8	75.8	75.8	—	—
累计直接维护成本	185.5	185.5	185.5	185.5	113.7	113.7
考虑折现率	18.71	18.57	18.23	18.23	16.46	16.46

3)间接维护成本计算

在进行板梁底部的灌浆维护和混凝土修复时,需要对交通进行管制,维护活动的交通管制策略如下。

(1)灌浆维护。对于分离式双向四车道桥梁,主要针对半幅维护,先维护一个车道对应的板梁,进行灌浆处理,管制一个车道;

(2)混凝土修复维护。对于分离式双向四车道桥梁,主要针对半幅维护,先维护一个车道对应的板梁,进行混凝土修补,管制一个车道。

利用第 5 章的间接概率维护成本计算模型,结合交通仿真软件[6-8],仿真图见图 5.22,基本维护参数如表 5.18 所示。

分 析 参 数　　表 5.18

项　目	符号	参数
桥长	L	120m
维护影响路段	l	1.5km
寿命期	T	100 年
车辆过桥收费	m	10 元/辆
燃油价格	p	4 元/L
折现率	r	4%
平均车速	v	80km/h
双向交通量	k	1 600 辆/h
大车与小车比例		3:7

根据交通管制,进行维护时的交通流如图 5.22 所示,使用仿真软件 TSIS,可以模拟由于维护导致的交通流变化,汽车行驶参数。

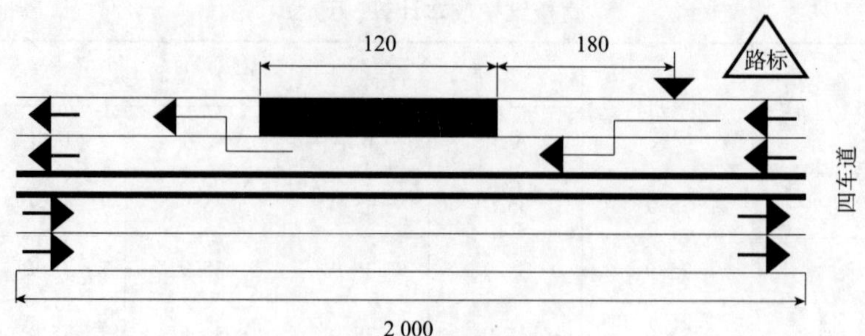

图 5.22　交通仿真图(尺寸单位:m)

可以 TSIS 模拟得到维护参数,模拟结果见表 5.19。

TSIS 仿真结果　　表 5.19

方案＼指标	平均车速(km/h)	行程时间(s)	延误(s/车)	15min 燃油消耗(L)			尾气排放[kg(km·h)]		
				小车	大车	总值	CO	HC	NO_x
不施工	75.9	90.1	0.59	45.1	132.1	175.2	1.66	0.1	0.27
维护活动	58.2	125.3	123.1	65.0	145.2	225.2	2.35	0.13	0.32

用于成本计算的维护参数见表 5.20。

维护参数　　表 5.20

项目		符号	参数
维护持续时间	混凝土修复	t_m	3 次/d
	灌浆处理		2 次/d
事故平均成本		C_a	12 000 元/次
处理尾气的平均成本		C_m	100 000 元/kg
平日事故率		A_a	0.058 次/h
维护事故率	桥面翻新	A_n	0.125 次/h
	桥面修补		0.079 次/h

根据表 5.16 中维护活动发生的时间和类型,以及表 5.18、表 5.19 和表 5.20 的维护参数,可以计算每一次维护发生时,由于维护导致交通耽误、收费降低和交通事故等社会事件而引发的成本损失,进行一次灌浆维护和一次混凝土修复活动的间接成本汇总,如表 5.21 所示。

一次灌浆维护和一次混凝土修复的间接维护成本计算(单位:万元)　　表 5.21

项目	灌浆维护	混凝土修复
油耗成本	26.91	40.37
收费损失	53.65	80.47
驾驶员成本	1.31	1.96
事故成本	25.29	35.21
环境成本	5.89	8.87
累计间接维护成本	115.05	166.88

根据各组设计参数所对应的维护活动和维护活动发生的时间，以及表 5.21 间接维护成本的计算结果，则可以计算所有设计方案的间接维护成本，如表 5.22 所示。根据表 5.16 中维护活动的发生时间，折现率取 0.04，折现基准期为 2006 年，可以得到折现后的累计间接维护成本。

所有设计方案的间接维护成本计算(单位：万元)　　表 5.22

项　　目	原设计	修改设计				
		A 组	B 组	C 组	D 组	E 组
第一次灌浆维护	115.05	115.05	115.05	115.05	115.05	115.05
第二次灌浆维护	115.05	115.05	115.05	115.05	115.05	115.05
第三次灌浆维护	115.05	115.05	115.05	115.05	115.05	115.05
混凝土修复	166.88	166.88	166.88	166.88	—	—
累计间接维护成本	512.03	512.03	512.03	512.03	345.15	345.15
考虑折现率	55.27	54.43	53.99	53.69	45.96	45.96

根据表 5.16 ~ 表 5.22 的初始成本、直接和间接维护成本计算结果，可以得到各设计方案的全寿命成本汇总，如表 5.23 所示。

全寿命成本计算(单位：万元)　　表 5.23

项　　目	原设计	修改设计				
		A 组	B 组	C 组	D 组	E 组
初始成本	335.79	358.77	366.09	383.78	384.78	389.31
直接维护成本	185.5	185.5	185.5	185.5	113.7	113.7
间接维护成本	512.03	512.03	512.03	512.03	345.15	345.15
全寿命成本	1 035.32	1 058.30	1 065.62	1 083.31	843.62	848.16
考虑折现率($r=0.04$)	411.77	432.97	438.31	456.00	449.19	453.73
考虑折现率($r=0.02$)	533.95	553.93	559.18	576.41	541.63	546.17

利用 5.5 节的静力分析模型，可以得到各设计方案在最不利荷载组合工况下（恒载 + 活载 + 温度荷载 + 制动力）的应力计算结果，如表 5.24 所示。

静力分析(单位：MPa)　　表 5.24

项　　目	原设计	修改设计				
		A 组	B 组	C 组	D 组	E 组
边跨跨中梁底应力	-5.69	-5.71	-5.91	-5.92	-5.84	-5.91
边跨跨中梁顶应力	-11.72	-11.98	-12.06	-12.09	-12.02	-12.11
中跨跨中梁底应力	-11.82	-11.94	-11.85	-11.71	-11.71	-11.67
中跨跨中梁顶应力	-15.80	-15.88	-15.91	-15.75	-15.75	-15.73
墩顶应力	—	0.237	0.236	0.245	0.25	0.25

5.7.3 优化分析

根据表 5.23 的计算结果,可以得到成本与设计策略的关系(图 5.23)。

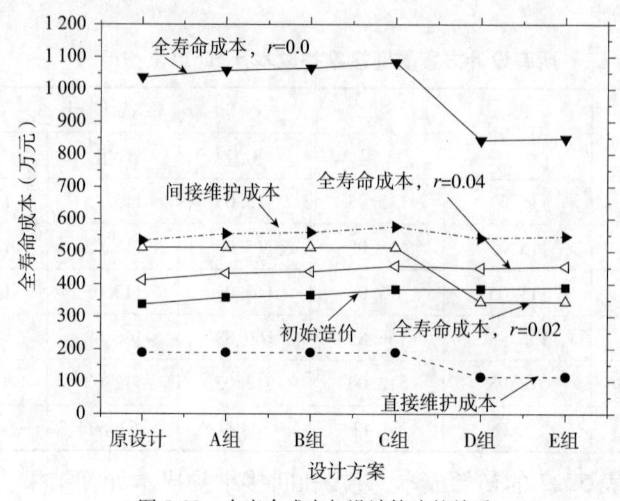

图 5.23 全寿命成本与设计策略的关系

根据表 5.23 中成本的计算和表 5.24 的应力计算结果,可以看出如果按照初始成本最小的原则,不考虑后期对上部结构维护,原设计方案的上部结构初始造价为 335.80 万元,低于修改设计中 A、B、C、D 和 E 设计方案,设计方案 E 由于混凝土强度等级的提高,其初始造价比设计方案 D 的初始造价略高 5.4 万元。无论是修改设计还是原设计结构的受力都满足要求。所以,原设计方案为最经济设计策略。

如果从全寿命成本角度出发,考虑后期维护以及由于维护带来的间接成本的影响,而不考虑折现率经济因素的影响,可以参照表 5.23 和图 5.23,修改设计方案 D 和 E 的全寿命成本分别为 843.62 万元和 848.16 万元,远低于原设计策略(1 035.32 万元)和修改设计策略 A(1 058.30 万元)、B(1 065.62 万元)和 C(1 083.30 万元)。这里需要说明的是:根据第 3 章对碳化腐蚀的分析,保护层厚度控制了结构的开裂比例和状态指标,即决定了混凝土修复策略的使用时间,所以原设计与修改设计策略 A、B 和 C 的全寿命成本没有很大区别。值得一提的是,对于修改设计方案 D 和 E,由于二者的保护层厚度是一致的,而且截面设计尺寸也相同,主要区别是混凝土强度等级,根据前面章节的研究,二者的维护成本是相同的,由于设计方案 D 的初始成本略低于设计方案 E,所以方案 D 的全寿命成本略低于方案 E,二者的受力差别不大,但是,综合结构整体考虑,从结构的强健性等因素出发,修改设计方案 E 为最优的设计方案。

在设计决策过程中,考虑经济因素,计入折现率的影响,从表 5.23 和图 5.23 可以看出,后期维护成本与维护活动发生的时间关系密切,而且,随着折现率的增大,成本的时间效应非常明显,则全寿命成本主要取决于初始成本和第一次维护活动的发生时间。

5.8 小结

本章综合利用前面章节的基于时变可靠指标和状态指标劣化模型、概率全寿命成本模型和时变性能—维护策略—全寿命成本相互作用模型,结合试验桥设计实践,定量地进行了全寿命优化设计。研究表明:在现有的可利用的模型基础上以及分析方法和能力上,当劣化模型和维护模型的精度达到工程需要时,全寿命设计是具有合理性和可操作性的。同时,全寿命设计是一个系统的工程,涉及面广,是多门学科的交叉,将力学、概率技术、交通工程和桥梁工程有机地结合在一起。

本章参考文献

[1] 刘丹,郭磊,钟怀增. 公路桥梁铰缝破坏原因浅析与预防措施. 邢台职业技术学院学报,2005,22(3):69-70.

[2] 柴广,孙建民,郑杰. 新型铰缝在重载交通道路桥梁设计中的应用. 内蒙古公路与运输,2005,4:20-22.

[3] Frangopol D M, Kong J S, Gharaibeh E S. Reliability-based life-cycle management of Highway bridges. Journal of Computing in Civil Engineering,2001,15(1):397-410.

[4] Kong J S, Frangopol D M. Life-cycle reliability-based maintenance cost optimization of deteriorating structures with emphasis on bridges. Journal of Structural Engineering,2003,129(6):818-828.

[5] Kong J S, Frangopol D M. Prediction of reliability and profiles of deteriorating bridges under time-and performance-controlled Maintenance. Journal of Structural Engineering,2004,130(12):1865-1874.

[6] 邵旭东,彭建新. 基于寿命周期成本(LCC)的桥梁设计方法研究 // 全国桥梁学术会议论文集. 北京:人民交通出版社,2005:840-845.

[7] 邵旭东,彭建新,晏班夫. 基于结构可靠度的桥梁维护策略优化研究. 工程力学,2008,25(9):149-155.

[8] 邵旭东,彭建新,晏班夫,等. 基于全寿命成本优化的桥梁车道数决策研究. 土木工程学报,2008,41(10):46-52.

第6章 基于全寿命成本的桥梁车道数决策研究

在改进的桥面铺装劣化模型基础上,研究了桥梁结构在最优维护策略下寿命周期内的性能状态变化规律,以此为约束条件。利用第3章提出的由于维护导致的维护间接成本改进模型,建立了优化目标函数。桥面铺装属易损结构,其维护对交通将产生很大的干扰,本章以一座桥梁车道数(宽度)的决策为研究对象,根据第4章提出的全寿命优化设计方法的关键技术和设计框架及编制的相应的决策支持系统,基于桥梁全寿命设计理念,结合桥面铺装的时变劣化—维护策略规律,对桥梁设计方案的决策进行了新的尝试,进一步证明了全寿命设计方法的有效性和合理性。桥梁全寿命优化设计方法不但能考虑桥梁劣化和维护过程中的不确定性,而且能够合理规划桥梁服役期内维护方案,平衡建造成本和维护成本,起到优化资源,保护环境的作用。

6.1 概述

桥梁结构设计的基本原则是安全、适用和经济。传统的桥梁结构设计主要是采用定值设计的方法,追求的是一个满足设计规范条件下的最低水平设计[1]。

一般桥梁结构在正常维护的条件下,在设计基准内结构能够完好地工作,当桥梁结构使用超过服役期,服务水平会下降,人们并不轻易地将耐久性损伤的混凝土桥梁结构报废,而是一直在寻求合适、经济、科学的修理方法,来延长正在服役桥梁结构的寿命。而对桥梁结构维护时,除造成直接维护费用外,由于维护或更换构件导致交通堵塞、改道或交通事故带来的维护间接成本,一般超出直接成本的几倍。这使得决策者在桥梁设计阶段确定桥型、桥宽和截面尺寸等参数时,不但要考虑初始造价,还要考虑桥梁服役期的维护造成的直接成本和间接成本。

目前,有不少学者对桥梁优化设计方法进行研究。禹智涛和韩大建(2002年)[1]介绍了基于可靠度的桥梁结构优化设计方法的基本思想,讨论了其优化模型,综述了该研究方向的发展动态。屈文俊和张誉(1999年)[2]、屈文俊和车惠民(1998年)[3]、Frangopol等(1997年)[4]提出了劣化结构的优化设计思想,讨论了成本的计算模型,并通过算例验证其可行性。邵旭东等(2006年)[5]提出了桥梁全寿命设计框架,没有计算直接维护成本,Lee和Cho(2004年)[6]、Ang和Leon(1998年)[7]研究了结构优化设计的寿命周期成本模型以及优化设计框架。

基于此,本章在邵旭东等(2006年)[5]、Peng和Shao(2005年)[8]研究的基础上,进一步提出基于寿命周期成本的劣化桥梁全寿命优化设计方法,即满足桥梁服务水平前提条件下,以寿命周期成本期望值总和最小的原则来决策最优的设计方案,并以桥梁车道数(宽度)的决策为研究对象,证明全寿命设计方法的有效性和可行性。

6.2　基于全寿命成本的桥梁优化设计方法

下面以桥梁的设计车道数(桥梁宽度)为设计目标,进行桥梁全寿命优化设计的研究。

6.2.1　优化函数

桥梁车道数方案决策的数学优化模型为:

$$\left.\begin{array}{ll} \text{求} & x_1, x_2 \\ \min & \mathrm{E}[LCC(x_1, x_2)] \\ \text{s.t.} & x_1 \geqslant C_{\text{target}} \\ & u_{\mathrm{i}} \leqslant x_2 \leqslant u_{\mathrm{j}} \end{array}\right\} \tag{6.1}$$

式中:x_1——桥梁状态指标,用以描述水泥混凝土桥面铺装的时变性能状态;

C_{target}——目标状态指标;

x_2——桥梁车道数;

u_{i}、u_{j}——分别为设计变量 x_2 的下限和上限。

6.2.2　寿命周期成本计算模型

寿命周期成本期望值的计算模型为:

$$\mathrm{E}[LCC(x_1, x_2)] = \mathrm{E}[C_{\mathrm{ac}}(x_1, x_2)] + \mathrm{E}[C_{\mathrm{uc}}(x_1, x_2)] + \mathrm{E}[C_{\mathrm{sc}}(x_1, x_2)] \tag{6.2}$$

式中:$\mathrm{E}[C_{\mathrm{ac}}(x_1, x_2)]$——业主成本期望值;

$\mathrm{E}[C_{\mathrm{uc}}(x_1, x_2)]$——用户成本期望值;

$\mathrm{E}[C_{\mathrm{sc}}(x_1, x_2)]$——社会成本期望值。

业主成本期望值 $\mathrm{E}[C_{\mathrm{ac}}(x_1, x_2)]$ 为:

$$\mathrm{E}[C_{\mathrm{ac}}(x_1, x_2)] = \mathrm{E}[C_{\mathrm{ini}}(x_2)] + \mathrm{E}[C_{\mathrm{Mai}}(x_2)] + \mathrm{E}[C_{\mathrm{Rep}}(x_1, x_2)] \tag{6.3}$$

$\mathrm{E}[C_{\mathrm{ini}}(x_2)]$ 为桥梁建设所需的初始造价成本期望值,由材料费、人工费以及工程机械费等组成,该项成本可由认为是桥长或桥宽的函数。

$\mathrm{E}[C_{\mathrm{Mai}}(x_2)]$ 为桥梁进行日常预防性维护所需成本期望值,可由下式计算:

$$\mathrm{E}[C_{\mathrm{Mai}}(x_2)] = \sum_{i=1}^{n} \frac{C_{\mathrm{main},i}}{(1 + r_{\mathrm{d}})^{t_i}} \tag{6.4}$$

式中:$C_{\mathrm{main},i}$——第 i 次预防性维护所需的直接成本,与桥长、桥宽等参数有关,$C_{\mathrm{main},i} = f_1(x_2)$,见式(4.9);

r_{d}——折现率;

t_i——第 i 次预防性维护的时间。

$\mathrm{E}[C_{\mathrm{Rep}}(x_1, x_2)]$ 为桥梁一次完全维护(桥面翻新)所需成本期望值,可由下式计算:

$$\mathrm{E}[C_{\mathrm{Rep}}(x_1, x_2)] = \sum_{i=1}^{n} \frac{C_{\mathrm{ess},i}}{(1 + r_{\mathrm{d}})^{t_i}} \tag{6.5}$$

式中:$C_{\mathrm{ess},i}$——第 i 次完全维护时的直接成本,$C_{\mathrm{ess},i} = f_2(x_1, x_2)$,见式(4.20);

t_i——第 i 次完全维护的时间。

用户成本期望值 $E[C_{uc}(x_1,x_2)]$为:

$$E[C_{uc}(x_1,x_2)]=E[C_{user,toll}(x_2)]+E[C_{user,oil}(x_2)]+E(C_{user,driver}) \tag{6.6}$$

$E[C_{user,toll}(x_2)]$为因维护造成交通堵塞引起的车辆收费成本减少值,可由下式计算:

$$E[C_{user,toll}(x_2)]=\sum_{i=1}^{N}\left[\sum_{h=1}^{H}\frac{x_2 m_h k_{hm} t_w(n_h-n_{hi})}{n_h}\right]\cdot\frac{1}{(1+r_d)^{t_i}} \tag{6.7}$$

式中:N——维护总的次数;

H——车辆类型数,包括货车、公交车和私家车等;

x_2——设计变量;

m_h——每一种车的收费单价;

k_{hm}——为某一类型车的交通量;

t_w——为维护时交通耽搁时间;

n_h——不维护时的车速;

n_{hi}——维护时某一种车型的车速。

$E[C_{user,oil}(x_2)]$为因维护造成交通堵塞引起的燃油消耗成本增加值,可由下式评估:

$$E[C_{user,oil}(x_2)]=\sum_{i=1}^{N}\left[\sum_{h=1}^{H}x_2 p_h t_w(L_{yhi}-L_{yh})\right]\cdot\frac{1}{(1+r_d)^{t_i}} \tag{6.8}$$

式中:p_h——每一种车型的耗油单价;

L_{yh}——某一车型不维护时总的耗油量;

L_{yhi}——某一车型维护时总的耗油量;

其他参数意义同式(6.7)。

$E(C_{user,drive})$为因维护造成交通堵塞引起的驾驶员成本增加值,可由下式计算:

$$E(C_{user,driver})=\sum_{i=1}^{N}\left[\sum_{h=1}^{H}w_h k_{hm} t_w l\left(\frac{1}{n_{hi}}-\frac{1}{n_h}\right)\right]\cdot\frac{1}{(1+r_d)^{t_i}} \tag{6.9}$$

式中,w_h——每某一种车型的驾驶员单价;

l——维护施工影响长度;

其他参数意义同式(6.7)。

社会成本期望值 $E[C_{sc}(x_1,x_2)]$可用下式计算:

$$E[C_{sc}(x_1,x_2)]=E(C_{society,acc}) \tag{6.10}$$

$E(C_{society,acc})$为因维护造成交通堵塞引起的事故成本增加值,可由下式计算:

$$E(C_{society,acc})=\sum_{i=1}^{N}\left[\sum_{h=1}^{H}C_{ha} t_w(A_{ha}-A_h)\right]\cdot\frac{1}{(1+r_d)^{t_i}} \tag{6.11}$$

式中:C_{ha}——某一车型发生事故的成本损失;

A_{ha}——某一车型在维护时的事故率;

A_h——正常行驶的事故率;

其他参数意义同式(6.7)。

6.2.3 基于时变状态指标的桥面铺装性能评估

桥梁结构在不同的维护方案下,其结构的时变劣化过程有很大区别,假设给出三种不同的维护策略,形成三种维护模型。为了方便分析,模型满足如下假定:①日常维护的时间间隔是相同的；②日常维护活动效果的持续时间是相同的；③每次日常维护对结构可靠度的提高是相同的；④可靠指标在任何时候都是小于或等于初始值 C_0。

三种不同的维护策略模型（图6.1～图6.3）主要区别在于：维护活动应用后，其对桥梁的后期可靠指标的影响曲线有明显不同。对于维护策略一：基于时间控制的预防性维护，桥梁进行维护后，在维护效果持续时间 t_{PD} 内，以同一劣化率 θ 劣化，而且两次维护间隔时间 t_P 小于维护效果持续时间 t_{PD}，属修补性维护（小规模的桥面修复）。对于维护策略二：结构开始没有任何维护措施，当结构破坏到无法接受的时候进行维护，属快坏才修（桥面翻新）。对于维护策略三：为综合维护，将前面两种维护策略结合起来，首先进行修补性维护，但此时两次维护间隔时间 t_P 大于维护效果持续时间 t_{PD}，结构破坏到无法接受时进行桥面翻新。

1）劣化结构在没有维护方案下的状态评估

Jiang（2004年）[9]采用统计回归理论得到了水泥混凝土桥面铺装的多项式确定性状态回归方程，如下所示：

$$R = 9 - 0.3498t - 0.0104t^2 - 0.0001t^3 \tag{6.12}$$

式中：R——状态指标；

t——结构服役时间。

为了更合理评估劣化桥面板的性能状态，本书在此劣化模型基础上，结合广东清远市公路桥梁管理，考虑劣化规律的不确定性，以可靠指标为基础得到如下的状态指标评估方程。

$$C(t) = \begin{cases} C_0 & ,0 \leqslant t \leqslant t_I \\ C_0 - a_1 t - a_2 t^2 - a_3 t^3 & ,t_I < t \end{cases} \tag{6.13}$$

式中：C_0——结构初始状态指标；

a_1、a_2、a_3——劣化系数，为随机变量；

t_I——开始劣化时间（年），均为随机变量，分布规律见表6.1。

首先根据 C_0 的分布规律，利用 Monte－Carlo 模拟方法计算 C_0 的均值，再将 $\mu(C_0)$ 代入式（6.13），可以计算在 $[0,t(C=C_{target})]$ 时任一时点的时变状态指标。

维护策略中随机变量的分布特征描述[10-11] 表6.1

随机变量	分布类型	数值特征	
		均值	标准差
C_0	对数正态分布	9	1.2
a_1	正态分布	0.3498	0.035
a_2	正态分布	0.0104	0.001
a_3	正态分布	0.0001	0.00001
t_I	对数正态分布	3	0.8
t_{PI}	对数正态分布	5	1.0
t_P	三角分布	(Min, Mode, Max) = (6, 9, 12)	
r	对数正态分布	0.32	0.04
$\Delta\beta$	对数正态分布	9	1.2
t_{PD}	三角分布	(Min, Mode, Max) = (2, 4, 7)	
θ	对数正态分布	0.2	0.04

2)维护策略一:劣化结构在基于时间控制的维护策略下的状态指标评估(小规模的桥面修复)

在该维护策略(图6.1)下,即对水泥混凝土铺装采取“有坏就修”的策略下,而且此维护策略发生的条件为$t_{PI} \geqslant t_I$,$t_{PD} \geqslant t_P$,则假设维护后结构的劣化规律按线性变化,亦称为“主动维护”方案。

如图6.1所示,劣化结构的状态指标评估方程为:

$$C(t)=\begin{cases} C_0 & ,0 \leqslant t \leqslant t_I \\ C_0-\alpha_1 t-\alpha_2 t^2-\alpha_3 t^3 & ,t_I < t \leqslant t_{PI} \\ C_1-\theta(t-t_{PI}) & ,t_{PI} < t \leqslant t_{PI}+t_P \\ C_n-\theta\{t-[t_{PI}+(n-1)t_P]\} & ,t_{PI}+(n-1)t_P < t \leqslant t_{PI}+nt_P \end{cases} \tag{6.14}$$

式中:

$C_1=C_0-\alpha_1 t-\alpha_2 t^2-\alpha_3 t^3+r \qquad ,t=t_{PI}$

$C_n=C'_{n-1}+r \qquad ,t=t_{PI}+(n-1)t_P$

$C'_{n-1}=C_{n-1}-\theta t_p$

结构状态指标变化如图6.1所示。

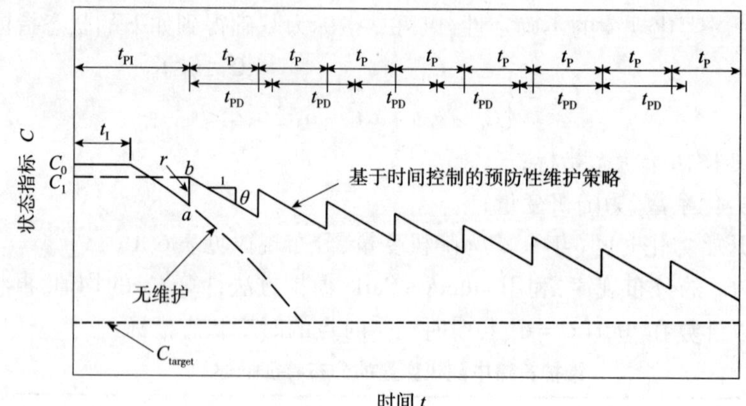

图6.1 在常规维护下的状态指标变化图

图6.1和式(6.14)中:t_{PI}——第一次维护的时间;

t_P——每一次预防性维护的时间间隔;

t_{PD}——每一次预防性维护效果的持续时间;

θ——结构维护后的劣化率;

r——维护后结构可靠指标的提高,都为随机变量;

n——分析周期内结构维护的次数。

3)维护策略二:在基于性能的维护策略下结构状态指标评估(桥面翻新)

在没有维护时,结构按式(6.13)劣化,当状态指标$C \leqslant C_{target}$(C_{target}为结构目标状态值,本书取$C_{target}=0$)时,应对桥面翻新处理,即为“快坏才修”的策略,亦称为“被动维护”方案。

如图6.2所示,劣化结构的状态指标评估方程为:

$$C(t)=\begin{cases}C_0 & ,0\leqslant t\leqslant t_1\\ C_0-\alpha_1 t-\alpha_2 t^2-\alpha_3 t^3 & ,t_1<t\leqslant t_1\\ C_1-\alpha_1(t-t_1)-\alpha_2(t-t_1)^2-\alpha_3(t-t_1)^3 & ,t_1<t\leqslant t_1+t_2\\ C_n-\alpha_1[t-(t_1+t_2+\cdots)]-\alpha_2[t-(t_1+t_2+\cdots)]^2-\alpha_3[t-(t_1+t_2+\cdots)]^3 & ,t_1+t_2+\cdots+t_{n-1}<t\leqslant t_1+t_2+\cdots+t_{n-1}+t_n\end{cases}\tag{6.15}$$

上式中：

$$C_1=C_0-\alpha_1 t_1-\alpha_2 t_1{}^2-\alpha_3 t_1{}^3+\Delta C \qquad ,t=t_1$$

$$C_n=C_{n-1}-\alpha_1[t-(t_1+t_2+\cdots)]-\alpha_2[t-(t_1+t_2+\cdots)]^2-\alpha_3[t-(t_1+t_2+\cdots)]^3+\Delta C,\quad t=t_1+t_2+\cdots+t_m$$

相应的结构状态指标变化如图 6.2 所示。

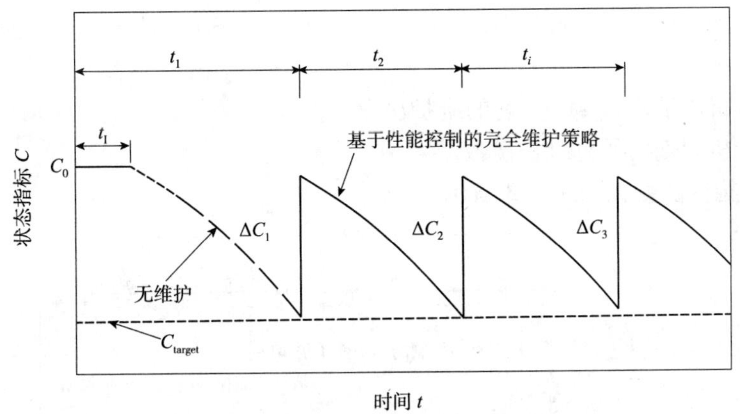

图 6.2　在基于性能的维护策略下结构状态指标变化图

图 6.2 和式(6.15)中，$t_1\cdots\cdots t_i$ 为每次进行桥面翻新维护的时间；

$\Delta C_1\cdots\cdots\Delta C_i$ 为进行一次完全维护时结构状态指标的提高量，均为随机变量；

n 为分析周期内桥面翻新的次数。

4）维护策略三．将基于时间控制的维护方案与基于性能的维护方案结合的综合维护策略下结构状态指标评估

先采用基于时间控制的维护方案（有坏就修），维护的效果持续时间为 t_{PD}，在此维护策略下，$t_{\text{PD}}<t_{\text{P}}$。假设结构在 $[0,t_{\text{PD}}]$ 内为线性劣化，维护后，在 $[t_{\text{PD}},t_{\text{P}}]$ 内仍按原来的劣化规律。当结构 $C\leqslant C_{\text{target}}$ 时，采用基于性能的维护方案（快坏才修）。该方法亦称为"主动维护"+"被动维护"的维护方案。结构随时间变化的性能如图 6.3 所示。

相应的劣化结构状态指标评估方程为：

$$C(t)=\begin{cases}C_0 & ,0\leqslant t\leqslant t_1\\ C_0-\alpha_1 t-\alpha_2 t^2-\alpha_3 t^3 & ,t_1<t\leqslant t_{\text{PI}}\\ C_1-\theta(t-t_{\text{PI}}) & ,t_{\text{PI}}<t\leqslant t_{\text{PI}}+t_{\text{PD}}\\ C_1'-\alpha_1[t-(t_{\text{PI}}+t_{\text{PD}})]-\alpha_2[t-(t_{\text{PI}}+t_{\text{PD}})]^2-\alpha_3[t-(t_{\text{PI}}+t_{\text{PD}})]^3 & ,t_{\text{PI}}+t_{\text{PD}}<t\leqslant t_{\text{PI}}+t_{\text{P}}\\ C_m-\theta\{t-[t_{\text{PI}}+(m-1)t_{\text{P}}]\} & ,t_{\text{PI}}+(m-1)t_{\text{P}}<t\leqslant t_{\text{PI}}+(m-1)t_{\text{P}}+t_{\text{PD}}\\ C_m'-\alpha_1\{t-[t_{\text{PI}}+t_{\text{PD}}+(m-1)t_{\text{P}}]\}-\alpha_2\{t-[t_{\text{PI}}+t_{\text{PD}}+(m-1)t_{\text{P}}]\}^2-\alpha_3\{t-[t_{\text{PI}}+t_{\text{PD}}+(m-1)t_{\text{P}}]\}^3 & ,t_{\text{PI}}+t_{\text{PD}}+(m-1)t_{\text{P}}<t\leqslant t_{\text{PI}}+mt_{\text{P}}\end{cases}\tag{6.16}$$

式中：

$$
\begin{aligned}
&C_1 = C_0 - \alpha_1 t - \alpha_2 t^2 - \alpha_3 t^3 + r && ,t = t_{PI} \\
&C_1' = C_1 - \theta t_{PD} && ,t = t_{PI} + t_{PD} \\
&C_m = C_{m-1}' - \alpha_1 \{t - [t_{PI} + (m-1)t_p]\} - \alpha_2 \{t - [t_{PI} + (m-1)t_p]\}^2 - \alpha_3 \{t - [t_{PI} + (m-1)t_p]\}^3 + r && ,t = t_{PI} + (m-1)t_p \\
&C_{m-1}' = C_{m-1} - \theta[t_{PD} + (m-1)t_p] && ,t = t_{PI} + (m-1)t_P + t_{PD}
\end{aligned}
$$

在维护过程中，当 $C \leqslant C_{target}$ 时，性能评估方程可以写为：

$$
C(t) = \begin{cases} C_n - \theta\{t - [t_{PI} + (n-1)t_P]\}, & t_{PI} + (n-1)t_P + \Delta t \leqslant t \leqslant t_{PI} + (n-1)t_P + t_{PD} + \Delta t \\ C_n' - \alpha_1\{t - [t_{PI} + t_{PD} + (n-1)t_P]\} - \alpha_2\{t - [t_{PI} + t_{PD} + (n-1)t_P]\}^2 - \alpha_3\{t - [t_{PI} + t_{PD} + (n-1)t_P]\}^3 & ,t_{PI} + t_{PD} + (n-1)t_P + \Delta t < t \leqslant t_{PI} + nt_P + \Delta t \end{cases} \tag{6.17}
$$

其中：

$$
\begin{aligned}
&C = C_{m-1}' - \alpha_1\{t - [t_{PI} + (n-1)t_p]\} - \alpha_2\{t - [t_{PI} + (n-1)t_p]\}^2 - \alpha_3\{t - [t_{PI} + (n-1)t_p]\}^3 + \Delta C && ,t = t_{PI} + (m-1)t_p + \Delta t \\
&C_n = C_{n-1}' - \alpha_1\{t - [t_{PI} + (n-1)t_p]\} - \alpha_2\{t - [t_{PI} + (n-1)t_p]\}^2 - \alpha_3\{t - [t_{PI} + (n-1)t_p]\}^3 + r && ,t = t_{PI} + (n-1)t_p + \Delta t \\
&C_{n-1}' = C_{n-1} - \theta[t_{PI} + (n-1)t_p] && ,t = t_{PI} + (n-1)t_p + t_{PD} + \Delta t
\end{aligned}
$$

式中：m——分析周期内 $C \leqslant C_{target}$ 前的维护次数；

n——分析周期内所有维护次数。

相应的结构性能变化如图 6.3 所示。

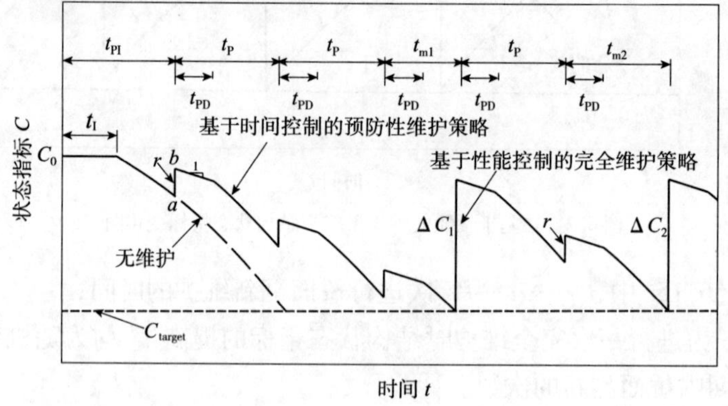

图 6.3　在综合维护策略下的可靠指标变化图

6.2.4　在不同维护策略下的结构状态指标和成本计算

1）基于多目标的维护方案优化分析

在桥梁管理系统中进行维护成本分析，维护方案的优化，就是在有限的财政资金下，得到成本现值最小的维护方案，则以寿命周期成本现值最小化为目标函数，财政约束和性能约束为边界条件，用下式描述：

$$
\begin{gathered} \min C_T \\ \max C(t) \end{gathered} \tag{6.18}
$$

$$
\text{s.t.} \begin{cases} C \geqslant C_{target} \\ C_T \leqslant a \end{cases} \tag{6.19}
$$

式中：C_T——$C_T = C_{accumu,main} + C_{accumu,repair}$；

a——用于单座桥梁维护管理的投资预算总额（万元）。

对某桥梁的水泥混凝土桥面进行维护管理，桥宽为 16.5m，桥长为 200m，双向四车道，维护参数部分取自邵旭东等(2006 年)[5]的研究成果文献，部分参数取值见表 6.2。在基于成本的优化过程中，使用式(6.7)~式(6.9)计算用户成本和用式(6.11)计算社会成本时，车道数 x_2 取 4。

分析参数　　表 6.2

项　目		符　号	参　数
桥长(m)		L	200
维护施工影响长度(m)		l	2 000
寿命期(年)		T	50
维护持续时间(d)	桥面翻新	t_m	10
	桥面修补		2
事故平均成本(元)		C_a	12 000
车辆过桥收费(货车)		m_h	10 元/辆
车辆过桥收费(小车)			6 元/辆
燃油价格		P_h	4.9 元/L
折现率		r	4%
驾驶员耽搁成本		w_h	5 元/h
平日事故率(次/h)		A_a	0.058
平均车速(没有维护)		n_h	80km/h
单向交通量		K_{hm}	1 600 辆/h
大车与小车比例			3:7
维护事故率(次/h)	桥面翻新	A_n	0.125
	桥面修补		0.079

2)时变性能评估

在各种维护策略下，假设在公式中的参数服从表 6.1 分布，参数的分布类型参考 Kong 和 Frangopol(2003 年)[12]的研究成果。以上的假设可根据实际情况给定，本书的假设只是为了说明维护模型的应用。

根据表 6.1 中参数的分布特征，结合式(6.1)的约束条件，利用 Monte - Carlo 模拟，可以计算劣化的桥面铺装结构在三种维护策略下的时变状态指标，其变化见图 6.4。

3)维护成本计算

根据广东省清远市公路局提供的数据，经调查统计分析可知：全桥进行一次预防性维护(小规模的混凝土修复)的每平方米混凝土的维护成本为 280 元，根据桥梁的长度和宽度，进行一次小规模的混凝土修复的直接维护成本为 89.6 万元，进行一次完全维护(桥面翻新)的每平方米混凝土维护成本为 800 元，进行一次完全翻新的直接维护成本为 256 万元。

进行维护活动时相应的用户成本和社会成本可根据式(6.7)~式(6.11)和文献[21，95]确定。公式中的部分参数根据邵旭东等(2006 年)[5]采用的交通仿真软件确定仿真参数,经过计算,可以得出一次预防性维护和完全维护的成本数据。当桥梁的桥型、桥址等因素不同时,这些维护成本数据是不同的,要得到确定性的成本模型是很难的。根据第4章的成本模型,本章研究用于维护成本评估的各种成本见表6.3。

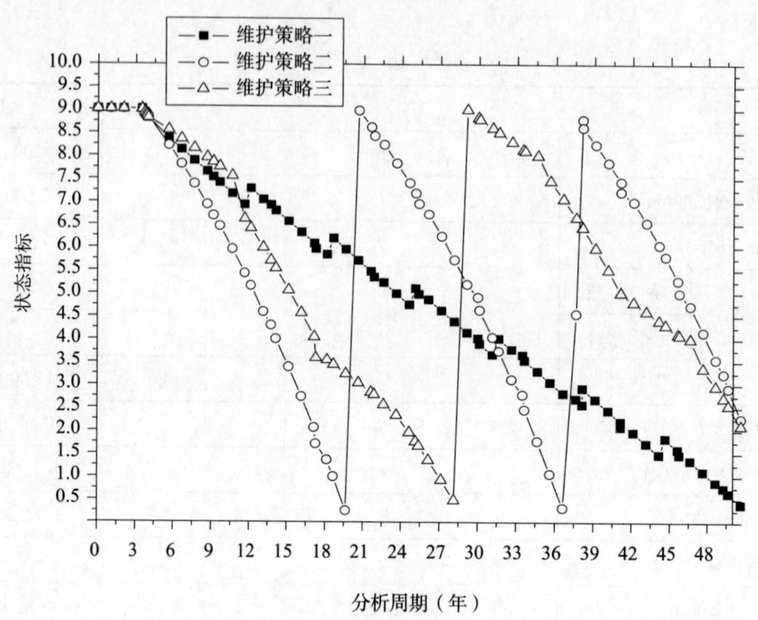

图6.4 在各种维护策略下的劣化结构性能图

一次维护活动成本参数(单位:万元) 表6.3

成本类型	预防性维护(小规模桥面修复)	完全维护(桥面翻新)
维护成本	89.6	256
用户成本	300	1 003.4
社会成本	32.5	482.3
寿命周期总成本	422.1	1 741.7

根据式(6.7)~式(6.11),桥面铺装在三种维护策略下的寿命周期成本现值和累计寿命周期成本现值,分别如图6.5和图6.6所示。

根据邵旭东等(2008年)[13]的优化分析,维护策略一在50年内进行7次预防性小规模桥面维护,在第50年的状态指标为0.4,相应的寿命周期总成本现值为1 271.04万元。维护策略二在50年内进行2次完全维护(桥面翻新),在第50年的状态指标为2.3,相应的寿命周期总成本现值为1 175万元。维护策略三在50年内进行1次完全维护(桥面翻新),并且进行3次修补性维护,在第50年的状态指标为2.1,相应的寿命周期总成本现值为1 172.5万元。从成本角度出发,根据管理部门要求,取$a=1\ 500$万元,都没有超出预算,维护方案一成本最高,维护策略三成本最低;从维护后结构的时变性能指标出发,维护方案三和维护方案二都合适,但是维护方案三的累计寿命成本低于维护方案一和维护方案二。所以,维护策略三为最优维护策略,即对桥面结构采取"有坏就修"和"快坏才修"相结合的维护策略为最优。该方案成本较低,可以保证结构安全和保持桥梁的服务水平。

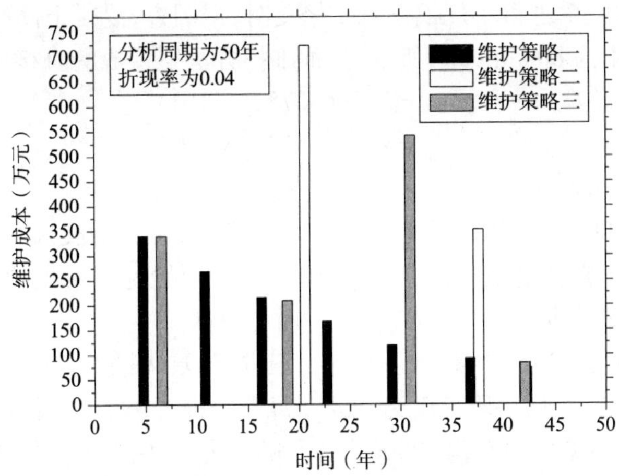

图 6.5　在各种维护策略下结构寿命周期成本分布图

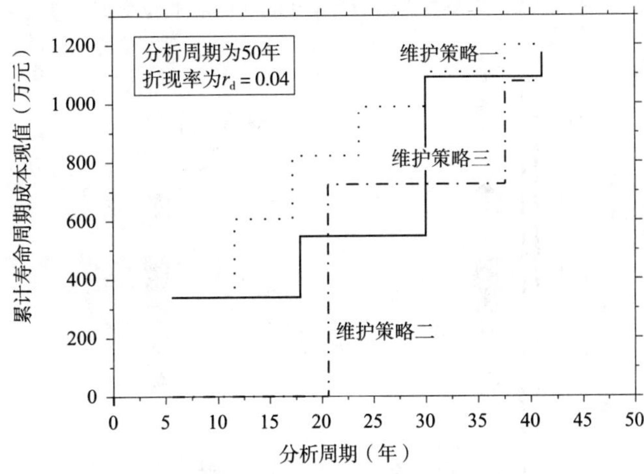

图 6.6　在各种维护策略下劣化结构寿命周期总成本图

6.3　算例

6.3.1　桥梁寿命周期成本计算

按照本研究提出的全寿命优化设计模型，在设计阶段对某桥梁车道数进行决策。桥长 $L=200\text{m}$，桥梁宽度 B 与车道数的关系假设为：

$$B=3.75x_2+2.0 \tag{6.20}$$

式中：x_2——桥梁车道数，$x_2\in[4,8]$；

B——桥梁宽度（m）。

其中，对于五车道和七车道，平时的中央车道作为分隔带，桥面在维护时临时开放中央车道，作临时通车用。

假设桥梁结构造价为 5 000 元/m²，初始建造成本可用下式评估。

$$C_{\text{ini,结构}}=5\,000L(3.75x_2+2.0) \tag{6.21}$$

对水泥混凝土桥面系进行小规模混凝土修复时，据调查，混凝土修补成本为280元/m²，进行桥面翻新时，成本为800元/m²，所以，各种维护方法下造成的直接成本的计算公式为：

$$C_{\mathrm{Mai}} = 280L(3.75x_2 + 2.0) \tag{6.22}$$

$$C_{\mathrm{Rep}} = 800L(3.75x_2 + 2.0) \tag{6.23}$$

部分参数的取值如表6.2所示。

根据邵旭东等(2006年)[5]的研究成果，使用美国FHWA的交通仿真软件TSIS对桥面维护(小规模的混凝土修补措施和桥面翻新)时的交通流情况进行模拟，进而确定维护过程中的交通耽搁时间，交通堵塞、燃油消耗和维护时的车速。

桥面施工要求翻新车道在封闭交通的情况下进行，具体的封闭范围为当前施工位置所在车道200m内的区域，影响路段长度为2km。每一个设计方案都对应相应的交通组织，具体的交通组织方案可参见邵旭东等(2006年)[5]的研究成果。以四车道和五车道为例说明交通组织概况，见图6.7所示。

根据不同的交通组织方案(图6.7)，利用TSIS仿真软件，不同车道数的交通流的具体参数可参见表6.4。

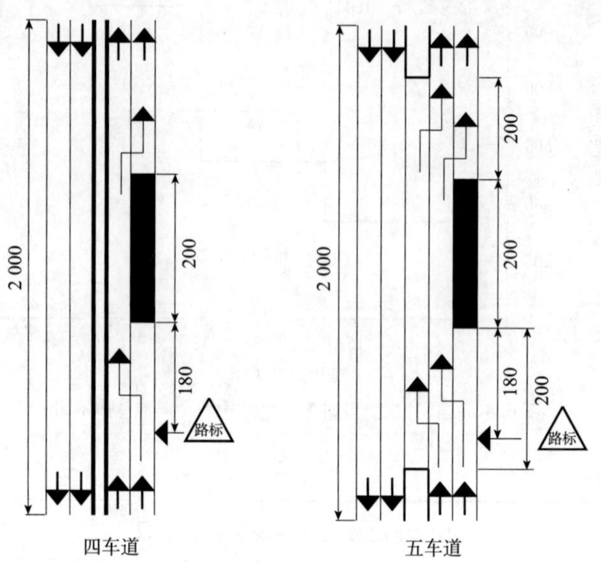

图6.7 交通组织(尺寸单位：m)

6.3.2 维护策略下状态指标和成本计算

根据表6.1的参数分布规律，结合图6.3的维护策略(最优维护策略)，利用Monte - Carlo模拟方法，可以确定预防性维护和桥面翻新维护方法的发生时间，进而得到结构在分析周期内的维护次数和每次维护方法的寿命成本现值分布图，如图6.8所示。

在图6.3维护策略下，经分析，桥梁结构在50年的分析周期内，分别在第5.6年、第17.9年和第41.1年进行了3次预防性维护(小规模混凝土修补)，即“主动维护”，并且在第30年进行1次完全维护(桥面翻新)，即“被动维护”。第50年的状态指标为2.1，满足要求，劣化桥梁在分析周期内的性能变化如图6.9所示。

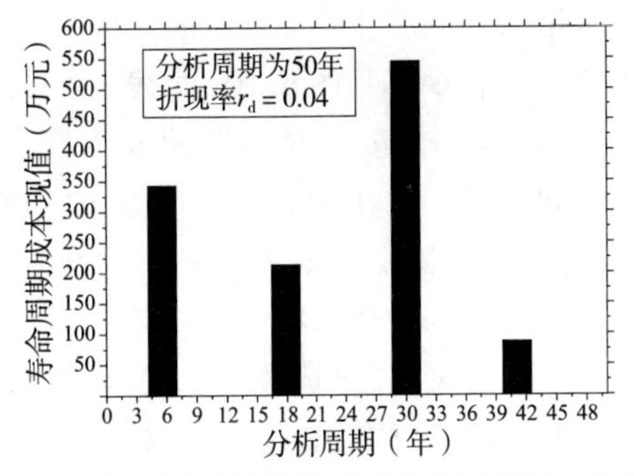

图6.8 在预定义的维护策略下的结构寿命周期成本分布图

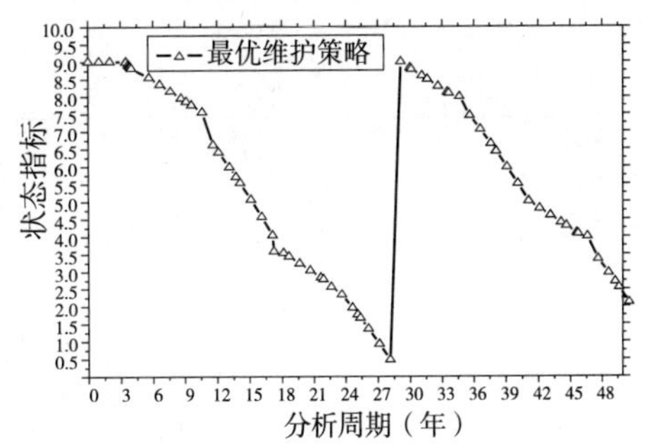

图6.9 在预定义的维护策略下的劣化结构性能图

由上述分析，桥面铺装在50年分析周期内分别进行3次修补性维护和1次翻新维护。

利用式(6.20)计算不同车道数对应的桥宽，利用式(6.21)计算桥梁建造成本。根据表6.2计算参数和表6.4中的模拟参数，由式(6.4)~式(6.5)计算直接维护成本现值，根据式(6.7)~式(6.9)式的间接维护成本计算方法，计算收费损失成本、燃油消耗成本和驾驶员损失成本，接着根据式(6.11)计算事故成本，再进行折现，可以得到进行桥面宽度(车道数)决策时的各种成本现值，最后得到每一种设计方案的寿命周期总成本，用于设计方案的比选，计算结果为表6.5。

单个车道维护时基于TSIS的仿真结果 表6.4

项目	维护情况	车速(km/h)	行程时间(s)	延误时间(s/车)	行车油耗(L/h)
四车道	维护时(不维护)	39.8(80.0)	180.9(90.0)	90.91(1.30)	1 016.92(701.88)
五车道	维护时(不维护)	71.5(80.0)	100.7(90.0)	10.70(1.30)	811.72(701.88)
六车道	维护时(不维护)	75.9(80.0)	94.9(90.0)	4.86(0.96)	771.72(686.44)
七车道	维护时(不维护)	76.8(80.0)	91.4(90.0)	1.38(0.96)	751.72(686.44)
八车道	维护时(不维护)	79.2(80.0)	90.9(90.0)	0.91(0.24)	667.72(659.72)

不同车道数的成本现值计算结果 表6.5

项 目	四车道	五车道	六车道	七车道	八车道
桥宽(m)	17.0	20.75	24.5	26.25	32.0
桥梁结构建造成本(万元)	1 700.0	2 075.0	2 450.0	2 825.0	3 200.0
维护直接成本(万元)	226.5	276.4	326.4	376.3	426.3
维护间接成本(万元)	956.1	216.1	124.2	44.1	30.3
维护成本(万元)	1182.6	494.5	450.6	430.4	456.6
寿命周期总成本现值(万元)	2 882.6	2 569.5	2 900.6	3 245.4	3 656.6

6.3.3 方案决策

桥梁车道数与桥梁维护成本现值、建造成本、寿命周期成本总成本现值的关系如图6.10

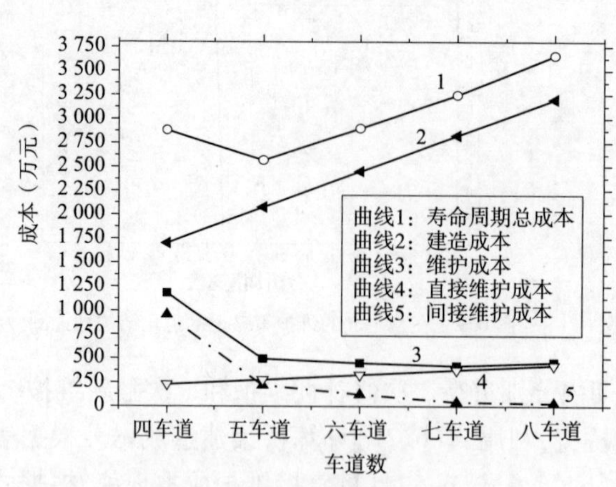

图6.10　全寿命成本与车道数的关系

所示。

从表6.5和图6.10(曲线1)可以看出,五车道方案的寿命周期成本现值为2 569.5万元,小于其他设计方案的成本现值,根据寿命周期成本最小的准则,五车道方案为最优方案。

通过对用户成本分析,从图6.10(曲线5)可以看出,在交通量一定时,随着车道数的增加,在维护时因交通堵塞造成对交通流影响逐渐减小。但是,从图6.10(曲线2)得知,随着车道数增加,桥梁的建造成本(桥面系和结构成本)大幅度增加,而且,相应的直接维护成本也提高,从而导致总成本大大增加。

对于四车道方案,当只考虑初始建造成本时,从图6.10(曲线2)可以看出,建造成本为1 700.0万元,小于其他设计方案,当交通量一定时,该设计方案为最优方案。但该方案在桥梁服役期由于维护时导致交通堵塞而造成的用户成本和社会成本比较高,如图6.10(曲线3)所示,寿命周期总成本比较高,根据第5章桥梁全寿命设计理念,该设计方案没有优势。

当只考虑桥梁维护成本时,从图6.10(曲线3)可以看出,在交通量一定时,七车道设计方案维护成本期望值为430.4万元,维护成本现值最低,该设计方案有优势。但是,桥梁宽度增加,提高了桥梁建造成本,相应地提高了寿命周期总成本。

6.4　小结

本章根据第4章提出的用户成本和社会成本模型,提出了桥梁桥面铺装维护导致的直接和间接成本的计算方法,研究了桥面铺装劣化—维护策略的计算模型。以桥梁车道数(宽度)的方案决策作为数值算例,说明全寿命设计方法的具体实施过程,结论如下。

(1)基于寿命周期成本的桥梁全寿命设计方法不仅能保证桥梁提供长期稳定的服务水平,平衡建造成本和维护成本,而且能起到控制长期投资、减小对社会不利影响的目的。

(2)根据第4章全寿命优化设计理念,本文通过举例对桥梁宽度(车道数)的决策问题进行了新的尝试。根据本章的计算结果,在交通一定的情况下,在四车道的基础上,增加一个备用车道,在初始建造成本增加一定的情况下,大大降低了桥梁维护间接成本,从而大幅度提高了桥梁的服务水平,这对于城市桥梁很有意义。

(3)在交通量一定的情况下,车道数大于五车道时,增加车道数,不管维护与否,对交通流没有太大影响,反而增加桥梁建设成本。

本章参考文献

[1] 禹智涛,韩大建. 基于可靠度的桥梁结构优化设计. 广东工业大学学报,2002,19(3):

50-55.
[2] 屈文俊,张誉. 混凝土桥梁结构的耐久性优化设计. 中国公路学报,1999,12(1):62-70.
[3] 屈文俊,车惠民. 混凝土桥梁的优化等耐久性设计. 土木工程学报,1998,31(4):23-30.
[4] Frangopol D M,Lin K Y,Estes A C. Life-cycle cost design of deteriorating structures. Journal of Structural Engineering,1997,123(10):1390-1401.
[5] 邵旭东,彭建新,晏班夫. 桥梁全寿命设计方法框架性研究. 公路,2006,26(1):44-49.
[6] Lee K M,Cho H N. Life-cycle cost-effective optimum design of steel bridges. Journal of Constructional Steel Research,2004(60):1585-1613.
[7] Ang A H S,Leon D. Determination of optimal target reliabilities for design and upgrading of structures. Structural Safety,1998,19(1):91-103.
[8] Peng J,Shao X. Research framework of lifetime performance based bridge design method. In: Proc of the 2nd Int Conf of Structural Health Monitoring of Intelligent Infrastructure. Shenzhen,2005:1431-1434.
[9] Jiang Y. The effect of bridge condition prediction for bridge system benefit optimization// Proc of 2nd Int Conf of Bridge Maintenance,Safety,Management and Cost. Japan,2004:1-8.
[10] 邵旭东,彭建新,晏班夫. 基于结构可靠度的桥梁维护策略优化研究. 工程力学,2008,25(9):149-155.
[11] 邵旭东,彭建新,晏班夫,等. 基于全寿命成本优化的桥梁车道数决策研究. 土木工程学报,2008,41(10):46-52.
[12] Kong J S,Frangopol D M. Life-cycle reliability-based maintenance cost optimization of deteriorating structures with emphasis on bridges. Journal of Structural Engineering,2003,129(6):818-828.
[13] 邵旭东,彭建新,晏班夫. 基于结构可靠度的桥梁维护策略优化研究. 工程力学,2008,25(9):149-155.